"桐乡历史文化丛书"（第五辑）编委会

顾　问：于会游　王　坚　俞奕凌　施如玉
编　委：李新荣　于瑞华　褚万根　顾守菊
　　　　吴　臻　申险峰　范利学

主　编：李新荣
副主编：褚万根

作　者：（以姓氏笔画为序）
　　　　陈　勇　沈思佳　张天杰　郁震宏
　　　　闻海鹰　夏春锦　章建明

陈勇 著

劳乃宣传
LAO NAIXUAN ZHUAN

华文出版社
SINO-CULTURE PRESS

图书在版编目（CIP）数据

劳乃宣传 / 陈勇著. —— 北京：华文出版社，2022.12
（桐乡历史文化丛书. 第五辑）
ISBN 978-7-5075-5719-0

Ⅰ.①劳… Ⅱ.①陈… Ⅲ.①劳乃宣（1843-1921）-传记 Ⅳ.①K825.5

中国国家版本馆CIP数据核字(2023)第027258号

劳乃宣传

著　　者	陈　勇
责任编辑	袁　博
出版发行	华文出版社
地　　址	北京市西城区广外大街305号8区2号楼
邮政编码	100055
网　　址	http://www.hwcbs.cn
电　　话	编辑部 010-58336269　总编室 010-58336239
	发行部 010-58336202
经　　销	新华书店
印　　刷	三河市航远印刷有限公司
装帧制版	北京禾风雅艺文化发展有限公司
开　　本	880mm×1230mm　1/32
印　　张	9.375
字　　数	200千字
版　　次	2022年12月第1版
印　　次	2022年12月第1次印刷
标准书号	ISBN 978-7-5075-5719-0
定　　价	60.00元

版权所有，侵权必究

劳乃宣像

（1920年，奥地利画师郎亚文为时年七十八岁的劳乃宣所作肖像，传于欧洲。）

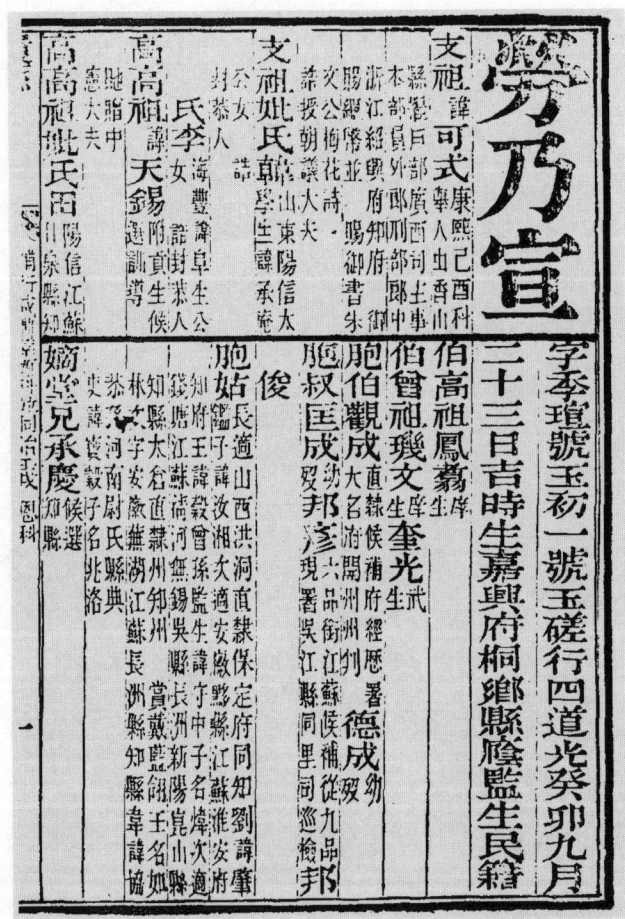

劳氏家藏朱卷。朱卷中载明：劳乃宣生于道光癸卯（1843年）九月二十三日。

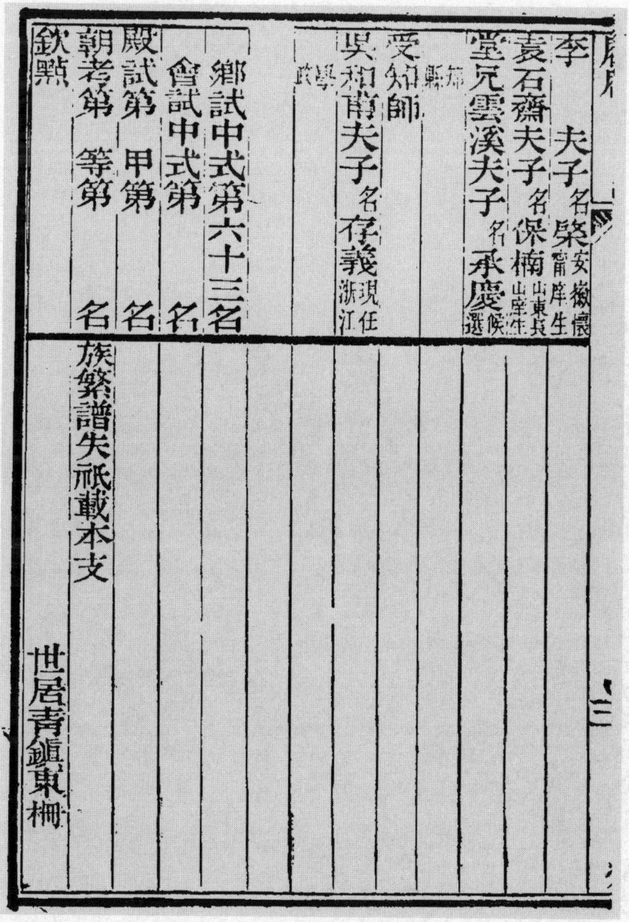

李夫子 名棨 安徽懷寧歲貢生
袁石齋夫子 名保楠 山東長山歲貢生
堂兄雲溪夫子 名承慶 選候
受知師
吳和甫夫子 名存義 現任浙江□□縣知縣

鄉試中式第六十三名
會試中式第　　名
殿試第　甲第　　名
朝考第　等第　　名
欽點

族繁譜失祇載本支

世居青鎮東柵

勞氏家藏朱卷。朱卷中載明：勞乃宣世居青鎮東柵。

1911年岁末,劳乃宣与次子健章,摄于河北涞水之北郭下村。

1917年夏，丁巳复辟后，劳乃宣由曲阜移居青岛，重操讲经旧业。

1919年,劳乃宣与次子健章同游崂山,摄于崂山之下九水柳树台处。

娥池月淡認舊時眉印香霧清輝渺難
問臍齋納戟疊寫斷秋魂重展省玉宇
高寒風緊 披圖生百感淒絕鵑紅兩度
餘音在瑤軫佳話記從頭妝閣書比沽
酒拔釵還韵笙今日琳瑯百城多料未抵紅
朒一編燈爐 調倚洞仙歌

勞乃宣玉初敬題

劳乃宣所作《调倚洞仙歌》

小引

　　为劳乃宣作传,是我三十年来的愿望。迟迟未能动笔,一是因为手头的资料尚不完备,二是因为自己水平有限。去年应桐乡市文联之邀,欲出版"桐乡历史文化丛书"第五辑,盛情难却,只能答应,也许是一种缘分,只能随缘。

　　三十年前,由于工作原因,我对"礼法之争"的代表人物劳乃宣产生兴趣,而且因为是桐乡人,萌发出整理其年谱的想法,这项工作持续了三十年,至今仍未完成,甚为遗憾。有时我想,世人对他的评价也已够多,如教育家、古筹算学家、音韵学家、文字学家、法学家、遗老、保皇派、顽固分子等。他的生平确实跌宕起伏,特别是在辛亥革命之后,为了自己忠于的清廷,几经努力,虽无结果,但他对清廷的执着和影响却是客观存在的。以往对他的研究,不是论文,就是评传,难有全面反映他一生的传记。正是有感于此,我才决心为他立传,即使自感水平有限,也要努力完成。

　　在写作过程中,我遇到许多难题。首先,他青少年时期的资料阙如,而辛亥革命前后的资料又特别多,前轻后重,如何取舍,才能求得整部书内容的平衡,是我首先考虑的难题。其次,有的史料也未必准确,如他究竟是否曾向宣统帝介绍德国公主为后、张勋复辟时是否在京城等,因为缺乏具体的证据,都值得商榷。在撰写本书的过程中,我始终坚持"有一分证据,说一分话"的原则,对事件只作客观描述,不对其行为进行评价,因为历史已经作出评价。所以在一定程度上,我只是资料的搬运者。

劳乃宣的故乡——桐乡,位于浙江北部,地处沪杭苏三地中央,自古风雅,有7000年的文明史,孕育了马家浜文化、良渚文化、运河文化,造就了"鱼米之乡""丝绸之府""百花地面""文化之邦"。劳乃宣是桐乡的骄傲,不论其出知临榆、南皮、完县、吴桥等地,还是在京城任京师大学堂总监督兼署学部副大臣,直至辛亥革命后隐居青岛,故乡的学稼堂、莳花艺菜、课子侄辈读书,始终是他最怀念的生活,是他心中长长的情愫,也是他晚年留恋的最为温柔的地方。他把包括《归舟预咏》《归程试咏》《归舟初咏》等在内的《归棹埽麈》和包括《归田赘咏》《东归剩咏》《日归剩咏》等在内的《归林余响》合并为《归来吟》,以示怀念家乡。

本书以劳乃宣的一生为主轴线,以其丰富的经历贯穿其中,最后几个部分是对其教育理念、著作的概括。

清末的遗民,往往被戴上"封建余孽""遗老遗少"的帽子。虽然劳乃宣等人的选择有政治因素,但其背后也有其他原因,特别是对中国传统文化的坚守。从文化的角度出发,研究其学术成果、诗文创作、编修方志、从事教育等活动,或许会有更多的认识。对于历史人物,作道德评判最省事,也很痛快,但对于澄清事实真相却毫无用处。如劳乃宣诗中所言:"毕生心迹泯将迎，历遍崎岖视若平。自问非夷亦非惠，孤怀留待后人评。"此诗既流露出孤怀遗恨、苍茫荒凉的心迹，又表现出对客观公允的"后人评"的渴望。对于劳乃宣这种不但以学问见尊，而且以名节见重的知识精英来说，誉兮，毁兮，折射出的皆为中国传统文化和复杂变幻时代所造就的近代知识精英的复杂意义。

  此书能写就，首先得感谢桐乡市文联的褚万根先生，没有他的诚邀，就没有此书的面世；其次要感谢我的爱人，她一直支持我在业余时间研究劳乃宣并帮助修订本书；感谢我的女儿梦佳，她虽然远在香港中文大学读博，仍挤出时间为我提供了许多资料，这些正是我多年想得到又未能得到的资料；还要感谢我女儿清华大学的本硕同学王大千、桐乡市图书馆的夏春锦先生、浙大城市学院的傅乾老师，他们无私提供了相关资料和写作思路；特别感谢劳乃宣的曾孙志斌先生、曾孙女志清女士，无私提供其先祖的照片及其他资料。在此一并感谢！

  书成，但我却诚惶诚恐，总觉得有许多遗憾，希望今后有机会整理劳乃宣的年谱，并予以修正！

陈　勇
2022 年 12 月

目 录

小引

第一章	书香门第籍青镇	001
第二章	矩斋初学登阶梯	007
第三章	缔姻曲阜孔八府	017
第四章	秋闱还乡登杏坛	025
第五章	入都会试终获隽	032
第六章	古莲池畔结彭年	037
第七章	尽责查办圈地案	043
第八章	游幕生涯为生计	051
第九章	省城创设平粜会	059
第十章	署理临榆展锋芒	062
第十一章	燕平书院振学风	068
第十二章	澜阳书院谋改革	072
第十三章	劝设里塾吴桥县	077
第十四章	清苑任上破陋规	080
第十五章	探究义和团起源	084
第十六章	创办畿辅大学堂	094
第十七章	南洋公学任总理	100
第十八章	求是学堂罪辨案	104

第十九章	倦翼思还桐乡城	109
第二十章	三万琳琅学稼堂	116
第二十一章	桐溪书院任主教	134
第二十二章	引南归北话简字	139
第二十三章	资政院里辨刑律	157
第二十四章	革命以后说共和	171
第二十五章	遁迹涞水设私塾	180
第二十六章	两赴西陵奉安祭	187
第二十七章	婉拒慰亭任参政	193
第二十八章	翻译《易经》播文化	199
第二十九章	尊孔文社藏书楼	211
第三十章	孤怀留待后人评	222
第三十一章	开启民智重教育	227
第三十二章	等韵研究著专作	234
第三十三章	精研筹算传九章	239

附录

劳乃宣年表	247
《清史稿·劳乃宣传》	263
《浙江通志·劳乃宣传》	265
《乌青镇志·刘富槐等原呈》	267
《劳氏遗经堂支谱》（简版）	269

参考文献　　　　　　279

第一章　书香门第籍青镇

鸦片战争为风云激荡的中国近代史正式拉开了大幕，已经立国二百年的大清朝，如同一艘千疮百孔的巨轮在汪洋中颠簸。鸦片战争结束后的第一个年头，中英签订了《五口通商章程》，魏源出版了《海国图志》，洪秀全创立了"拜上帝教"……

道光二十三年九月二十三日（1843年11月14日），劳乃宣出生在其外祖父沈涛所在的直隶广平府（府治在今河北省邯郸市永年区广府镇）。而上一年，他的祖父劳长龄刚刚去世。

劳家虽非簪缨世家，但也可谓世代书香，科第不绝。先世原籍山东青州府乐安县（清雍正年间改隶武定府），明初时从乐安迁至济南府阳信县城东范家村，后来劳氏族人日盛，村名也改成了劳家店。

据《劳氏遗经堂支谱》记载，其九世祖劳可式（1647—1716）系劳乃宣烈祖父，字敬仪，号讱庵，康熙己酉科举人，先后任广东省香山县知县，户部广西司主事，湖广司员外郎、刑部郎中，浙江绍兴府知府。当时绍兴海塘漫溢，劳可式倡导修建海塘，又捐出千余两银子，颇有成就。

劳可式的长兄劳可嘉，为邑庠生，"子十一人，三列士林"。劳可式季子劳天宠，雍正丙午科举人，"乙酉充江南房考，所取皆知名士"。

十世祖劳天锡（1691—1718）系劳乃宣天祖父，字赉九，号省斋，例贡生，候选训导，可惜在二十八岁时因病去世。

十一世祖劳凤翔（1714—1786）系劳乃宣高祖父，字虞廷，诰封奉直大夫，兵部车驾司主事。少攻举业，但功名不利，以监生终身，却对医药颇有研究，"经史而外，百家之书，无一窥寻，而于《千金》《肘后》之秘，尤所究心"，并形成了"以王刘二家为宗"的伤寒与温病分治的学术思想。

十二世祖劳树棠（1739—1816）系劳乃宣曾祖父，榜名劳瑾，字宝琳，号镜浦，乾隆丁酉科副贡，癸卯科举人，甲辰科第三甲第七名进士。当年会试的副主考纪昀在《重刻活人辨证序》中称："侍御劳镜浦，余甲辰春闱所得士也。"乾隆三十八年（1773），清廷开设四库全书馆，纪昀为总纂官，劳树棠当时并无功名，但劳家与纪昀一家关系甚密，纪昀称："镜浦家阳信，去余家仅四百里耳，戚谊相连者甚多。"《四库全书》所收医方论诸书，均延其参与校阅。取得功名后，先后为兵部车驾司主事、职方司员外郎、武选司郎中、江南道监察御史、江南河库道、直隶通永河道、江苏督粮巡道。为官政尚简清、兴利剔弊、所在有声。性廉洁，疏食敝衣，与寒儒无异。殁后，家无余资，一贫如洗，故一时称廉吏者，必首屈一指焉。这种书香传家的传统也影响了劳乃宣。

自劳乃宣曾祖父起，劳家就在江南定居，而至其祖父劳长龄时则入籍桐乡县二十五都南六图青镇东栅，即今乌镇东栅。

劳长龄（1786—1842），字松岩，号小山，监生，候选郎中，诰授奉政大夫，晋授中议大夫，是一位书画收藏家。王时敏《林峦幽村图》中留下了他的题跋："近此论六法者，皆推石谷子。溯具所由实得法于烟客，奉常此幅岩壑幽泬，笔墨苍秀，直追董巨倪黄。陶镕而出，非貌似者可比。况题赠金孝章，尤其经意之作。元堪宝爱珍藏以为山房墨林之冠。"

劳长龄生有七个子女，德成、匡成年轻时即病故，劳乃宣的父亲劳勋成是他的第三子。

劳勋成（1813—1856），字汝懋，号介夫，又号桐叔，监生，直隶滦州榛子镇巡检、天津府青沧减河李村巡检、江宁布政司仓大使。著有《桐花词馆诗稿》《双红豆室词稿》。在《洺州唱和词》中有其一首《清平乐》："乡襦甲帐，写韵供清赏。仿佛叶家眉子样，多个熏香小像。蛛尘重拂瑶奁，墨花和泪犹黏。肠断瘦吟楼畔，一钩新月初三。"又有一首《神女楼》诗："缥缈难寻古画楼，照眉池涸半潭秋。汉皋冷佩江妃远，巫峡云深楚客愁。梦境已随仙境杳，琴声犹带水声流。吴娃主父无穷恨，竟日灵风卷不休。"

劳乃宣兄弟二人，兄长劳乃宽（1836—1902），字偶庵，同治元年（1862）举人，江苏候补知府，著有《浣花吟榭诗稿》《燕游草》。民国徐世昌《晚晴簃诗汇》中收录其《南还示玉初》诗："机云入洛旧齐名，倦鸟思还约耦耕。愿尔早将尘鞅脱，一帆逐我阊闾城。"又《还嘉兴视玉初疾》诗云："白头兄弟话镫前，旧事依稀记昔年。怕上芝桥桥上望，山丘华屋倍凄然。""宏文馆外少人行，寂寞门阑碧藓生。记得白袍如鹄立，满身风露听呼名。""杨柳湾头噪晚鸦，金陀故里夕阳斜。庄严独有精严寺，却少墙阴梓树花。"

劳乃宣的大姐劳若华（1834—1893），号蕙樗女史，著有《绿萼仙居吟稿》。太平天国时，曾随父母避居苏州，与弟妹等结诗社，唱和酬答。诗学宋人，词则清新婉约。如《夏日与厚庵弟联句》："细葛含风趁晚凉，碧纱窗外又斜阳。竹深坐抚琴声静，荷净闲餐藕味长。炎日衔山云影薄，淡烟笼树暮天苍。飘来几点黄梅雨，沁透诗脾泛玉觞。"

特别要提及的是劳乃宣的外祖父沈涛（1792—1855），原名尔岐，号匏庐，浙江嘉兴人，嘉庆十五年（1810）考中举人后，曾任江苏如皋县知县、直隶正定府（府治在今河北省石家庄市正定县）知府、江西道员等职。沈涛幼有神童之称，曾从著名训诂学家、经学家段玉裁游，被段玉裁誉为"他年若数传经者，门下应推第一人"。生平学尚考订，兼嗜金石，著述精湛。著有《十经斋文集》《柴辟亭诗集》《匏庐诗话》《交翠轩笔记》《铜熨斗斋随笔》《说文古本考》《常山贞石志》《论语孔注辨讹》等，并传于世。由于才气横溢，得到时任湖州知府戴廷沐（江苏元和人，进士出身）的青睐。他将自己的女儿戴小琼嫁与沈涛为妻。

劳乃宣的外祖母戴小琼（1802—1859）也是一位才女，著有《华影吹笙阁遗稿》，与沈涛二人举案齐眉，夫唱妇随，颇有情趣，两人诗才，难分伯仲，共享伉俪唱和之乐。如他们作于嘉庆十四年（1809）七月之望的联句：

　　月来皓云际，商声喧素秋。（沈涛）
　　怯寒衣袂薄，咽露草虫愁。（戴小琼）

树影踏疑碎，怪禽啼更幽。（沈涛）

　　夜阑吟不稳，一叶打人头。（戴小琼）

　　劳乃宣的生母沈蕊（1816—1882），出生在这样一个书香门第，知书达礼，善作诗词，著有《来禽仙馆诗稿》。其中有《虞美人》："玉台人去瑶天远，宝匣蛛尘胃。画楼空锁旧时春，惟有一钩残月吊诗魂。蟾蜍露滴香犹腻，密字真珠细。三生石上识芳容，想见绣帘开处不胜风。"

　　由于四叔劳绩成（字汝熙，号功甫）于道光二十一年（1841）病逝，因此劳乃宣一出生就出嗣劳绩成。而劳绩成的妻子李氏，乃道光癸未科进士、四川郫县知县李琪的女儿，在结婚前就已病故。所以对于嗣父母的情况，劳乃宣无从知晓。

　　乌镇，位于浙江北部，备东南之形胜，具吴越之风韵，一个江南千年名镇，原分乌青两镇，介于嘉兴、湖州之间，西为苕溪，东为车溪，二水分流而汇于镇。"左右环带，烟火万家，尽潆洄荡漾于二水中。"为什么劳长龄会落籍桐乡青镇？劳乃宣在《韧叟自订年谱》中称："祖正郎公（长龄）寓居苏州，以浙江桐乡县青镇劳氏为宋时同族，因入桐乡籍。"居住在苏州的劳长龄何以会了解到青镇的劳氏与其同族，因资料阙如，始终未能找到答案。根据劳乃宽致劳乃宣的信件中所说："祖父之迁南盖有不得已者，非以苏州之肥腻也。"也许其中的原因永远是个谜了。但从劳乃宣同治四年（1865）返回桐乡参加乡试时曾去乌镇一游，由严笠溪、严迪周等严氏家人接待似可看出端倪，那就是劳家落籍青镇与严家有着密不可分的关系。

青镇严家自明代嘉靖年间迁居青镇东栅,并在东栅经商赚钱后,建厅造屋,其住处为"严厅弄",其后代中有严辰(1822—1893),是道光二十三年(1843)举人,咸丰九年(1859)进士,授翰林院庶吉士。三年后任刑部主事,不久辞归乡里。经十年辛苦,耗资4000元,纂修《桐乡县志》编定付梓。再看劳乃宣的进士朱卷中所载"桐乡县二十五都南六图青镇东栅",可见当时劳长龄落籍东栅与严家不无关系。

第二章　矩斋初学登阶梯

劳乃宣童年的大部分时光是和母亲的家人共同度过的。从他四岁起，沈蕊就带着他跟随外祖父沈涛和舅父沈则可，先后在丹徒、震泽、无锡等地生活。七岁那年，他的外祖父、舅舅和沈开之先生曾带他游玩了惠山。在二泉亭上、景徽堂里，小小年纪的他与外祖父一起品尝二泉水烹煮的香茗，欣赏二泉周围的美妙景致。从二泉亭登山到达惠山山顶，纵眺太湖风景，历历在目。天下第二泉给他留下了深刻的印象，以至于五十年后，当他带着七岁的小儿子健章（字笃文）再次游览惠山，还作诗一首："携幼来寻第二泉，妙高台俯万家烟。依稀五十年前梦，却顾童乌一惘然。"劳乃宣九岁那年，劳勋成调任江宁布政使司仓大使，母子二人才前往江宁与其团聚，之后陆续迁居苏州新桥巷、侍其巷。

那年，他的父亲带着他游玩镇江的金山寺，这金山寺殿宇楼台依山而建，只见寺庙不见山，父亲跟他说起：白娘子水漫金山的故事就发生在这里。他们一行兴致极高，一路游览了大雄宝殿、藏经楼、妙高台，夕照阁，还在"镇山之宝"观音阁中看到了"四宝"，即周鼎、东汉铜鼓、文徵明所绘金山图等。他记忆中最深刻的是金山寺当时在长江中的小岛上，须得摆渡过去才行,可他在光绪三十四年(1908)重游故地时,五十六年过去,金山寺已在岸上,为此他写道:"笑与山灵再相约,他年见子江中流。"宣统三年(1911),担任江宁提学使的劳乃宣,又带同道一起去游玩金山寺,正值江水暴涨,金山寺又宛在水中,不承想正应了前面所作诗境。

劳乃宣大姐劳若华的《绿萼仙居吟稿》诗词集中的两首诗词,可以证明劳乃宣的早慧。一首是《春日和玉初弟韵》:"桃花红映睡绒窗,睡起斜阳上绣幢。一种春愁消不得,画梁柴燕又双双。"虽然劳乃宣的诗作已经无存,但足可证明年少的劳乃宣已能作诗。另有一首词为《明月棹孤舟·题玉初弟〈明月棹孤舟图〉》:"月映波光千顷翠,湿降篷,露华如洗。几点疏星,数行秋雁,别有闲中清致。一叶扁舟尘俗避,载村醪。若耶溪里,结网敲针,披蓑荷笠,且学子陵生计。"可见当时的劳乃宣已经能画画。从劳乃宣为大姐《绿萼仙居吟稿》的题签可知,他当时有了自己的书斋名,一为享帚精舍,一为摹兰亭之精舍。

出身书香门第,劳乃宣从一出生就被设计好了人生之路,那就是科举入仕。读书是打开科举之门的唯一途径。虽然他的童年生活并不安定,但是他的学习却没有因此耽搁。从他的自订年谱中,可以看到他的几位老师。

七岁从师沈开之(名嘉薇,嘉兴庠生);

八岁从师李兰申(名德辰,德清庠生);

九岁从师高翼哉(名鸿猷,嘉兴庠生);

十岁从师赵斗南(名德魁,江苏江宁庠生);

十二岁从师程亦秋(名有年,江苏上元庠生);

十五岁从师余晓云（名承普，山阴咸丰辛亥恩科举人）；

十六岁从师施云门（名传鏞，江苏长洲岁贡）；

十七岁从师李棨（安徽怀宁庠生）；

二十一岁从师袁石斋（名保楠，山东长山庠生）。

而在他的会试朱卷中则更有十五位师长，其中除上述各位外，另有堂兄劳承庆、伯岳孔宪勋、姻伯范梁、沈丙塈等。这些人有的是进士，有的是举人，有的是监生，虽然名气不大，但转益多师。特别是各地的先生方言不同，引发了他对音韵的好奇。这里简单介绍他的几位师长。

邵建诗，字叶辰，嘉兴人。诸生，与劳乃宣的外祖父沈涛关系密切。劳乃宣出生于直隶广平府时，邵建诗即在府中游幕。其生卒年、生平俱不详，以授馆为生。著有《听春阁词》。

余承普，字晓云。举人，官德清教谕。与李慈铭相交，和周星誉创"益社"。为徐虔复《寄青斋遗集》作序云："光绪八年（1882）壬午仲秋之月谱愚兄山阴余承普拜撰"。可见，光绪八年（1882）他尚在世。

施传鏞，字云门，咸丰二年（1852）恩贡生，工时文制艺。著有《西台诗草》。晚年名声益噪，而诱掖后进，成就者数以百计，故人亦交誉之。

伯岳孔宪勋，是曲阜孔八府孔继汌后代，也是劳乃宣岳父的兄长。

沈丙塈，字辛楣，浙江吴兴人。丙午、乙卯、甲子顺天乡试挑取议叙太常博士。是沈家本的叔祖，与沈家本的父亲沈丙莹素来交往，沈丙塈曾作《夜雨宿保定遇辛楣话旧》："频年事业太伶俜,夕税征轺暂息形。裹箬菹香初拨瓮,溅鱍鱼美试分腥。春寒把酒家山话,夜雨淋铃逆旅听。一枕华胥君莫唤,且容归梦到红亭。"

堂兄劳承庆,字梦熊,号云溪,光绪己卯科举人,同知衔,候选知县。

范梁,由于劳乃宣兄长劳乃宽娶其二女儿为妻,故为姻亲。浙江钱塘人,字昂生,又字楣孙。道光二十年(1840)进士,任直隶威县知县。长于治狱,以廉察著声。光绪年间累迁广西布政使。

少年劳乃宣,有机会接触到天南地北的人,所谓"三里不同调,十里不同音",南腔北调的方言往往难以听懂,而他却渐渐地对承载地域文化的音韵产生了浓厚的兴趣。七八岁的他就喜欢上射字之戏。

由于中国古代没有音标体系,学童们学习汉字读音规律的难度很大。唐朝出现了汉字读音的韵图。韵图中三十六字母与二百零六韵相结合,使每一个音节都有相应的位置。宋元时出现一种以韵图为依据的语音游戏——射字之戏。这游戏是由两人来玩,一人先随机确定一个字,用击鼓、弹指、拍掌等方法,按照韵图中的规则,发出三到四组不同次数的响声,每组响声代表不同的语音元素(如第一组代表韵母,第二组代表声母,第三组代表声调),每组响声的次数则代表相应的语音元素在韵图中的行数和列数;另一人依据前者的拍击声,识别语音元素,再把几组语音元素组合起来,从而拼出对方想要表达的字音。这种带有猜谜性质的趣味游戏,远比枯燥乏味的背诵更能激起孩童识字的兴趣。天性聪慧的劳乃宣,在游戏的过程中逐步掌握了汉字的音韵之理,从此与等韵学结下不解之缘。

咸丰元年(1851),太平天国运动爆发,太平军势力迅速发展到了江南地区。咸丰四年(1854),十二岁的劳乃宣随家人在苏州安顿下来,然而这种安定的生活却十分短暂。咸丰六年(1856),他的父亲劳勋成投入江苏巡抚吉尔杭阿麾下的刘存厚帐下,参加了与太平军在镇江附近的战斗。五月,劳勋成随军驻守高资镇烟墩山,被太平军陈玉成、李秀成指挥的部队围困。清兵大败,驻营失守。乱军中劳勋成投水逃生,事后虽被人救起,但遭受死里逃生的惊吓,加上自身积劳成疾,十月在常熟病逝。十四岁的劳乃宣遭到丧父之痛,心里留下了浓厚的阴影。清廷追赠劳勋成为州判衔、奉政大夫。依据清代的荫监制度,劳勋成是在军中积劳病故,所以按例可荫恤后人,他的一个儿子可以入国子监读书。由于劳乃宣的兄长劳乃宽已经入县庠求学,因此这个名额就给了劳乃宣,他成了一名监生。清代的科举考试分为四级——童试、乡试、会试和殿试;考中者分别称为秀才、举人、贡士和进士;只有取得低一级资格者,方可参加高一级的考试。成为监生后,劳乃宣就不用参加童试,取得了直接参加乡试的资格。

此后的岁月,劳乃宣随着母亲和外祖父辗转迁移,从江宁到苏州,从苏州至常熟、泰州等地。

咸丰十一年(1861),十九岁的劳乃宣已经长成一个朝气蓬勃的青年。此前一年,太平军攻陷苏州,他不得不再次踏上逃难之路。一家人在外祖父沈涛的带领下,先由海路至通州(今江苏省南通市），再经陆路辗转至泰州，投奔做泰州税官的二舅父沈曾启（鉴亭公）。可惜的是，经过这一路奔波，加上担惊受怕，外祖父沈涛病逝于泰州。劳乃宣与外祖父共同生活了八年，外祖父不仅将音韵、训诂、诗学等相授于劳乃宣，平时言行中也将为官之道告诉了劳乃宣，外祖父临终前对他谆谆教诲：先师懋堂公（段玉裁）主张在原有十三经之外，增《大戴礼记》《国语》《史记》《汉书》《资治通鉴》及《说文解字》《周髀算经》《九章算术》集为二十一经，自己全力关注经学，而于数学却了无建树，希望劳乃宣能在算术上有所研究，方可为知识提升层次，劳乃宣含泪答应。

这一年，他与曲阜孔子第七十三代孙女孔蕴徽（字静涵）缔结了婚约，并跟随母亲和孔蕴徽的父亲孔宪怡一同乘船北上，准备至曲阜完婚，但行至宿迁附近，迫于捻军战乱，不得不重新折返回到泰州。

回到泰州，劳乃宣发现家中藏有十三经，但是刊刻印刷得混乱不堪，卷目次序也散乱无序。他有意将其重新校考核对，整理成卷，但苦于不知原有的卷目次序，因此整理工作一度陷入困境。正当他一筹莫展的时候，好友彭銮堂向他伸出援手，把《十三经策案》借给他参详核对。在这一过程中，劳乃宣发现《十三经策案》对《小学》《近思录》两部著作的评价极高，认为这是学习经学的重要阶梯之作。求知若渴的劳乃宣决定到书肆购买这两部书，可惜价格昂贵，他无力购买，无奈之下，他只能用家中旧藏的数种诗集、文集从书肆中换回。

四岁开始发蒙入学，接受了十五年传统文化教育的劳乃宣，对于如何治学、如何在学问中提高品格修养、如何发扬光大圣人之道这一系列问题始终感到困扰。《小学》《近思录》两部著作帮助混沌的劳乃宣开启了光芒,找到了彼岸的方向。如获至宝的劳乃宣,日夜诵读,茅塞顿开,"始知治学之道,为之憬然汗下"。治学育人的宝贵种子,深深植入了这个十九岁年轻人的心中。

劳乃宣发现,道德养成教育是"小学"阶段的主要任务,那么又该如何入手?他继续探求着。道德养成教育的切入点是具体的"事",即"小学者,学其事"。少年儿童尚处在智力发育的阶段,还不能理解深奥的道理。因此,少年儿童的道德养成教育应该从一件一件具体的"事"开始。"事"的内容包括穿衣戴帽、起居作息、待人接物、一言一行、一举一动等。通过指导少年儿童学做"事",帮助其在日常生活中、在一点一滴的细节中学习各种行为规范,逐渐养成良好的道德品行。随着思考的进一步深入,他发现以"事"入手的道德养成教育是道德信仰构建的基础。所谓的"事"几乎包含了社会生活中方方面面的礼仪规范。少年儿童接受一系列的行为规范教育是帮助其摆脱幼年的蒙昧状态,使其融入社会生活的重要步骤。同时他也发现,少年儿童有独特的生理和心理特点,要采取他们易于接受的方式开展教育,婉约优美的音乐、琅琅上口的诗歌、引人入胜的故事往往能够吸引他们的注意力,引发他们的兴趣,激发他们学习的欲望。另外,要以正面引导为主、反面训诫为辅。虽然训诫能够在短时间内取得一定的成效,但难以深入儿童的内心世界,不能取得长期的效果。从《小学》中,他发掘出教育理念和方法,认为少年儿童阶段关键在"成人"。也就是说,以尊重少年儿童自身特点为基础,进行行为规范教育,使其具备为人的基本素养;这样在成年后,就能更好地发挥"智",避免在道德行为上出现偏差。

《近思录》是南宋思想家朱熹和吕祖谦合编的理学入门书,是一部关于求学问道的著作,辑录了北宋四子——周敦颐、程颢、程颐、张载的言论。南宋以降直至明清,《近思录》是影响最大、传播最广的求学问道的入门性、阶梯性著作。在这部书中,劳乃宣领悟到了阅读经典的方法:《论语》和《孟子》被北宋四子认为是认识事物的准绳,要身临其境细细品读其义理,反省自身,更要日常玩味,才能求其真谛;读《周易》不能拘泥于一爻一卦的解释,苛求穷尽其义,而应该做到"知时识势",学会自己去体会其中的真意;学习《诗经》不应纠结于字句和段落的解释,重点在于吟诵领悟,以明晓诗歌意义,从而通达政事,提高个人修养;而《春秋》等史书记述圣贤们治国安民的谋略和贤人君子处世安身的智慧,体悟学习这些内容是读史的基本原则,从而认识到治乱、安危、兴废、存亡的道理;要先通读《论语》或《孟子》中的一本后,才能更好地体悟史书,诵读、领悟、穷理是阅读中国经典的核心。

《论语》等经典是学习的圭臬巨著,那么该如何进行学习呢?劳乃宣在《近思录》中找到了答案:学习是一项具体的实践活动,必须按照一定的次序进行。首先,要明白学什么。要学习圣贤的精神品格、理想志向、智慧理念。其次,学习是一个渐进的实践过程,由浅入深,从易到难。教书育人也要遵循这个规律,先从形象的、浅显的知识开始教育，等学生具备了一定的学习能力后，再进入抽象的、广博的领域去探索。再次，学习的渐进过程中，只有脚踏实地去探索，不断积累知识，到了一定的阶段才能有所得，有所进步。读书不能贪快求多，更不能不求甚解，探索学习只有抓住旨要所在，勤学深思，持之以恒，才能有所收获。

劳乃宣也在《近思录》中挖掘到了学习的具体方法：要全方位地学习，切问近思在学习的过程中至关重要；注意在日常的学习实践中发现问题、提出问题；知识和智慧来源于思考，养成勤于思考、善于思考的习惯对于学习十分重要，学会了思考，就学会了学习；要重视兴趣的培养，只有体会到一门学问的魅力，才能对其产生兴趣，有了兴趣，才能奋力追求探索，才能有所收获。

正所谓"于无声处听惊雷"，这些体悟看似平凡，却包含了学习过程、知行合一、以德为先等理念，对于劳乃宣自己和他的学生而言，都大有裨益。

第二年，劳乃宣仍在泰州，舅父沈曾启将西厢房给他做书房。这间厢房呈曲尺形，于是他就将其称作"矩斋"。"矩"，一为曲尺之意，一为法度规则之意。矩斋被劳乃宣视作梦开始的地方，直到晚年，他的著作中都有"矩斋所学"字样。

在矩斋里，年轻的劳乃宣孜孜不倦地追求着、完善着、跋涉着，继续着对《小学》《近思录》的研究探索。弱冠之年的劳乃宣开始致力于义理之学的探究和弘扬。这个幽居在数平方米矩斋里的勤勉而聪慧的青年，开始了他攀登治学育人高峰的艰辛旅程。

那一年的秋天,他的兄长劳乃宽参加顺天乡试而中举人,对他而言,无疑产生了积极的鼓励作用。

第三章　缔姻曲阜孔八府

咸丰十一年（1861），时年十九岁的劳乃宣经媒妁之言，与江苏候补知县曲阜孔宪怡的女儿孔蕴徽定亲。娶了"千古圣人""天下第一家"孔氏后人为妻，是劳乃宣本人的荣幸，更对其日后的思想等各方面产生了重大的影响。其思想受到孔府的影响，较之于常人自然更为深刻，这既是他始终如一的"忠君""尊孔"的源头，也是民国后他在青岛参与孔教会的动力。

在曲阜，谈到孔家人的"府门头"，人们无不肃然起敬。除了历代衍圣公的府邸——孔府以外，包括孔八府在内的十二府在孔氏宗族内也享有很高的名望。由于六府、九府、十一府从未建府，因此孔府近支实质上只有九个府宅。孔八府，是第六十九代衍圣公孔继濩的三胞弟孔继炯在乾隆初年所建。因其在同辈堂兄弟中排行第八，人称"八老太爷"，所以宅名被称作"八府"。由于孔八府传人世代在外做官，所以孔八府被当地称为"官八府"或"洋八府"；又由于在外做官荒废了田地，所以也被称为"穷八府"。

劳氏与孔氏有三世联姻。第一代联姻是劳乃宣的姐姐劳若玉与孔子第七十三代孙孔庆霖，孔庆霖也是《桃花扇》作者孔尚任的第十代孙。第二代联姻是劳乃宣的长女劳缃与妻兄孔庆霄之子孔繁淦。劳绲善于诗词、知晓天文、精通音律、擅长数学、文理双优、治家有方，在孔氏家族中威望极高且颇受敬重。在第七十七代奉祀官孔德成出生前，其母陶氏夫人专门派人把劳绲请回曲阜监产，因此劳绲是孔德成诞生的第一见证人。作为回报，孔庆霖又将女儿许配给外甥劳绲章（劳乃宣的长子），只是因为未婚先卒，而不入家谱。数年后的第三代联姻是劳绲章的长女劳萃与劳绲之子孔祥勉。然而一年后，劳萃在生产时殁于京城。

在劳氏与孔氏联姻之前五年，劳乃宣就与孔八府中的庆字辈兄弟先有交往。曾任长芦盐运使司库的孔庆霄在苏州与劳乃宣相识，当时两人只有十六岁，从此结下了长达五六十年的私交深谊。而劳乃宣与内弟孔庆霁的关系更为密切。孔庆霁为孔宪怡第五子，号晴甫，光绪年间为候补直隶州知州，曾为劳乃宣知县幕友数十年，并参与了《各国约章纂要》的编辑。

同治二年（1863），劳乃宣赶往曲阜正式举办婚礼。虽然是依母亲之命，但两人关系亲密。第二年，长女劳绲出生。之后，两人又陆续生下长子劳绲章、次女劳纺和三女劳缜。光绪十四年（1888），劳乃宣在蠡县（今河北省保定市蠡县）知县任上，孔蕴徽病故，时年五十岁。直到光绪二十六年（1900），劳乃宣才将孔氏归葬于苏州荣家山新茔，同时在旁边造好了生圹，作为自己百年之后的栖身之处。

二十五年的婚姻，除了劳乃宣参加浙江乡试和京师会试外，两人几乎没有分开，偶有分离，也不忘书信往来。对于孔氏，劳乃宣有一种极深的情感和思念。在一次短暂分别中，他曾写下《祝英台近·途次寄内》：

> 雨声疏，风力碎。萧瑟打蓬背。倦旅天涯，此际客怀最。料他蕙被禁寒，兰缸照梦，也尝到、伤春滋味。
>
> 几回悔。不如不订归期，离情尚堪慰。争似番番，赢得镜边泪。而今杨柳愁深，海棠信浅，又添了、一般憔悴。

孔蕴徽知书达礼，还能吟诗作文。劳乃宣在完县（今河北省保定市顺平县）任上时，曾在官舍与孔夫人谈起往事，同时吟诵起他的旧作。为此，劳乃宣有感赋赠：

与内子检旧诗赋赠
旧作重吟百感生，多君怀抱有余清。
未娴声病谙诗味，惯理斋盐淡宦情。
老大渐知归去好，少年真悔别离轻。
买山何日能偕隐，而谷声中课耦耕。

由此，可以想象两人的融洽生活。当孔夫人病故后，劳乃宣一时无法适应，时常想起两人生活的情景，对妻子的思念一直持续着。在孔夫人离世二十多年后，他写了一首《摸鱼儿》：

> 乍重来、氍毹一鹤，依然城郭如许。回头五十年前梦，历历爪痕堪数。寻故侣。尽华屋尘凝，宿草斜阳暮。苍茫四顾。剩在昔黄童，而今白叟，握手钓游溯。

门庭冷，犹记婿乡曾住。玳梁栖燕双羽。画眉窗又银墙隔，不见旧梳妆处。空自语。问环佩魂归，可认相携路。浮生电露。纵我欲忘情，谁能遣此，无那断肠句。

劳乃宣在跋中称："余癸亥岁就姻曲阜，居甥馆者三载。甲寅重到，屈指逾五十年矣。畴昔侪辈，无一存者，当时童子，今俱白头。悼亡已二十余年，复过妇家，旧居院落，早割典他氏，触绪兴怀，不自知其辞之悲也。"

有了这样的姻亲关系，就不难理解日后劳乃宣对孔教不遗余力的推崇。辛亥革命后，在1913年2月青岛成立的尊孔文社中，劳乃宣借由讲学活动以呼朋引类，宣扬孔孟之道与君主政体的理念，倡导以孔子之道及其学问作为世人共同学习的对象。其曰：

谨就鄙见所及，就正于诸君。窃维本会自尊孔文社发起，自当尊孔子之道。欲尊孔子之道，当学孔子之学，且导世人以共学孔子之学。

劳乃宣表明了既以"尊孔"二字为标榜，其内涵当以孔子之道为实践的依归，即取法孔子"吾道一以贯之"的精神，重视儒家道德的修养。换言之，此一推尊之举绝非空言，而是落实在将孔子之学作为实践的对象，即取法孔门四科之学，分别以德行、文学、言语、政事施行于世。在1912年至1916年间，中国知识界针对儒教国教化的问题，出现了许多"尊孔"团体，可概分为两大派，一是以青岛为首，一是以上海为据。前者以恭王、肃王等重臣为主,后者则以瞿鸿禨、沈子培、李梅庵等人为中坚。其中,孔教会于1912年10月在上海山东会馆成立,康有为担任会长,陈焕章为总干事。孔教会推动了一股以孔教为立国之教的国教运动热潮,把孔子当作一位宗教上的教主,更将儒家视为一种儒教。实际上,民初政府本欲主张废除孔教,而此一举动引发孔教会及其他团体的激烈反对,进而演变为国教运动的兴起。从1915年11月劳乃宣写给罗振玉的书札中便可略知其缘由:

> 友人周玉老及刘幼云诸君来函,言德国尉礼贤君久居中国,于学术流别研究最深,周秦诸子皆有译本,而独推尊孔子,如昔所称服孔子教者。近闻京师人言议废孔教,以为大戚,约中西学者为尊孔文社著书论学,以昌明正学为宗,并登报传布,暨译西文,流传西国。社中须延执笔之人,欲约弟承乏是席,代备居室一所,月赠笔资数十元,周、刘两君均极力怂恿。

在周馥和刘廷琛的书信之中,他们都提及德儒卫礼贤熟知中国学术流别,而唯独推尊孔子,服膺于孔子之教。同时,周、刘二人极力劝说劳乃宣为文社执笔而发声,并愿为其提供安居之处和撰文的报酬。而相较于康有为、陈焕章所兴起的国教运动思潮,劳乃宣却是坚持反对将孔教立为国教的。劳乃宣在《孔教会演说词》里也清楚地表达了反对的立场,其曰:

三代之衰，圣王不作。孔子以匹夫而起，承道统，删《诗》《书》，正《礼》《乐》，赞《易》象，修《春秋》。祖述尧舜，宪章文武，述而不作，继往圣以垂万世。所传者二帝、三王、群圣人，继天立极之道，非孔子一人之道，孔氏一家之道也。道既非孔氏一家之道，教即非孔氏一家之教，则孔教之名，何自生乎？教字之训为上所施、下所效，本是动词，引申之为教人之法，乃为名词。然宗教之说，古所无也。……凡一宗教之立其道，必异乎当世之政俗学术，而自为一派。入其教者，乃为其教之徒，此外众人皆不在此列，故不能无教内教外之界限。佛教、道教、耶稣、回教皆然，于是教之一言，遂沿而为党派之名称。孔子之教则不然，本乎中国，自古圣帝明王教人之法，以教天下。凡在帝土域内之人，即为孔子之教，所及之人无界限之可言。故孔教之教，第可作教人之法解，不可作党派解也。又宗教之立，必托之于鬼神，以神为教之主，以教为神之属，奉某神之教，必奉某教之神。孔子之教，则以人道为主，虽亦有祭祀鬼神之礼，乃礼之一端，非教之全体。且所祭祀之神，如天地、社稷、山川、五祀、宗庙之属，乃国之神，家之神，非教之神。故孔教之教，乃人道之教，非神道之教也。

劳乃宣这一说法是为了端正视听，以免世人误入立孔教为国教的歧途，故首先以驳斥"孔教之名"而立论。他指出，三代既衰，圣王不作，孔子继之，以承道统。故孔子删订六经，述而不作，继承往圣之学，以流传万世。此一道统是前后相承，凡历二帝、三王、诸圣人而形成的继天立极之道，它既不是孔子一人专属的道，也不是孔氏一家所独传的道。此"道"既非孔氏一家所独有，此"教"也不是孔氏一家所专言。那么"孔教"之名是从何而来？在劳乃宣看来，"教"字之义本为"上所施、下所效"，表示动作之意，后来"教"字引申为教导人的方法，作名词之用。实际上，自古以来，"孔教"之名本来就不被视为一种宗教之说。

其次，劳乃宣对"孔子之教"作出释义。他指出，举凡世上任一宗教的成立，一定有别于当时的政治学术而自成一派。凡是加入其教派者，便成为教徒，未加入者自然就排除在外，故有教内和教外之别，如佛教、道教、耶稣教、回教便是如此，都有其特定称呼。然而，"孔子之教"与上述的教派不同，它效法自中国古代圣帝明王的教人之法，而以此教导天下人。因此，凡身处在帝王国境之内的人，便曾知晓孔子之教，而所触及的人实无类别之限。是以孔教之"教"字的释义，可以解释为教导世人的方法，而不能说是某一种教派。凡是以宗教立名者，必然涉及鬼神，以某一神祇作为该教派的创始主，而以该教派作为神祇的归属处。举凡供奉某一神祇的教派，一定有奉以为该教的神祇。事实上，劳乃宣认为，"孔子之教"与任何一种宗教教派的相异之处，在于它并不是为了"神道"而设其教，而是以"人道"之教为主。孔子之教虽然也提到祭祀鬼神的礼节，但这仅是诸多的礼节之一，并非此教的全部。何况这些祭祀对象，如天地、山川、宗庙，都是一国之内的神祇、一家之内的神祇，而不是一教之内的神祇。因此，"孔教"的概念对劳乃宣而言，仅为"人道之教"，而非"神道之教"。由上可知，劳乃宣不仅反对民初政府废除孔教的做法，而且也反对那些"尊孔"团体将孔教予以宗教化及推行国教运动的主张。他如此振笔疾书就是为了替孔子之教正名，端正世人的视听，以避免"孔教"沦为少数人操作的工具，形成一股过度宗教化的国教运动思潮。

第四章　秋闱还乡登杏坛

同治二年（1863），二十一岁的劳乃宣结束了在矩斋里的苦学，陪伴母亲沈蕊，搭乘"南浔"号轮船来到天津，再由陆路到保定，投奔兄长劳乃宽的岳父保定知府范梁处。随后，又由保定到曲阜，与孔蕴徽喜结秦晋之好。

劳乃宣在曲阜期间，随袁石斋先生学习八股文，毕竟这是科举的"敲门砖"。他经历了十八年的寒窗苦读，到了该取得功名的时候。可惜当时太平天国运动席卷大半个中国，江南地区尚在太平军的控制范围。作为监生，按照清朝科举制度，既可以在顺天乡试，也可以在本省乡试，听其自便。为此，同治三年（1864）三月，劳乃宣第一次赴京城参加了顺天乡试，首场却因漏补诗草违规，被取消了继续考试的资格，名落孙山。一时间，劳乃宣无法接受现状，但转而一想，机会还有，因为浙江于同治元年（1862）被太平军占领，故和江南、福建、广西、云南、四川等地一并停止乡试至此时。同治三年（1864）二月，杭州虽然已经平定了太平天国，但因贡院被毁，所以未能举行。次年八月，浙江补开辛酉、壬戌两科乡试。得知这一消息，劳乃宣便急急赶往杭州参加乡试。一路舟车兼程，由曲阜乘骡车至韩庄，又换了小船至台儿庄，再换船到杨庄，乘人力车至清江,又换小船南行,路过江苏淮安,顺便去看望了大姐劳若华,再到苏州城中,方知清军刚刚战胜了太平军。见到自己的兄长、嫂子等亲友,恍如梦寐之中。从苏州乘船到桐乡,这是劳乃宣第一次来到自己的籍贯地,他感到分外亲切。

桐乡系古吴越之疆,土沃人稠,男服耕桑,女尚蚕织,士专举业,科名盛于他邑。县城梧桐镇虽然很小,但却是典型的江南古镇。嘉靖年间修建的城池,依然巍峨耸立。虽经太平军占据后,生意萧条,但整个县城的格局没有变化,太平坊、永宁坊、文献里等八坊完整。小城中有三十多座桥,包括舞凤桥、迎凤桥、集凤桥、寺桥、庙桥,等等。远眺可以看到惠云寺宝塔。经历战乱,县城几处标志性建筑遭到毁败,县署、文昌阁、孔庙、惠云寺都受到焚毁。劳乃宣先到因借用民宅而位于夏家厅的县衙,见到刚刚上任的知县富阿浑,这是一位由湖北荆州驻防的满洲翻译生员升任的知县。劳乃宣将自己的姓名、籍贯等文书交与他,由其出具印文,开具监生姓名、籍贯、三代清册,加具并无顶名冒替甘结,此件还须呈送巡抚加具印文后,方可参加本省应试。知县富阿浑跟劳乃宣说:"县城向无书院,去年有陈姓被控伪职,罚捐洋一千五百元,遂以此款购得于姓大宅作为书院。"并嘱由教谕王启忠带劳乃宣前往县城东水门内尚在筹建的桐溪书院参观。一行人步入大门,首先看到的是三开间的讲堂,再进去就是七间楼房,穿过开井,最后一进是五间楼房。整个书院,庭院宽敞,环境幽雅,但还在改建中,并无山长和学生。虽然在桐乡县城短暂住了几天,但小县城的宁静和恬淡却在劳乃宣心中留下了美好的记忆,这也是他日后决定在县城

第四章 秋闱还乡登杏坛

梧桐建造学稼堂、购置地产、安置家人的初心所在。

八月初七日，劳乃宣从桐乡赶往省城杭州参加乡试。初八日一早，按例是生员在贡院报到。这一科，人数特别多，绍兴考生即有二千二百余名，一直点名到一鼓时方才完成。宁波考生也有一千六百余名，杭州考生数量排名第三，也有一千余名。台州则有八百余名，嘉兴、湖州均有七百余名，其余金华、丽水、温州、衢州、处州五府考生最少，总共有九千一百余名考生参加这次乡试。初九日一早，劳乃宣正式跨入考场，只见头题"君子无众寡，无小大，无敢慢"，首题"得一善则拳拳服膺而弗失之矣"，三题"禹思天下有溺者，由己溺之也，稷思天下有饥者，由己饥之也，是以如是其急也"一节，诗题"红树碧山无限诗"得"诗"字。到二鼓时，他已经诗、文全部脱稿完成便入寝。第二天天一亮，他就认真誊写正式考卷，又对前一天的文章作了一定的修改，至申刻时交卷出场。当夜下起了大雨，他听着江南的雨声入睡，一觉醒来，已是五更，便急急赶赴贡院，照例是挨个牌子点进，下午时雨势渐大，直至深夜方止。十二日，子夜时分，三鼓题纸送来，《易经》为"君子黄中通理"，《书经》为"知人则哲，能官人。安民则惠，黎民怀之"，《诗经》为"自今以始，岁其有"，《春秋》为"秋，郯子来朝"（《昭公十七年》），《礼记》为"五声六律十二管，还相为宫也"。至辰时，他已经将《易经》《书经》二艺都顺利脱稿，就马上誊真补稿；等到三鼓时，《春秋》《礼记》的试题也都完成，便入寝休息。十三日，又是一个晴天，他心情大好，醒来即誊真补稿，等到申刻时离开贡院。十四日，黎明即赴贡院，按照牌点进，酉刻即点名完成。十五日，三鼓即送来题纸，这场考试是策题，为经学、史学、考课、衣服、兵制等，虽然写得手也僵痛，但他捉笔直书，申刻时即完成答卷交进，立即出场。接下来的几天，他先到杭州大东门双眼井巷邹氏家中探望。这邹家，也算是杭城望族，邹在衡虽无功名，但工诗善画，历任金山、长州典史，江苏阳湖主簿，他的儿子邹福年娶了劳乃宣的堂妹劳泰来，而邹在衡的女儿邹赘梅又是劳乃宣母亲沈蕊的干女儿，邹赘梅的儿子就是马叙伦。劳乃宣在邹家待了几天，邹家人陪他到西湖边上游玩。出涌金门，上了瓜皮船，至湖心亭，只见亭毁后新修而成，虽然丹碧耀目，但缺少了雅致，只是凌波远眺，风景尚胜。又穿过压堤桥、卧龙桥，至茅家埠，走了五里路，至云林寺，访飞来峰、冷泉亭诸胜迹。寺中仅存天王殿、罗汉堂及九楼而已。再从云林寺左面走三里多，至岳墓，遇到几个桐乡考生，如黄元圻、周善咸等，当下立谈少许。岳庙也是刚刚重修。至崇文书院，即沿堤至苏小小墓，渡跨虹桥，寻近路径行，至诂经精舍遗址，再登孤山，披莽而上，至放鹤亭，登巢居阁，原先遍布的梅树已无一株。而林和靖先生的墓，也在重修，即将竣工。又沿堤至平湖秋月，只存下败壁一堵，堤上的柳树也荡然无存，令人徘徊不忍离去。渡段家桥，过昭庆寺，只见一尊铜佛，在露天雨淋日炙，周边也无人顾问。入钱塘门回到邹家。太平天国之后，南北两山树木尚存，但多被湘军砍伐，作柴卖钱，导致树木越来越少。登高一览，只见残垣断壁，荒烟缭绕，湖光山色只留凝愁一色。净慈寺已无片瓦，只有雷峰塔巍然独峙。

这场考试的主考官是宗室瑞联和董兆奎。这一榜由于是三科并考,所以中举的举人加了捐饷定额12名,又加恩诏广额30名,通共录取中式举人230名。九月初十日,四鼓时放榜,劳乃宣考中了第六十三名举人,排在他前面的第六十二名举人正是沈家本,这位日后与他展开"礼法之争"的法理派代表人物。这次乡试,桐乡一共有四人中举,除了劳乃宣,还有乌镇人客居震泽的周善咸、梧桐县城人黄元圻和寄居海宁路仲的管鸿儒。

劳乃宣得知中举后,急忙赶去杭州填了亲供。回到桐乡,他决意去看一下自己的籍贯地——青镇东栅。那天,他雇了船从桐乡到青镇,船头挂起了"雁塔题名"四个大字的旗帜。出运河塘,在双桥边转入金牛塘,途经炉头,他先上岸找到了自己仰慕已久的大儒张杨园的故里,他对杨园先生的"当务经济之学"及"祖述孔孟,宪章程朱"的学术主张高度赞赏,并以此实践。为此,他先瞻仰了杨园先生的务本堂,又拜谒村北的杨园先生墓,只见浙江学使雷鋐题写的"理学真儒张杨园先生之墓",墓前碧水荡漾,松柳苍翠,四周更是桑麻遍野,确实是个好所在。

过了龙舌嘴,便进入乌镇,穿过车溪,但见碧水清荡,青荇招摇,小河纵横蜿蜒曲折;依水建街,傍水设市,家家临河阁楼,户户汲水拂窗,房屋林林总总、挤挤密密,确有吴越风韵。见到这般水乡风韵,劳乃宣便生依恋之情。在通德桥往北处右折小河道,一个马鞍形的河埠头,严笠溪、严迪周兄弟俩早已在等候。严笠溪、严迪周素有"桐乡二俊"之称,特别是严迪周在嘉兴府补庚申壬戌癸亥科岁试并补辛酉拔贡考试中取得第一名的好成绩,也是可喜之事。上岸后,他们虽是首次见面,却像老友相会,严氏兄弟带他去自家的宜园。

这宜园是严家的曾祖父严大烈所建，又经后代多次修葺，颇具规模。咸丰庚辰、同治甲子两次全镇遭到兵燹，全镇的私家花园都遭到了破坏，唯独这座宜园还保留着。沿着马道弄入东，影壁相对，场地宽敞，有成对的旗杆、上马石、流墩石，一座大门楼，上挂黑漆大字"翰林第"的牌匾，这是严辰在咸丰九年（1859）中进士并被钦点翰林后所挂。一进门看到雅宜山房、晖春楼、瓣香书屋、磊文轩、题闲处等楼台亭轩，整个花园，垒石为山、凿地成池，极花木亭台之胜。而奇花异木遍布各处,山、水、亭、轩、楼之间有石径相连，四通八达。故有"宜轩八景"之称。而严笠溪、严迪周的堂兄严辰因弟弟严谨在贵州石阡知府任上遭到土匪杀害，八月初即赶往贵州，将弟弟的灵柩运回桐乡，所以和劳乃宣失之交臂。

严氏兄弟热情招待远道而来的劳乃宣，不仅带着他一起拜谒他仰慕已久的密印寺中梁昭明太子的读书馆、芙蓉浦上南宋名相陈与义的"简斋读书处"，又同去名噪一时的"九江楼"，品尝正宗的乌镇名菜——粉蒸肉、喜蛋，还带着他去"访卢阁"，品尝新上市的龙井茶，又一同去东栅看望他的族亲劳家，去他的籍贯所在地——严厅弄及旁边的劳家白场、化坛桥堍的宋代劳氏祖茔地梅水滩、劳家河埠和北栅的劳家巷。严氏兄弟将劳乃宣介绍给乌镇的文人相识。这中间就有后来成为劳乃宣学生的卢学溥的祖父卢小菊。最后一天，他们一起乘船去了北栅太师桥东、双溪诸流之冲的分水墩参观，虽经战乱，墩已焚毁，但石埠亭子仍在，只不过供奉的文昌君已经被敲碎了。

乌镇之行，虽然短暂，但与严氏兄弟及乌镇文人诗酒流传，乐共朝夕，给劳乃宣留下了美好的回忆。

　　由于七叔父劳邦彦在吴江同里司职巡检，因此劳乃宣也顺便去同里小住几日，之后在苏州、常熟、泰州、淮安等地处理私事，逗留了一年左右时间。同治五年（1866）八月，他回到苏州，协助岳父孔宪怡办理捐务报销，事后返回淮安，专程去看望好友罗树勋。当时罗树勋担任清河县丞一职，正好赶上其子罗振玉出生第三天举办汤饼之会。劳乃宣原本打算再去保定，因为捻军势力正盛，所以改道，直至秋天返回曲阜，带了夫人和女儿劳䌷迁居保定。

第五章 入都会试终获隽

劳乃宣虽然中了举人,也有了做官的资格,但事实上却没走上仕途。而现实的压力摆在二十五岁的劳乃宣面前。此时次女劳纺出生,上有老母要赡养,下有两个幼女嗷嗷待哺,生存的压力甚为严峻。和许多落寞举子一样,劳乃宣只能独自挑起生活的重担。这一年,保定知府博尔济吉特·恭钧得知他的文名,聘请他担任自己三个儿子瑞澂、瑞璐、瑞敷的家庭教师。这位知府籍籍无名,而他的父亲则是大名鼎鼎的琦善,曾做过永平府(府治在今河北省秦皇岛市卢龙县)知府。二十五岁的劳乃宣认真传授知识的同时,还教育孩子们要志存高远,将来成就一番不朽事业。由此,劳乃宣开启了长达五十年的教育生涯。

同治七年(1868),劳乃宣首次赴北京参加会试,不幸名落孙山。返回保定,经兄长劳乃宽介绍,劳乃宣来到其岳父范梁府中做家庭教师。范梁是浙江钱塘人,道光二十年(1840)进士,从直隶威县知县起家,当时为大名道尹。劳乃宣的学生共有四人,除了范梁的儿子范崇威外,还有范梁的三位外孙章承缵、章承绩、章承保。此后六年,劳乃宣一直跟随范梁,之后范梁升任山东盐运使、山西按察使、直隶按察使等职,而劳乃宣一直待在范家认真施教。

劳乃宣经常以自己的心路历程激励孩子们志存高远,咬定目标,坚定不移,追求不懈。劳乃宣认为,求学问道若仅靠天资聪慧则难以成功,一定要专心笃志、孜孜以求;他指出,学习是一个不断发现错误、纠正错误的过程,只有通过后天的努力才能不负自己的天赋。在劳乃宣的悉心教育下,四个学童逐步成长。范崇威心智笃定,治学严谨;章承缵踏实努力,术业有成;章承绩才智过人,做事干练;章承保更是年幼聪慧。看到四位弟子的进步,劳乃宣经常喜不自胜,有时甚至忘记吃饭。他告诉弟子们,无论是求学之路,还是人生之路,都是充满艰辛的跋涉之旅,要经得起磨难和挫折,切不可使本有的心志,被困难和挫折消磨掉。

同治十年(1871),劳乃宣赴京参加第二次会试,考中第五十七名贡士,从而顺利参加由皇帝主持的殿试。殿试试卷统一规格和尺寸,试卷内共有十开,一开两页,长约官尺一尺四寸,宽约三寸七分。内页第一开的前半页由考生书写本人履历三代。从第三开起仅用竖红线隔为十二行,是答卷的地方,禁止点句钩股和添注涂改。而答题格式,以"臣对臣闻"四字起始,"皇帝""制策"等文字必须换行并平抬一至两字,换行时前一行不能留有空白,文字字数必须填满,这是考取优等的秘诀。全文字数不得少于一千字,上不设限,每页十二行,每行二十二字左右,合计八页的答卷不要留下大的空白。而在同治皇帝主持的殿试中,由于过分紧张,劳乃宣又犯了一个小错误,答卷时超出试卷范围,被称为"越幅",但仍取得三甲。此榜取中一甲3名,梁耀枢、高岳嵩、郁崑,赐进士及第;第二甲赐进士出身120名;第三甲赐同进士出身200名。劳乃宣获三甲第一百九十一名,赐同进士出身。随后他参加了朝考,考中第二等第十四名,但并未被授以实职,只是成了一名候补官员。十分沮丧的劳乃宣参加完传胪大典和恩荣宴后,虽属"金榜题名",但他却没有丝毫的喜悦,相反黯然离京,为此写了《殿试归班出都作》,充分表达了自己的失落与无奈:

惆怅出都门,风沙极目昏。
升沉原幻境,得失总君恩。
家近心翻愧,慈色定温莫。
莫嗟生计拙,犹有砚田存。

回到保定,劳乃宣将自己的书斋改名为"震悔斋",说明此番会试带给他更多的是震惊和懊悔。

光绪元年(1875),劳乃宣鉴于上年甲戌之岁,日本借口琉球漂船事件,开始吞并中国藩属国琉球并以此为借口侵占台湾。劳乃宣痛感中国惨败的教训,撰写了《谈瀛漫录》一文。文中说道:"诏疆吏建言,廷臣集议,一时名公讵卿各摅闳论,建白既多,不无异同,而士大夫之论说遂言人人殊余庸人也,又贱士也,何敢与知大政,而一二同人相与讲习,偶及兹事,辄不能已言随笔录。"在提出加强中国海防的同时,他又写道:"今日中国之法,诚不可不变矣!且夫今之法弊极矣,当变者多矣。"他驳斥了法不可变的观点,指出今古变化的各个方面:"今之车马舟楫非古之制也,踵事而增也。古者吉行五十里,师行三十里,今则日行百余里矣;古之舟行于江河耳,今则海舶乘风一日千里矣。"他不但横向比较了古今之变化,还从一个例子入手指出武器从古至今的变化,从弧矢至炮石、连弩、火器,直到外国的西洋火器,且指出无论是这种发展变化还是所谓的"创局"都不是一朝一夕完成的,所以想尽可能医治危局也不能祈望于一朝一夕的救世,进而发出"今日之天下之势,千古未有之创局也"的感叹。他认为,中国要发展,必须进行"创局",必须进行改变。可见,他早年就有要求变革的想法。

劳乃宣陪着自己的弟子到北京参加乡试。乡试结束,他与四位弟子的师生缘也就此结束,而他与四个孩子结下了深厚的师生情谊。临别之际,劳乃宣百感交集,鼓励他们以万物凋零而仍在寒风中挺立的松柏、寒霜后依然傲立的菊花为榜样,刻苦学习,励志成才,努力成就名垂青史的功业。

男儿立身期不朽,读书岂特资耳口。
至性长存天地间,富贵浮云亦何有?
我生有志苦未逮,此意硁硁恒自守。
卓哉吾徒二三子,头角峥嵘出尘垢。
一朝抗怀希古人,吐气如虹贯牛斗。
伯也用心能静专,仲也目底牛全无。
随肩小弟亦岐嶷,英气勃发生眉端。
殷勤为我述所志,后生直欲追前贤。
窃闻学问重寡过,愿得努力全其天。
我闻此语得未有,狂喜不觉忘眠餐。

为尔历历倾肺腑,此事曾经识甘苦。
石中玉韵山自辉,大璞不完同瓦甄。
冰壶秋水自盟心,炫璧须知易招侮。
一言勖汝还自勖,莫使初心负幽独。
后凋勉作岁寒松,晚节期为傲霜菊。
名山大业在千秋,他日相逢括吾目。

  结束了这段家庭教师的生涯后,劳乃宣即将踏上新的人生旅程,同时中国大地即将发生的一场前所未有、风云骤起的变革,也将彻底改变他的人生轨迹,这种变化甚至超出了他原先的预想。

第六章　古莲池畔结彭年

光绪二年（1876），劳乃宣开始每天记日记，取名《劳斋日记》。他在日记开篇写道："日记之作有数益，备遗忘一也；考得失二也；不可书者不敢为三也；心有所得、外有所见闻随笔录之，便兼札记之用四也；纪事纂言日习于修辞五也。年来屡作而屡辍，心之浮气之惰可知今后勉而为之，自今以往，其不可再废矣！学问以无间为功，制行以有恒为本，是区区者而犹不能久，尚何望德业之有成哉？戒之戒之！"

回到保定后，劳乃宣即移居康家胡同。同治十二年（1873），晚清重臣李鸿章担任直隶总督，奏请朝廷要求重修《畿辅通志》，设畿辅通志局于保定城中的古莲池。当年冬天，劳乃宣受李鸿章之聘，进入畿辅通志局担任襄纂，参与修志。

保定自元代张柔重新建城之后，一直都是畿辅首郡，也是人文荟萃之地。莲池书院，又称"直隶书院"，是雍正十一年（1733）时任直隶总督李卫奉旨创办。当时，李卫见古莲池"林泉幽邃、云雾苍然，于士子读书为宜"，便确定在古莲花池北边划出面积相当的两块地，西面的一块（约三亩）建书院，东面的一块则另辟"南园"，同时建有"皇华馆"。

后来，历任直隶总督又将古莲池辟为皇帝的行宫，几经修葺，达到了极盛。感受到如此厚重的文化氛围，李鸿章决定将畿辅通志局设在古莲池。

李鸿章在直隶总督任上，聘请了黄彭年纂修《畿辅通志》，并主讲莲池书院。

黄彭年（1824—1890），贵州贵筑县（今贵州省贵阳市）人。道光二十七年（1847）进士，选翰林院庶吉士，授编修。其父黄辅辰，道光十五年（1835）进士，为清一代循吏。黄彭年学识渊博，才华出众，连曾国藩也十分赏识其才学："……英气逼人、志大神静，则有黄子寿……黄子寿近作《选将论》一篇，共六千余字，其奇才也。子寿戊戌年始作破题，而六年之中遂成大学问，此天分独绝，万不可学而至。"

李鸿章广揽贤能之士参与编修《畿辅通志》。一时间，文士集聚，如浙江桐庐的袁昶、保定的黄树楠等都相继参与其中。正所谓："海岱人文人珊网，一时宾从多环材。"

劳乃宣在这里结识了众多才俊，才干和学识大为长进。这其中，对他影响最大的莫过于黄彭年。仿佛是命运的安排，黄彭年在这里等待劳乃宣。这次相聚，不仅成就了一段忘年之交的佳话，而且在劳乃宣的人生经历中注入了新的内容。

从同治十二年（1873）至光绪四年（1878）间，劳乃宣任畿辅通志局襄纂五年，与黄彭年几乎朝夕相处，深受其影响。劳乃宣曾经这样描述黄彭年对自己的教益："予究心于义理之学有年，见举世胥尚通脱，以道学为诟病，意谓古道不能行于今世，内颇自馁。及见黄先生，言行一出于正，毅然无所挠，始知今之世犹有不随流俗者，气为之壮，益用自厉焉。后之所就得力于此者，为不少矣。"

黄彭年修志之余，兼主讲保定莲池书院，课订学生日记，要求学生将自己的读书难点和体悟等每日一记，十天上交一次，老师则每月点评一次。日记中的优秀者，则以选刊《莲池日记》刊发给全体学生学习。通过此举，学生可以及时发现自己的进步和不足。点评和刊发优秀日记，以供学生学他人之长，为自己所用，又能观人之不足，以正自身。

一次，黄彭年带着劳乃宣在莲池边散步，对他谆谆教导：空疏无用的知识对自己、对国家有害无益，人穷则以孝悌忠信化其乡，人达则以经济文章酬乎世。黄彭年将"经济"实学提升到与"文章"之学同等重要的位置。他认为，为人须摒弃功名之念，把为国家谋富强、为百姓谋福祉作为学习的首要目的，学以致用，放眼天下，古今治乱得失更要积极学习。这一观念直接影响了劳乃宣固有的科举求功名的想法，也为他日后继续钻研数学甚至研究各国章约打开了思路。

劳乃宣参与襄纂的《畿辅通志》，后世大多给予良好的评价。直隶总督陈夔龙在宣统二年（1910）《重印畿辅通志后序》中写道："合肥李文忠公督直隶之次，奏请重修《畿辅通志》，设局省城莲花（即莲池）书院，延贵筑黄子寿方伯主其事。一时襄校诸员多当时名宿，如袁爽秋太常，潘云门、王晋卿两方伯，劳玉初学使，其尤也。肇始同治辛未，迄光绪丙戌，凡十有六年，而后全书告成，为纪十五、表三十、略一百三十七、录十、列传九十四、杂传十一、附录二、叙传一、几三百卷，辉辉皇皇，极志乘之大观也。"

1934年，时任天津市市长于学忠在《重印畿辅通志序》中写道："同光之际，李文忠督直最久，特延黄子寿先生总其成，复罗当时名宿，重事修辑，十年成书，艺林称盛，刊行之后，颇负时望，为畿辅有志以来，之所仅见，即在各省通志中亦且推为擘也。"

善之本在教，教之本在师。经过五六年时间的求学问道，劳乃宣的学识与才干更上了一层楼。黄彭年与劳乃宣，一个志大神静、砥砺后学，一个谦逊好学、从善如流。他们的相遇，就像一束穿透迷雾的亮光，让劳乃宣突然间明确自己的期待，并且认定它能够将自己带进梦寐以求的春天。

黄彭年对于劳乃宣的数学才能十分欣赏。当时，武进人蒋豫也在畿辅通志局，刚开始他不通算术，有一次见到劳乃宣的笔筹算略，竟然数天就能理解其方法。黄彭年在《常州二子传》中记载了此事。

劳乃宣离开畿辅通志局后，与黄彭年见面机会很少，两人以书信方式保持着联系。光绪十一年（1885），黄彭年在升任陕西按察使途中，时任南皮知县劳乃宣星夜兼程赶到天津，与黄彭年见了一面。

光绪五年（1879），委署临榆知县劳乃宣为解保定旱灾，曾将自己的《劝富民出贷贫民议》一文寄给黄彭年。黄彭年当即回信，认为："诚为救荒上策。国帑既无可请，官力不能遍给，非由民间酌盈剂虚，惟有仰屋束手，坐视嗷鸿饥鹄之待毙而已。"同时，黄彭还提出四个补充意见，即应该考虑到"贫户之等差既殊，富户之大小亦异"，"一收一放，经理稍不得宜，百弊丛生"，"能救力能偿债之次贫，而不能救无力偿债之极贫"，"此议但可由首郡县函商，不可形诸公牍，列之示谕"。最后，黄彭年劝劳乃宣"再四筹维，千妥万当，然后告之当事，劝其施行"。

劳乃宣精通礼学，对于婚仪、丧仪等颇有研究。有一次，他和吴汝纶为太庙增室事宜发生争执，随后致书黄彭年，称："其立论之创，出人意表，诚有如伯相所谓'尽翻数千百年之案，嫌太新奇者'，私心窃不能无所疑焉。并龛之制，从古所无，是以五大臣这议，但援成案，不征典籍。今乃博引经史，以实其说。"他从"祧"的本义及礼法源流的角度，论证了"太庙增室"的合"礼"性，并且认为"增室之制，与并龛之用意相同，而不失于简陋。异议诸臣，又未言及，且地增展前殿之例可援，不同创论。今若以此为言，似不得谓之立异，而同室异龛之陋，可以挽回，似亦纳约自牖之一道也"。如此，才"上遂宫廷之孝思，下不悖朝堂之议"。劳乃宣还指出："儒生立论，各抒胸臆，或有激而谈，或有为而发。虽时涉偏矫，无害其为一家之言。若大臣入告之体，上达九重，下士四海，必当博考礼文，折衷一是，略有不经之语，私曲之词，必为天下所指摘，不可不慎也。"黄彭年对于他的主张是赞同的。为此，黄彭年在致李鸿章的信中也说："……并龛之议，简陋背古……彭年筹及增室两楹，非谓礼之必当如是，谓较之并龛，犹为彼善于此耳。此论本发于玉初，今证成其说，复为私议……"

许多年后，当劳乃宣再次踏入莲池时，他不免心生感慨，写下了《莲池感旧》：

池馆重来往事非,林鸦圉鹿认依稀。
临漪亭畔毵毵柳,犹自长条拂钓矶。

三辅微文重史才,一时宾从尽邹枚。
诗人零落梁园冷,槛外棠梨冻不开。

劳乃宣的兄长劳乃宽的女儿劳纤嫁与黄彭年的孙子黄树成,而劳乃宣的小儿子劳健章后来娶了黄彭年的孙女黄菱(字霁秋),也算是两人师生缘分的延续。

第七章　尽责查办圈地案

光绪三年（1877），正在协助清苑知县邹振岳办理案件的劳乃宣，接受了直隶总督李鸿章的委派，到直隶布政使司属下的直隶易州涞水县（今河北省保定市涞水县）查办车厂村礼王府圈地案。

劳乃宣和家人告别，于十月初八日出发，至初十日赶至涞水。一到涞水，步入县衙，知县陈杰热情相迎。陈杰是浙江山阴人，监生。他得知劳乃宣也是浙江人，也是一位进士，对其十分敬重，工作上更是十分配合。

陈杰告诉劳乃宣，此地士敦简略，不事浮华，但好学力行者不多见，且民风质朴，男不游惰，女不冶容，专务农桑。但当年五月，涞水曾经暴发过雨灾，民生艰辛，所以劳乃宣婉谢了知县的宴请。陈杰又告诉他，当年六月，天气炎热异常，车厂村村民齐聚县衙，跪在大堂之上要求宽缓交纳租金，陈杰劝导村民返回，而礼王府的护卫富琛等则以民众聚众抗官等向易州州牧告发，弄得自己十分难堪。

初次担当重任，劳乃宣十分用心。虽然涞水是祖逖、祖冲之的故乡，更有怡亲王、贤亲王的寝园，但他已经没有空闲的时间去拜谒，而是一头扎入县衙查起案卷。

案件源于涞水县王继善、林粹、吕思等人控告礼王府护卫富琛、涞水县屯旗王府管领王成绘等圈占地亩。

事件须从同治四年（1865）说起。当年，村里的佃户马耀与枪户张贵发生争租纠纷，其时并无王圈地之说。但王府发帖说是马耀所佃六合水一处四至不及其他，直到董佐、周澎借机私敛枪粮，王府遂开列全圈四至，并向部控告，为此饬令地方，所勘地界均归王府管理收租。前涞水县知县陈克昌就遵照此命令，与礼王府护卫富琛、涞水县屯旗王府管领王成绘及王成绘的侄子王起等插旗圈地，共得地三十五顷，每亩议租五百文，由县代征，而村民则认为上述地亩均在原先的民地之上，不肯重纳租金。礼王府为此向户部申控，县衙奉户部之命，驳回乡民申诉，导致双方矛盾日益激烈，村民从此不再交王府租项。双方冲突引得保定府派员前来调查。

说起涞水县旗圈之地，历史悠久，已有一百多年，旗人在当地拥有的田园庐墓与当地居民已经没有差异，即使贤良官吏高度关注也无济于事。而此案历经县、府衙门十余年审理仍未解决。

劳乃宣在县衙认真查阅历年卷宗，参互钩考，发现礼王府仅提供了一份户部颁发的四至图，显然证据不足为凭，原因有以下几点。

一是王府所呈文中称有老册账佐证，但几经调查，甚至调阅保定府十余县的印册本，证明当初户部并未见到老册，只是单凭王府一面之词所作的厘定。

二是所谓旧图虽非伪造，却全图破损，四至自相矛盾。地亩均在村西，其村落东面已到图纸边上，并无余地，现在村东村西各有四里，显然与实情不符；旧图中村西地亩零星有数百段，既然称清丈开垦则当时属于郭地，自已尽入图中，村东无地必皆属于荒地，而现在村西土地皆山坡河滩之地，村东则膏腴之地，每多大至数十亩，当时不应垦小而荒大；村民粮地有雍正年间文契、乾隆年间串票为证，如果说是村民私自开垦夹空误报，则何以乾隆六年（1741）清丈时未经查出？

三是村中旗租地有县里所颁发执照，履勘四至均大致相符。县里尚有道光五年（1825）司颁清册核对，正红旗蒙古、正红旗包衣之地及原任四川总督桂林入官之产如果属于王圈之地，怎会有此情形？

四是所谓户部来文子虚乌有。乾隆年间该村贡生董以信故居即在村西门，其所著诗文中自称车厂村人，所领租地今日尚存，其元孙董廷献继续承种，如果车厂村之地悉归入王圈之内，更有何地可以影射？村民所呈有康熙三十一年（1692）正红旗蒙古将地典与村民的契约，有乾隆十七年（1752）正红旗宗室指地借钱之契约，如果属于礼王圈地，又怎么能有蒙古宗室之地典押于民？

除了查案卷，劳乃宣提出必须到现场勘察，于是在陈杰的带领下，来到离开县治一百二十里地的车厂村。这个村西南北三面环山，只有东面平坦，南北长三里，东西长八里，地有三千余亩。到了村里，登山涉水，周历履勘残碑断碣，一一辨读，向当地父老进行调查。通过调查发现，原礼王府枪户地有十四顷。所谓"枪户"即《大清会典》所称的"采捕户"，按照会典，内务府衙门康熙十四年（1675）奏准和顺治二年（1645）题准，王以下各官所属壮丁计口给地三十六亩。涞水县有礼王府枪户二十八户，有地八顷多，坐落于涞水县车厂村西，每亩交粮一斗，多余的由各枪户自行收取，而枪户则每年交礼王府山鸡野兽等项，一向不向王府收租。乾隆年间又开垦出余地及荒地五顷，合计十四顷，每年交租一百二十八石。有乡民供称，因规避差徭，自己开垦的荒地也挂在枪户名下，年份久远，也无从追考。然而，这些地是枪户地，而非王府地，且只有十四顷。同治七年（1868）以前，礼王府与当地村民都没有争议。除了枪户地外，还有钱粮地五百六十余亩、旗租地一百余亩，其余一千余亩皆为当地村民自行开垦，这中间因有二亩例免升科者，有开垦不熟或隐匿不报的情形。

劳乃宣和陈杰一起来到村西兴隆寺，发现有康熙年间重修碑文，文中记载康熙十六年（1677）正红旗下王虎十八扁鄂施庙后、庙西徐家园地一段，刘歧全施庙前园子地一段，郑天福施地间半，董自全施地西至佛殿、东至河滩、北至道会。如果此地尽属于礼王，怎么会有旗人施舍庙地，又怎么会有汉族人施舍庙地？

劳乃宣和陈杰又来到了羊梅崖，部颁四至中有此地名，而翻阅历代县志，此地人迹罕至，乾隆年间董以信探得此地，乾隆之前尚无此名，何以在国初圈地时已有此名？

村中有娄村天仙宫、关帝庙、观音堂、木井村金台寺香火地二顷，都是车厂村人佃种，每亩交庙租三斗。县里尚存同治七年（1868）王府丈地底簿，在每个人名下注明内有某庙香火地若干，三十五顷中只有三十二顷收取王租，其余三顷从王圈地中赏出。同治九年（1870）天仙宫等庙住持称此地一向在石明显等名下纳粮，今已归入王圈，王府催租紧急，恳请开除民粮，而王成绘亦具呈代为请除。既然属于王府圈地，不应有民粮，而此地王府向不自征租，何以该庙有王府催租之说？即使该庙饰词蒙混，何以由王成绘代为呈请？

此四处皆乡村小庙，何以王府有如许之布旅？如属于王府家庙，自当归王府管领，何以向属村民自管？天仙宫有万历十一年（1583）创建石碑，乾隆十六年（1751）、咸丰七年（1857）重修石碑，所载捐修姓氏，全部属于村民，不涉及王府只字。向村人询问了解，不知有王府赏地一说，直至请除钱粮才知此说。

劳乃宣还向天仙宫道人王永立调查，王永立供称呈请除钱粮乃是王成绘所嘱并代作呈稿，同时王成绘许诺，以不收租为借口，因此项香火地亩仍有钱粮，恐被查出或露出真情，故欲一并蒙混其迹。

劳乃宣指出：吕思明等所控，方林文将伊等所种韩家岭后地亩报为官租一节，现经勘明，确明确所，董以信等官租地均在王府所称圈界内，吕思明等之地在所称圈界以外，并无影射，情况属实。林文诬报其供称，系王成绘、王起贿赂后嘱其，共得赃银八九十千文，均以证据存案可查，王圈若无虚伪，怎么用得上贿赂方法取证？

查原有卷宗，有车厂村村民杨成富与内务府庄头方三互控一案，方三呈上其父方锡清承领道光二十八年（1848）内务府会计司所给印照一纸，载明此地坐落于车厂村，又呈出咸丰二年（1852）清丈底册一本，内载四至，井然不爽，足以证明该村原有内务府庄地，如果说是王圈之地，谁能信服？

又查《大清会典》，全圈者以未被圈之房地补给，今车厂村合村一百十余家，民房庙宇全圈在内，如果属于王圈之地，村民当全行迁出，何以二百余年来合村百余家，都安居于此？

由此，劳乃宣得出以下结论：枪户之地确实，所谓"王圈"二字系由富琛、王成绘等凭空结撰，以为陷害良民之券。他感慨道：合村百余家所有祖遗血产、手创家业，一旦化为乌有，而每年租赋骤增倍额，小民精血几何，岂堪遭此剥削？解部者已庚死囹圄，在家者又仅存皮骨，而富琛、王成绘等犹复虎噬狼吞，诛求无厌。为此他提议，将全案提省里奏明，请旨彻查全案，提解旗员富琛到案，斥革严讯，按律惩处，以除豪蠹，以安民心。

而最终的结果是：富琛、王成绘等蒙混侵占是否属实，另派大员再行秉公覆勘，原王府十四顷余库亩租钱酌减新租，缓催陈欠。

案件已经办结，当劳乃宣准备离开涞水县时，陈杰知县邀请其至县衙东面的三义庙游玩。陈杰告诉他，明代万历年间有一位嘉兴平湖的进士，叫戈用泰，曾任涞水知县，在职期间极力减税解民之困，多有惠政，后来列祀当地先贤祠。劳乃宣一听是嘉兴先贤，便欣然前往拜谒。三义庙外，立有戈用泰离任时留题三义庙的诗碑一座，上面镌刻着：

　　生平慷慨宦游过，空复当年勿剪歌。
　　七载辛勤遗爱少，一生凿枘忤时多。

清风犹喜携双袖，秋水何妨任晚波。

从此出门长啸去，乾坤曾碍一些么。

也许，这桩让劳乃宣踌躇满志的案件，他直到晚年也不清楚其背后究竟隐藏着什么。其实，荣禄与李鸿章是案件的真实操作者。案发时，礼王世铎即与亲家荣禄联系，因懿亲身份攸关，自然不便亲自出涉此事，遂由荣禄去信李鸿章，说明情况并寄去"礼邸圈地图二纸"，希望派员核查。李鸿章当然知道其中奥妙，为此派出劳乃宣查办此案。此案处理完毕后，李鸿章又专门致函荣禄，详细陈述全案经过。可以说，没有荣禄与李鸿章的周旋，就没有这个案件的结果。而三十五岁的劳乃宣，在尚未正式出仕之时，确实有点"初生牛犊不怕虎"的勇气！劳乃宣赢得了当地村民的爱戴，这也是他在辛亥革命后避难涞水的主因。为此，他写下了《车厂歌》：

车厂村，青山为壁溪为门。
中有良田几千亩，父老畜畲子孙守。
上有租税供天家，下有余粮活子妇。
生不见县吏面，老不入县官衙。
年年饱看桃源花，一朝部符忽下县。
农家田是王家佃，分茅故府有藏书，蕞尔齐民敢私擅。
赫赫王家奴，巍巍贤令君。红旗耀白日，遍插峰头云。
峰头云，泪如雨。从此农家无寸土。
王家赋重皇家轻，嗟我乃作王家氓。

催租吏来谷未熟,鸡飞过篱儿女哭。
吞声不敢惹吏嗔,拌向前村卖黄犊。
我今捧檄来咨询,村民语我双泪沦。
但愿死作皇家鬼,不愿生作王家人。
村民村民毋戚戚,此日明良正相勖。
为尔谱作车厂歌,聊当监门图一幅。

  四十年后,当劳乃宣撰写自订年谱时,回忆起这段往事,依然历历在目,这件事成为他人生中浓墨重彩的一笔。

第八章　游幕生涯为生计

自同治六年（1867）开始，一直到同治十二年（1873），劳乃宣先后在范梁的保定府、山东盐运使、直隶按察使游幕，其间，于同治十一年（1872）受肃宁知县陈子钦之邀，赴该县批阅童子卷；同治十二年（1873）至光绪四年（1878）在李鸿章幕下从事编纂《畿辅通志》工作；光绪六年（1880）在曾国荃幕府中主办文案工作；在担任知县后也曾出幕数次，一次是在光绪七年（1881），应署理保定知府同年谭子韩聘请，帮助批阅童子卷，次年因母亲病故而丁忧，再入天津海关道周馥幕中，而在周馥因病请假期间，盛宣怀代理海关道，他仍在幕中。光绪三十年（1904）至三十三年（1907），劳乃宣连续担任两江总督李光锐、端方、周馥的幕僚。此后数年，他在端方幕府中从事文案工作，深得端方器重。

周作人曾经说过，前清时代士人所走的路，除了科举是正路外，还有几条岔路可以走：其一是做塾师；其二是做医师，可以号称儒医，比普通的医生阔气些；其三是做学幕，即做幕友，给地方"佐治"，被称作师爷，是绍兴人的一种"专业"；其四是学生意，也就是钱业和典当两种职业；此外便不是穿长衫的人所当做的了……清朝末期，由于官场中职少人多，即使像劳乃宣这样的进士，一开始也未能获得实职，而养家糊口却是实际的困难和必须面对的难题。为此，劳乃宣自取得举人功名后，即三番五次出入官府做幕僚。

刚开始在范梁府中时，劳乃宣主要是教育他的子孙辈。束脩很平常，因为毕竟是姻亲关系，所遇到的人和事也对他本人影响不大。在周馥幕府中，他遇到了后来在"礼法之争"中的对手，法理派的代表人物之一伍廷芳。伍廷芳自费留学英国，入伦敦学院攻读法学，获博士学位及大律师资格，是中国近代第一个法学博士，光绪八年（1882）进入李鸿章幕府，出任法律顾问，参与中法谈判、马关谈判等。初次见面，劳乃宣告诉他，自己在光绪十七年（1891）吴桥（今河北省沧州市吴桥县）知县任上编辑了《各国约章纂要》一书，说起编纂此书的缘由，劳乃宣说：光绪十七年（1891），东南发生数起仇恨天主教的事件，开始于安徽芜湖、湖北江汉之间，鉴于民教冲突日增，有感于原来的《条约类编》和《约章类纂》查询不便，决定编纂此书，以备各地州县官方便阅览知悉。此书分为游历、传教、商务三章，同时附以仪文、法禁诸条文，又有海外各邦国的教术及与中国签订的盟约，共计八卷，虽卷帙较多，但对于内地官幕不熟悉洋务者，翻阅方便。这是劳乃宣作为一位知县，想帮助内地各州县官提高办理洋务及中外交涉水平的一次尝试。为此，他赠予了伍廷芳一本《各国约章纂要》。伍廷芳是第一次看到此书，通过认真阅读，他觉得劳乃宣对世界大势的判断是正确的。书中已经有了地圆学说、五大洲、东西半球、世界万国等观念，特别是对俄、英、瑞典、美、法、德等世界上最有影响的十六个国家的述略,包括对其位置、面积、政体、生产方式、军事、宗教信仰等概况的论述,把握得相对到位,所以伍廷芳对这位老学究刮目相看。但对于劳乃宣主张的19世纪西方天主教的影响,伍廷芳却有不同看法。劳乃宣认为:"试观佛教之入中国,千余年矣,而吾圣人之教,如日月经天,江河行地,何尝稍损毫末哉?则教士之在中国,亦似僧徒视之可矣。"进而提出解决民教冲突的做法是:"有牧民之责者,遇有此等流言,亟当明白剖示,以释群疑,庶几弭变未形,不致酿成巨患……"而伍廷芳则认为,西方传教士及西方宗教对中国文化影响巨大。伍廷芳也把自己在英国留学期间的所看所想,向劳乃宣作了介绍,两人建立起较好的私人关系。

劳乃宣在幕府中工作,如果说纯粹是为养家糊口,也不尽然。进入端方幕府,是他施展政治抱负、重新由幕转仕的重大转折点。可以这样说,如果没有端方,就没有后来的劳乃宣。劳乃宣先后两次入幕端方府,第一次是在光绪三十年(1904)端方任江苏巡抚署理两江总督期间,不及一个月;第二次是在光绪三十二年(1906)至宣统元年(1909)间,有两年多时间。

端方,满洲正白旗人,光绪八年(1882)举人,捐员外郎,后迁候补郎中。历任陕西按察使、布政使、代理陕西巡抚、河南布政使、湖北巡抚、湖南巡抚、江苏巡抚、闽浙总督,曾率载泽、戴鸿慈、徐世昌和绍英出使西方考察宪政,预备制定宪法。回国之后,端方上《请定国是以安大计折》《欧美政治要义》,此乃中国立宪运动的重要著作。劳乃宣在端方幕府主要从事文案工作,仅在端方幕府中留存下来的公文就有177件,涉事广泛,涉及中外商务、赋税、路矿、中外交涉、军火交易、团练、兵变、农田水利、民生实业、文化教育、土地买卖等事。其中有些是劳乃宣按照端方的意见所写，有些则是劳乃宣自己思想的体现。如在对法政学员的条陈督批中，劳乃宣写道："司法具有独立性，本与行政不容相混，惟中外地人习惯不同，行政司法只能以渐分之。"其中司法独立一说，应当出于劳乃宣的主张。又如对于吴振南等六名留英海军学生交费一事，劳乃宣写道："照得留英海军学生吴振南等六人，接习枪炮鱼雷等学，所需月费等项，前驻英李钦使电催，当即饬由转正局速将该生等六人一季学费，及全年军衣、书籍、杂费等项，共英金六百镑，如数电汇英京济用，并咨达遗军门查照在案。"说明他对留学生的关注和支持。在《代拟南京商业学堂折》中，劳乃宣说到兴办南京商业学堂的必要性、具体办法、经费筹措和使用等，力主举办近代化的商业学堂。当然，最为重要的奏章是他在端方任直隶总督兼北洋大臣时期的两份，一是《奏请设禁中顾问折》，二是《奏请速设禁中顾问折》。在前一份奏折中，劳乃宣首先指出监国摄政王载沣一人精力有限，因此选择顾问官十分必要。

盖帝王之治，必本于帝王之学，明乎诚正修齐之理，而后出治有大原；通乎古今治乱之故，而后应变有特识；洞察乎列邦之情势，而后外交无失误；熟谙乎宪法之要领，而后新政有准绳。以学问为之本，则凡所设施，皆举而措之，沛然莫之能御，是执简御繁之要道也。虽然帝王之学与儒生异，不在寻章摘句，徒事占毕也。惟于宵旰之余，燕间之际，常与魁儒硕士,时时接见,商榷古今,讲求治理,熏陶渐染,其进德之速,有不其然而然者。

接着,劳乃宣又提出,此非其独创,而是仿照日本宪政之做法。

日本于宪政未行之前,先设官中顾问官,选元勋练达之人,以备咨访宪政,实行时即改为枢密院。是为君主最高咨询之府,专资讨论而不干行政之权,皆所以为启沃君心、弼成主德之用也……而我于议院未设之前,亦先资政院以为议院之预备,则弼德院未设以前,亦当仿照资政院官中顾问官之例,先设禁中顾问以为弼德院之预备。

按理说,端方虽位居直隶总督兼北洋大臣的高位,但毕竟是外官,直指禁内大事,不能不引起监国摄政王载沣的忌讳。但即便如此,劳乃宣还是从国家长远大计出发,并出于对端方的忠诚,草拟此份奏折。此折上奏数月后,朝廷仍无丝毫反应。在端方授意下,劳乃宣又起草了《奏请速设禁中顾问折》。

……窃谓天下事有似迂而实切,似缓而实急者。……近者禁卫军军咨处筹办海军,均以懿亲管理,草茅私议,颇有偏任亲贵之疑。今若特设禁中顾问,优视儒贤,置诸左右,则亲贤并进,大公无私,足以消除群释,昭示海内,尤于大局所裨匪鲜。臣愚昧之见,拟请俯照前折所请,即日明降谕旨,设立禁中顾问官,以重根本而维大局。

此折上奏数月后,宣统元年(1909)十月,慈禧太后葬礼举行,李鸿章之孙、农工部左丞李国杰参劾端方"沿途派人照相。……实属恣意任性,不识大体"。摄政王载沣立即下令,直接革去端方直隶总督之职。然而按照《官员处分则例》,端方最多应受到革职留任或降级留任的处分。载沣之所以这样做,是因为端方接连上了上述两个奏折,且接连推荐陈定琛、劳乃宣、梁鼎芬等十多位自己中意的新政人才。而劳乃宣敢于写这样的奏折,也需要胆量和勇气。

劳乃宣所书文案,反映了其西学知识广博、对外交内政事务的洞察力,当然,也颇得端方的信赖和欣赏。宾主相交融洽,两人感情相投。在他代端方所拟的为自己女儿劳织文遗集所作的《劳织文诗文遗集跋》中,劳乃宣写道"劳夫人为吾师劳玉初京卿次女",可见他与端方的关系。为此,端方在光绪三十四年(1908)三月向皇帝上了一份《及时用人片》。

再,五品卿前吏部主事劳乃宣,老成练达,体用兼赅,历官直隶州县,兴利除弊,卓著循声,通籍凡四十年,资望甚深,学问则新旧交融,办事则怀形洞悉。近年办理南洋交涉事宜,赞画机要,动中肯綮。臣深资臂助。现已遵旨北上预备召见。其才识品望久在圣明洞见之中。查该员年逾六旬,精力尚健,宣琴效用,正在此时,如蒙天恩优予擢用,俾得独当一面,展其素蕴,庶几于时局有所裨益。臣为及时用人

第八章 游幕生涯为生计

起见,敬献刍荛,谨附片具陈,伏乞圣鉴训示。

当劳乃宣面圣后,立即写了一封信给端方,说道:在获见醇亲王、庆亲王和鹿传霖、袁世凯后,袁世凯极关注宪政,称诸公虑开国会,或有风潮,其实天下毫无风潮之事。醇亲王问:国会究竟可开否?劳乃宣回答:所谓民权,乃是说之权,非行之权。前奉上谕,谓庶政出于舆论,各国皆有上下议院,中国古有当权者多方观察民情,广泛听取意见,询于庶人之说,无不求民之说,断不虑有损上权,但须出之以慎。醇亲王深以为然。而庆亲王则对他说:现与杨度共事,如他有过激过偏之处,还望匡正之。鹿传霖也说:宪政不能不行,惟宜慎重云云。

至此,劳乃宣终于得到朝廷的赏识,并开始得到擢用。此后,一路官运亨通。为此,他对端方感恩戴德。宣统三年(1911)五月十八日,端方被委任为川汉粤汉铁路督办大臣,同年十一月二十七日,因新军哗变,端方和其弟端锦为军官刘怡凤所杀。得到这一噩耗,劳乃宣悲痛不已,回想当初在端方幕府的情景,他不禁失声痛哭。1915年年底,他最后一次返回桐乡家中,途经南京,特意往丰润门拜谒,因为那是端方为修铁路所开之门。劳乃宣留下了一首诗:

江表回车日未昏,凄凉丰润有新门。
经过莫止西州泪,碧血难招蜀道魂。

镇江焦山的松廖阁,系端方为编撰《列国政要》时重修。

当劳乃宣重游焦山时,他步入松廖阁,看到端方的一尊铜像,更是失声痛哭,痛心不已。他放上了祭品——一瓶酒、一堆糖、一束雏菊,顺手卷起袖口,仔细擦拭铜像,赋诗曰:

> 高阁亭亭片石幽,贞岷堪与鹤铭俦。
> 苍茫山色清风在,寥落松声雅韵留。
> 碧血一时偕蜀道,丹心千古并江流。
> 何当同尽西台痛,堕泪碑前共拭眸。

游幕生涯对于劳乃宣来说,磨炼了意志,拓宽了政治视野,丰富了社会阅历,增长了知识和才干,结交了一批高官和有识之士。这段经历对劳乃宣的影响是巨大的,他的忧患意识、顽强毅力、务实精神,可以说正是在这十多年中造就的。

第九章　省城创设平粥会

光绪三年（1877）是丁丑年，光绪四年（1878）是戊寅年，两年间，华北地区发生了罕见的特大旱灾和饥荒，受灾地区包括山西、直隶、陕西、河南、山东诸省，造成了一千多万人饿死、两千多万灾民出逃的局面。这场特大灾荒又被称为"丁戊奇荒"。

光绪三年（1877），陕豫一带发生大旱灾，稷县有一首《荒岁歌》："……斗米钱五串，麦卖四串三，榆树皮、蔺根面，一斛还卖数十钱。大雁粪，难下咽，无奈只得蒙眼餐；山白土，称神面，人民吃死有千万。兄弟无粮难共处，夫妻无面结仇冤。老幼见面无所说，彼此只说饥饿言。饥饿甚，实哉难，头重脚轻，跌倒便为人所餐，别人还犹可，父子相餐甚不堪。路旁行人走，街头有女言：'谁引我？紧相连，不用银子不用钱。'儿叫娘，娘不言，半夜三更哭连天，谁人怜念？谁人挂牵？直哭得魂飞魄散。大路边，或死后，或死前，可怜身体不周全。六亲都不念，伤生就在眼目前。人肉竟作牛肉卖，街市现有锅儿煎。家有亡人不敢哭，恐怕别人解机关，尸未入殓人抢去，即埋五尺有人剜……"

饥饿之下，在春季，灾民以树皮、草根充饥，甚至将树皮与麦糠、麦秆、谷草等，和着"死人之骨、骡马等骨碾细食之"。

到了秋天，树皮、草根绝迹，一些灾民"取小石子磨粉，和面为食"，或"掘观音白泥以充饥"，"不数日间，泥性发胀，腹破肠摧，同出于尽"。当一切能吞食的都被消耗殆尽后，最残酷的一幕开始出现，光绪三年（1877）入冬以后，各灾区都发生了人吃人的悲惨事件。为求生，各灾区出现贩卖妇女的现象。

"丁戊奇荒"既是天灾，又为人祸。道光十年（1830），户部检查全国粮仓储备情况，实存粮1400万石；到咸丰十年（1860），全国只存粮523万石。无怪乎"丁戊奇荒"爆发之际，灾区缺粮，"抑且无粮可购，哀鸿遍野，待哺嗷嗷"。镇压太平天国运动至少耗掉4亿多两白银，此外还有对列强的巨额赔款和其他大小战事的军费，以致在同治三年（1864），清王朝国库仅有6万余两白银。"丁戊奇荒"发生时，"海内穷困已极""内外库储俱竭"，尽管清政府多方筹措，仍捉襟见肘。

光绪四年（1878）夏天，眼看灾民越聚越多，而衙门却未能施以援手，劳乃宣和同乡好友朱采、吴建勋等想办法成立了施粥会。他们向保定各大商户筹资，买得高粱屑用以煮粥，以最低的价格卖与贫民，同时在保定府北关京师孔道、西关江南通途、南关漕运码头、东关流水田园分别开设分厂，请城里的士绅主事，每日来吃粥的人达到数千。后来，官府看到他们粥厂的成效，便也在全城各关设立粥厂。而官办的粥厂总有问题，李鸿章在天津了解到其中有弊端，便命安徽合肥知县董汝缄和劳乃宣为总查，每天分赴各粥厂开展稽查。这年冬天，经过劳乃宣和朱采、吴建勋的努力，不少人都活了下来。

为此，当年十二月，李鸿章向光绪皇帝上一奏，称：今年

第九章　省城创设平粥会

春夏旱荒，省城附近及外来贫民甚众，填塞关厢赈难以遍，同知朱采、知县劳乃宣创设平粥会于省城，广劝官绅富户捐集巨资，邀请公正绅士吴建勋总司经理，臣随时酌拨粮石济其缺乏。其法以碾碎高粱杂以菜蔬煮成厚粥，分派绅弁，督饬夫役赴城外旷地散放，每人日给一大碗，仅收价钱二文，略仿平粜之意，不居施舍之名。其时食物昂贵，二三十文尚难一饱，而二文之粥即可借以充饥，遇困苦无资者不取其值，更以所收之价，散与极贫之人。自二月开办起至八月秋成后截止，每日就食七八千人至二万余人，实属保全不少，现又将老病无告者设局留养。该官绅等创成义举悉力经营，时阅半年，不避炎暑秽浊，日与饥黎为伍，足见勇于为善，诚心救民，实堪嘉尚。要求对分发直隶试用同知朱采、截取知县劳乃宣、六品蓝翎候选府经历县丞吴建勋等予以奖励。

光绪五年（1879）一月十四日，圣旨下来，因为办理省城平粥会，济赈灾民出力之分，试用同知朱采、截取知县劳乃宣、六品蓝翎候选府经历县丞吴建勋均请俟得，准保加级等项，朱采已捐升知府，劳乃宣、吴建勋、李锡彤各请改加随带三级。为此，劳乃宣谋得了实职，从此开始了二十余年的知县生涯。

第十章　署理临榆展锋芒

光绪五年（1879），已经三十七岁的劳乃宣终于在做了八年候补官员后，得到实缺，被清廷委派署理（指原任官员因故暂不能履职或原任官员离职而新任官员尚未就职时，由原任官员或上级指派暂行职权）临榆（今河北省秦皇岛市山海关区）知县。

临榆县属永平府，以山海关城为县城。劳乃宣初到此县，知府游智开热情接待他。游智开（1816—1899），字子代，湖南新化人，咸丰元年（1851）举人，拣选知县。以廉平称，深得曾国藩赞许，曾称其治行为江南第一。同治十一年（1872），擢升永平知府。一见面，游智开就告诉劳乃宣自己的为政之道：终日坐于大堂之上，开门办公，随时接待老百姓的上访，政务公开透明，如此才能做到官民融洽。劳乃宣在《韧叟自订年谱》中记述了游智开对其的影响："太守游智开循吏也，述其为州县时，终日坐于二堂，重门洞开，旁无吏役。读书治事如在书室。民有呼吁者，唤入问之，应鞫讯乃召吏役。以故，官民无阻阂。予服其得居敬行简之道，欲效之而惧不能。因略师其意，变通为堂规。每日晨起，阅公牍毕，升坐二堂，开启重门，吏役毕集，面授稿牍于吏，牌票于役，吏所拟缮皆面呈役所，传到皆面报，事毕而退，民有呼吁者，随时出，坐亲问，故阍人不能隔吏役，吏役不能隔民人,自此为始,作令二十年,咸率行之。"可见游智开对劳乃宣的影响之深。

劳乃宣首先从制度规范入手,先后制定了《堂规》《内署办事规条》《出票牌示》等规章。其中,《堂规》第12条具体规定了书吏、差役集合、办公时间、办事时的注意事项和奖惩等,以及知县升堂收公文、批示公文和退大堂、坐二堂的时间,审判案件的流程,等等。劳乃宣认为:"以上各条整齐划一,易守易行,既无隔阂之虞,亦无烦苛之弊。"这对提高衙门的办事效率、明确各自职责益处颇多。而《内署办事规条》更进一步细化了流程。

《出票牌示》则是对案件公开审理的规定。按照上级的要求,"除应行慎密之件不在此例外,所有传达室讯各案,佥案出票月日,限期一律列于后,俾众周知,倘差役等传到人证,延不禀闻,任意捺搁,准案内人证限时随时喊告,本县查明属实,立将该役严行惩办,决不姑宽。在案人证等亦室尊票,依限到案听审,不得违延干咎"。劳乃宣初到临榆,积案竟达百余起,他分门别类,以快刀斩乱麻之势迅速清理了积案。他主张,除欠粮漏税等情况外,与诉讼无关的另行查办,已批差饬而未经出票及虽已出票而未复的案件四十余起不在批传之列。至于准而未传、传而未到故未结的案件七十八起,其中确有应行传讯的案件而情节支离的,由于事端微细且为日已久,双方已心平气和,愿意终结诉讼者,也有不少,如果一一传讯到案审讯,反倒伤害双方和气,且造成诉累。另外有六十九起,或情节支离,或事端微细,为日已久,与原批差饬,一律注销,以清尘牍。对于传讯的案件,则自榜示后五日内起，限分期出票，审讯中如有亲友出面调和者，准予于未出票之前销案；有原控不实，自知情虚理亏者，准予未出票之前自行递悔过状，可以免其深究；而如果执迷不悟者，一经到案查明，即照例加等反坐，决不稍宽。已经注销之案，概行免传，所有前任已经出票，全部按照全差缴销，原、被告当照常安度，与未经诉讼无异，不必惊疑，倘原差将原领前任旧票，藏匿不上交，借以吓诈当事人者，准许指名喊禀，一定治罪不贷。其中如有理直负屈未输服者，作为新案办理，以示区别。为此将应讯传销各案逐加查语分晰，出示《清理积案榜示》要求列榜晓谕，原、被告人等一体知悉，以感悟息事安人、勿轻徇匍公堂的苦心。在榜示中，传缉讯究案共九起；注销案六十九起。为此，劳乃宣还告谕各房，按照榜谕所示，要求刑房将榜示原稿抄录一份存案，除去缉传各案依限送稿候核外，所有注销案件即查照，每案开单一纸，呈送附卷以备稽核；同时告诫差役，立即呈缴，毋得隐混，否则一律追究责任。如此一来，数年的积案全部清结，扫除了案牍劳形。一时间，临榆县内政治清明，百姓交口称好。

当时临榆境内，巫祝盛行，百姓求神拜佛之风甚烈。为改变这一局面，劳乃宣从打击不法庵尼和兴学课士两方面下手。

一天午后，劳乃宣端坐大堂之上，有百姓前来告状，控诉巫师骗取钱财，并将巫师带到大堂。劳乃宣对巫师说："像我这等凡夫俗子，活了快四十年，也不曾见到过神仙，今天劳烦大师作法，好让我开开眼界。"那巫师满口应承，只见巫师口中念念有词，舞动四肢，煞有介事地作起法来。待到作法完毕，巫

第十章 署理临榆展锋芒

师口中的神仙自然没有出现。劳乃宣即命衙役杖责那巫师二十大板。如此反复三次，劳乃宣对巫师笑道："想必神仙这时正忙于其他事情，我们可以等到夜里，再邀请神仙下凡，你看怎么样？"挨了六十大板的巫师哪还敢再胡作非为，只是一个劲儿地在地上叩头，请求劳知县宽恕。劳乃宣便责成他返还骗取老百姓的钱财，既往不咎，告诫他今后要从事正当职业，不可再装神弄鬼欺骗百姓。

在临榆县城东北角有一处静修庵。庵尼借神佛之名，骗取百姓钱财，还和社会上的不法分子勾结在一起，多行不法之事。劳乃宣在查明事实后，处罚了不法庵尼，关闭了静修庵，之后又将其改为义塾，免费教育学童。这两件事处理完毕后，全县的巫祝之风得到了遏制。随后，劳乃宣在全县倡导教育，并且亲自教授士子。

除了游智开，"性精勤，在官不言劳，事无洪琐，剧易必躬"的范梁对劳乃宣的知县生涯也有很大的影响。在范梁七十大寿之际，劳乃宣撰写了《范楣孙先生七十寿序》一文，赞赏道："……先生初试为令，治狱为畿辅最，所居之民，到今思之；佐保定府谳，屡平反大狱。……而先生坐堂，皇披案牍，摘词中一二语诘之，冤者立白，狡者立服，诚有所谓不待其辞之毕者。盖熟于狱情之变幻，略一訾省，已洞见症结。所摘一二语者，非其要害即其闲隙也。"可见，范梁的为官之道和作风显然也对劳乃宣产生了很大的影响。

劳乃宣虽然只在临榆短短一年，但政声鹊起，得到了知府游智开的高度肯定："……阁下宰临年余，乾沟一役，剪除大憝，

边外数十年疯悍之风为之一变。若植桑柘毁尼庵，设义学，扶世翼教，数十年后，实嘉赖之。"之后，两人时有诗文唱和。光绪六年（1880），游智开曾去信劳乃宣，并附上了自己所写的《题棘津诗册近止录》：

> 我昔从政初，于桐方柏堂。
> 伟哉当代贤，道济心皇皇。
> 早客诸侯间，看定返故乡。
> 惠然顾贱子，和州一苇杭。
> 宰治要异术，但勉笃循良。
> 同治有八年，曾侯督畿辅。
> 夸洪君子来，敢惮征途苦。
> 扁舟截江淮，联镳道齐鲁。
> 相依馨商榷，相违重期许。
> 辽西丛谤书，枣强传治谱。
> 彼崇者伊何，若廪蒸民粒。
> 彼广者伊何，学舍诸生集。
> 金云教与养，十载恩深入，
> 吾谓广大谟，不独蕞尔邑。
> 数上合肥书，列郡溥施及。
> 经岁不一见，尺书时往还。
> 慨言鬓发衰，决计归故山。
> 龙眠胜岩壑，杖策行闲闲。
> 闲闲意良得，愧我行独艰。

第十章　署理临榆展锋芒

同来不同归，览镜悲苍颜。
苍颜且勿悲，载烦先生寿。
壮岁雁忧虞，晚节征不朽。
一编示儿曹，传诵遍寮友。
智也独何为，感喟心事久。
良晤倘有期，高步追度后。

　　劳乃宣的政绩也引发了时任军机大臣王文韶的关注："直隶知县劳乃宣，嘉兴人，留心洋务，任临榆时政声卓著，人才难得，附志之。"

第十一章　燕平书院振学风

劳乃宣署理临榆县一年后卸任，进入曾国荃的幕府里担任文案。光绪七年（1881）春天，他被任命为南皮县（今河北省沧州市南皮县）知县，年底正式上任。初到南皮，他觉得北方较之于南方特别是江浙一带的文化要落后许多，关键在于缺少书局大量印书。为此，他向时任直隶总督李鸿章上了一道禀文，详述了读书对社会的影响，他在该文中有如下提议：

> 南方各省书局，所刻之书率多善本，足以嘉惠学者。而北方艰于运致，尚少流通。拟请中堂酌筹款项，交招商局于各省书局买备各种书籍，运津转发各省，原价发卖。即交志局经理，收回价本，源源转运，并通饬各府州县，备价赴局领回转发。如此办理，于官本无损耗，而遐陬僻壤皆得睹典籍之富。有志之士既可以进于博通，浅学之人亦可以化其别鄙陋，于作育人材之道大有裨益。

劳乃宣指出，南方官书局所刻之书很好，但是北方却难以得到这些书，所以他提议请李鸿章筹备款项，交给招商局，去南方的官书局买书，而后在天津转售。光绪七年（1881）二月

第十一章 燕平书院振学风

十五日，李鸿章对劳乃宣之禀折的批文如下：

该令以北方书籍甚少，庠序之士有终身不识经史篇目者，美质因之废弃，殊为可惜。拟请于保定省城及天津设运书局。保定即交志局经理，天津即交招商局经理。筹借公款银三四千两作为成本。由志局酌定应买书籍数目，开单移交招商局赴各省书局购买，轮运至津，转运省局发卖。收回价本，源源买运。洵可培养人材，俾其增广学识，期臻实用。候行沪、招商局、省城志局，将所拟章程分别妥筹，议覆核夺。

嗣后，李鸿章指派孙家鼐总理其事，所刻各书，着重在各国有关法律、经济、农业、工农业、测算及武备外交等方面。同时，凡属有利于国计民生与对外交涉的译文图书，均刊印出来以广流传。

翌年二月，因为母亲去世，劳乃宣按例离职奔丧丁忧三年。这三年里，他在天津关道负责洋务文案，在繁忙的案牍工作之余，著成了《古筹算考释》《等韵一得》这两部著作，这是他以后推广数学教育和简字教育的重要文献。

光绪十年（1884），丁忧期满，劳乃宣就任完县（今河北省保定市顺平县）知县。刚到完县，劳乃宣就深入民间，探查民情，访贫问苦；大力整饬吏治，对于逶迤拖沓、玩忽职守的官吏严惩不贷；重视农业生产，公平处置汉族人和满族人在粮租上的争议，破除了境内欺压百姓的多年积弊。县境内，百姓安居乐业，无不称颂其功德。完县百姓把劳乃宣的事迹编为歌谣，唱道："有我之粮食，劳公赠之。"

完县有一座燕平书院，是乾隆二十二年（1757）知县李衡筹资改建而成。但由于没有好的山长和缺乏必要的资金，书院没有得到很好的发展。了解这一情况后，劳乃宣首先延聘了知名学者主持教务。为解决师生的生活困难，他调拨专项资金划归书院使用，大幅提高了教师的津贴和学生的奖学金。他还自己出钱购买了数千卷书籍，捐赠给书院，免费供学子阅读。他把自己的《古筹算考释》一书刻印若干，赠予书院，积极推广数学教育，也丰富了书院的课程设置，开阔了学子的视野。同时，他很关注县学考试，有记载如下：

> 光绪十三年二月二十五日，癸未，晴。是日县试，考一百八十人。已冠题……（三月）初四日，壬辰，晴冷，次复试，到者七十一人，文题曰……初七日，乙未，早阴暮雨，三复试，到者四十七八人，文题……初九日，丁酉，晴，四复试，到者三十六人……

劳乃宣还时不时去书院课生，一有时间就到书院小坐，与书院山长往来密切："光绪十三年四月初九日，丙寅，书院日课生，题幼吾幼及人之幼……十三日，辛丑，晴，书院山长孙瑞田孝廉玉铭来……十七日，甲戌，微雨，午后晴，以天津运到书籍送存书院，至书院小坐；闰四月初九日，丙申，晴，书院月课生，题夫仁者一节……五月初九日，乙丑，晴，书院日课生，题君创业垂绝……"功夫不负有心人，在劳乃宣和书院山长、书生的同心协力下,没过多久,燕平书院学风大振。光绪十四年(1888)二月,劳乃宣奉命调往蠡县。临别之际,他不无伤感和不舍,写下了《完县调任留别士民》:

  量移忽报下官符,黯黯离情满此都。
  稻蟹未谐归隐计,筿骖终作再来图。
  充盈古籍三千卷,绕郭新桑八百株。
  寄语后人勤护惜,他年鸿爪认模糊。

第十二章　澜阳书院谋改革

光绪十四年（1888）四月至十七年（1891）正月，劳乃宣就任蠡县知县。在蠡县，他主要处理了旗地、道差之役及争讼问题。

"先是户部以顺、直两属荒地并旗产地亩，详租议赋，酌拟章程奏颁遵行，督帅饬司选派牧令中熟悉利病情形之员筹议。……升科地亩数月已得三千余顷，惜为言路妄挠，次年即撤局，竟未全功。"处理旗地让志得意满的劳乃宣遭受了打击，而处理蠡县的道差之役及争讼问题则相对成功。"畿辅州县有道差之役。遇驾谒两陵各属，或出夫修道，或出费支应，皆科民之民间，相沿称为大差。蠡邑历派支应与马匹二者，科之于民，旧有定额，用有所赢，官多入己。莠民有所挟，每以上控抗官敛资自肥。是岁，恭遇谒陵，蠡又二者兼派，予张示告谕，专令民间出支应一款，以为二事之用，免出马差。如有所余，存库已备公用，并陈明上官立案，事毕，余钱千余缗，皆存公中，计民间少出者一千余缗，官少入己者三千余缗。而历籍上控大差肥己之徒，仍控诸府司，府司以予陈明在先，知其不实，驳之，乃控之都察院。奉文提郡审讯。予痛陈其弊，请严惩。卒坐诬科以徒罪。"蠡邑好讼之风为之一戢。这次大差案，险些引发官场的一场风波。

前几年，蠡县县民吴聚善，又名吴玉明，与县衙兵书朱洛见、牙行董事等一起勾串合谋，以兵书差马重派等情赴省上控，前后十多次。此人虽明知派办支应马差均奉上宪札文，不能由县中作主，而必指为兵书舞弊者，盖一经控告该村，应出差钱即可分文不交，还可从此敛钱自肥。而许多无知的愚民受其欺骗，也附和向府里提审。但由于上司知悉内情，故均以避匿不到或怀疑妄控销案，不予深究，从而造成这些原告以为官府牟利。民间刁风，由来已久，而吴聚善又以添派差务赴京呈控。之所以造成这样的局面，是因为以前此人上控都能满足私利，未经惩罚，故放任其伎俩，目无法纪，且每次赴省均获批准。而今年省里驳回其诉请，如果不赴京上控，以后则不复能欺骗乡人，从此失其利薮，为此必须进京上控。

劳乃宣经调查发现，吴聚善承种地四亩每年，租钱四千文，除扣预租计应给还租本钱二十六千八百文，已还十千八百文，尚欠十六千文，言明次年麦后两次归还，系吴聚善自行协商，而未经官府处理。而吴聚善告状，显然是为了赖钱。大差是直隶重要政务，近年来，各属因差务而省控京控者不一，而上级衙门不管不实不尽，不肯深究，往往以调停了局，以致官弱民强，刁风日盛。而劳乃宣认为自己处处脚踏实地，不畏挟制，若再不追究责任而是放任姑容，必致益无忌惮，不只是蠡县一地民风越来越嚣张，全省差务大局亦将江河日下，不可复挽。为此，他详细阐述，如：潴龙河一道差车花费差费；应差车辆及杂差分派费用；大差支应差务银明细；直隶布政使司蒙批免除差马数量。

而吴聚善自光绪五年（1879）至十二年（1886）间，六次上控，除饬查二次外，三次审虚，一次避匿，按照规定应当早就按例治罪，但历任知县过于姑息，一味宽容，以致其颠倒黑白，屡次虚告。劳乃宣要求上司饬府查明，论其罪状。对于其余列名的十四人，只有三人与案情稍有关联，其他均无任何牵涉。另有八人均系差役而非大差原差。甚至出现冒名者三人。而另有二十四人确实与案情绝对无关，且姓名均有错误，劳乃宣要求臬司、藩司严肃查处上述诸人。

因政绩卓著，光绪十六年（1890），劳乃宣在大计中被评定为"卓异"。

光绪十七年（1891）三月，劳乃宣调任吴桥知县，同时兼任教谕训导，担负文庙祭祀和县学生员教育的职责。教育士人、教化民众是劳乃宣的职责所在，而他对于士子的教育更为关切。第二年，他自己主讲县内的澜阳书院。此时，书院学生都陷入应对科举的"泥潭"中。先生所教育的无非是四书五经，学生学习的仍旧是八股、试帖、经义等。从保定莲池书院黄彭年那里学到的"化乡酬世重实学"触发了劳乃宣的灵感，他决计改变澜阳书院的旧观。

工欲善其事，必先利其器。劳乃宣多方筹措资金，购买了二百多种图书，共计一万余卷，藏于文庙的尊经阁中，这些藏书不仅供书院的学子阅读，县内民众也可以随时借阅。在丰富了藏书之后，他又深入学子之中，积极提高他们的学习能力，要求学子们在广泛阅读的过程中，潜心钻研，探寻求学问道的真正门径所在。他教导书院师生，在读书时要勤于思考，善于总结,提升学习能力,触类旁通,博采众长,把庞杂的书本知识转化为自身的知识体系,为己所用。劳乃宣设想,学生经过一段时间的高质量学习,善学聪颖者可以自得其师,资质平凡者也能够乐学好学。

劳乃宣仿照黄彭年的日记教育法,要求学生做好读书笔记,把读书的疑问、思考、收获等记录下来,定期上交,评阅交流,奖励优秀以鼓舞士子。他还经常参与读书笔记的评阅,与师生讨论读书治学的方法,交流个人心得。师生围炉而坐,共话学术,老师表扬学生进步,指出学生存在的问题;而学生悉心听取老师的意见,与同席之人讨论,以求金玉之言。正所谓教学相长,共同进步。通过这样一个宽松的学习氛围,士子们借助老师的指导和同学的建议,实现对于知识内涵的重新构建。经过一段时间的努力,澜阳书院的学习风气大为改善,师生的视野逐步打开,虚心请教读书门径的士子日益增多。

曾任直隶总督的曾国藩撰写有《劝学篇·示直隶士子》一文,旨在激励直隶士子潜心学术,振兴直隶文教,提倡以经世致用的实学思想改变直隶的学风和文风。而劳乃宣真切感受到此文足以引导澜阳书院的学子,所以组织刊印此文后,特意为澜阳书院的士子们撰写了一篇序文:

> 以义理之学为主,而经济则随其诣之所至;而及之考据辞章,则就其性之所近而兼之。不党同伐异,不泛骛而无归。学问之道曾有余师矣。

劳乃宣直指士子求学的最终目标是经国济民、服务国家和民众，提出要找准"经济"之学的要义，再进入考据和辞章的具体学习中。对于与自己不同的观点应当虚心学习，交流探讨，共同进步，不能因学术观念的不同而党同伐异。在学习过程中，不能浅尝辄止，好高骛远，否则只会一无所获。

他在序言中还说道：

> 文正以杨忠愍、赵忠毅、鹿忠节、孙征君诸贤，期直隶士子，吴邑先正范文忠与鹿忠节交于杨忠愍公墓下，以古名臣相期许，卒之精忠大节，不负所学亦。杨赵鹿孙之亚也，桑梓之邦流风未远，诸生勉之。

劳乃宣希望书院学子传承发扬桑梓先贤的"节义之风、爱国之心"，勉励自己，立志成才，造福一方。

经世致用的实学思想在澜阳书院扎下了根。

第十三章　劝设里塾吴桥县

光绪十九年（1893），五十一岁的劳乃宣在吴桥任知县已经是第三个年头。在书院教育取得成效后，他认为对一般老百姓的普及教育也应当被提上议事日程。为此，他开始了在吴桥设立里塾的尝试，想仿照古代巷间家塾制度开展对民众的教育。

劳乃宣认为，无论是官府设立的儒学，还是士人乡贤设立的书院和义学，都是为了教育士人，使他们成为国家的栋梁。然而，广大民众却被排斥在整个教育体系之外，普通民众的教育几乎是白纸一张。他把社会分成"秀民"和"凡民"两个阶层。所谓"秀民"就是指接受过官学和私学的士人阶层，而"凡民"则是指士人阶层以外的广大民众。他在《劝设里塾启》一文中称：

> 夫天下秀民少，而凡民多，秀民有教，而凡民无教；则受教之民少，而不教之民多。散亿兆不教之民于天下，而欲求世之治也，不亦难料乎。

劳乃宣认为，一个国家要实现自强与发展，只有提升全体民众的教育水平，以推动社会进步和国家发展。要教育普通民众"孝悌忠信，使知之以事父兄，出以事其长上"，"教凡民使人人知为人之道"。这样才能使人们懂得道理，形成良好的社会风尚。

与此同时，劳乃宣发动澜阳书院的士子深入吴桥的城镇和乡村，向普通民众解释设立里塾的缘由和意义，同时听取民众对于设立里塾的意见和建议。光绪十九年（1893），经过深入调查、宣传发动和广泛征集意见，劳乃宣开始在吴桥推广里塾制度。

吴桥地处华北平原腹地，农业生产是老百姓的主要经济来源，但水灾频发，百姓生活贫困。春种、夏忙、秋收、冬藏，一年四季，只有在冬季来临时才有短暂的闲暇时光。也只有在这段时间农民才有空去学习。于是，劳乃宣把里塾的教学活动安排在冬季休闲时节。每年十月初开学，岁末结束。里塾的老师由当地知书达礼的乡贤和德高望重的老者担任。同时，劳乃宣还派遣澜阳书院的优秀学子到各个里塾，参与教学活动。里塾主要教授《弟子规》《小学》等浅显易懂的内容，同时教授清廷颁发的《六谕》《圣谕广训》，教材由官府免费发放给民众。里塾中的学生既有适龄学童，也有成年的民众，学习基础参差不齐。劳乃宣要求教师在教学过程中做到难易适度，以普及知识和启发民众为目的。《六谕》《弟子规》《小学·内篇》中的内容，要求学生熟读精读，教师进行详细的解读。《圣谕广训》和《小学·外篇》，要求学生熟读精读，而教师只向学生解读其基本意义。劳乃宣自己会不定时深入各个里塾，了解教学情况，奖励优秀师生，及时纠正教学中的问题，惩戒后进的教师和学生。

经过劳乃宣的不懈努力，里塾逐步在吴桥推广开来，民众教育的种子播撒在华北平原的小城里。

第十三章 劝设里塾吴桥县

一百多年过去了，当我们再回过头来把目光聚焦在这件事情上，会发现"劝设里塾"虽然不是那么完美，但确实是在一团混沌中开启了民众教育的大胆尝试，它的价值和精神也就显得愈加宝贵。无怪乎民国时期的著名学者陈训慈先生称赞劳乃宣的尝试"不啻开今日短期民众学校之先河"。

在吴桥知县任上，劳乃宣还组织了曲阜孔庆霁、余杭章承保、祁门洪寿彭、清苑吴汝舟、秀水陶葆廉、钱塘鲍得名、黟县胡彭寿等人编著了《各国约章纂要》一书。这为他打开眼界认识世界创造了条件，也为他日后以广阔的视野反对沈家本所修的《大清新刑律》打下了基础。

第十四章 清苑任上破陋规

光绪二十二年（1896），五十四岁的劳乃宣从吴桥改任清苑知县，兼理保定府同知。清苑县为畿辅首县，知县与总督、按察使、布政使、保定府各衙门同城为治，所以身为知县，有时就处于尴尬的地位。

清苑县有一陋习，每当遇到降水稀少的年份，大量农民就会集聚县衙，抬着神像到官府，威逼官方拜神赏钱。劳乃宣初到此地，先进行一番调查，了解到这是几个农民挑头借机敲诈官府所为。他又查找依据，在乾隆十二年（1747）的上谕中，终于发现相似的情形，当时乾隆帝明令禁止。于是，他组织衙门的官吏一起设坛求雨，并立即颁布了《禁止求抬神挟制示》。该示中载明：

恭查，乾隆十二年十一月，钦奉上谕，朕闻闽省风俗尚鬼信巫，偶因雨旸失时，遂有无藉之徒意在敛钱肥己，因而诡称某处神佛灵应，聚众迎赛，或将神像抬至衙衢，挟令地方官跪拜迎送，种种恶习殊属不经。凡地方遇水旱，自督抚大吏以至州县有司，固当竭诚致祷明神，为民请命，岂有棍徒藉口聚众抬神挟持官长，因而召争起衅，滋生事端，甚为

第十四章 清苑任上破陋规

风俗人心之害。此风断不可长,嗣后著严行禁止,倘有违犯,即照律治罪,地方官倘或有悠忽从事,姑息养奸,即著督抚参处。他省或有似此恶习者,著该督抚一体办理,钦此。钦遵在案,风闻县属积习,凡遇亢旱之年,每有乡民聚集多人扛抬神像擅入衙署肆行喧闹,实属显干例禁。本年入夏以来,雨泽稀少,业经本县率同僚属高坛祈祷,诚恐有无知之辈仍蹈前项恶习合行,出示晓谕。阖邑城乡军民人等知悉,尔等如自愿各在本处高坛祈雨,仍听其便,倘有无藉之徒率众迎神入城肆闹,仍蹈前习者,一经访闻定行,照律治罪,决不宽贷。本县令出惟行,慎勿以身试法,自贻后悔。

公示一出,刚开始有几个农民前来衙门,劳乃宣将乾隆谕旨及县衙公示出示,晓之以理,这几个人就自动退去。但到六月间,随着旱情稍急,韩村等二十多个村的村民纠集了两三千人抬着神像敲锣打鼓来到县衙。劳乃宣只能升堂,在堂上,他再三劝解农民,告知利弊得失,而那些农民不听劝解,相反在大堂之上咆哮哄闹,堂上一片混乱喧闹声音,几个带头的农民竟然砸毁了大堂上的公案。据傅增湘回忆:当时他正在劳乃宣清苑县衙入幕,外面谣传劳乃宣相信耶稣教,民众毁了衙门一、二堂,直到第三堂才被制止。面对此种情形,劳乃宣面无惧色,正面相对,没有丝毫胆怯,过了许久,这两三千人也只能退去。事发后,劳乃宣汇报保定知府,知府命令严肃追究责任,而他却认为这些农民的行为显然是无知导致的,并无恶意,所以只给予口头训诫而结案。此后也没人敢聚集闹事。各地农民只是纷纷想法如何开展自救，抓紧时间打井灌田，开展乡里周济、寺院施舍等活动。而官府也适时发放救济物资，轻徭薄赋，把当年旱灾造成的损失降到了最低限度。

光绪二十四年（1898），劳乃宣即将离开清苑任上，重新回到吴桥任知县。由于治理成绩显著，百姓称好，所以他得知民众有送匾之举。为此，他告诉乡民，亲民之官，审理词讼，秉公剖决，实在是职分所在，身为官员本无可居之功，民亦不必言感。一旦诉讼胜诉，即纠集亲左邻里制匾造匾，悬挂于公堂之上，以取悦无识官员，此等阿谀献媚之习，正是造成好讼之风的源头，同时也流为官员粉饰沽名之弊端。此风不可长。为此，他立即出《禁止送匾伞示》：

兹土茬苒三年，仅能循分供职，初无可纪之功，现在瓜代有期，顾念吾民，方深愧歉不谓团。丁林铺等村绅民竟有送匾送伞之举，在该绅民等不谙禁令，未始不出于爱戴之诚，而本县当之不胜，惶悚！……且本县并无善政，尤不克当毋再违例制送，致蹈愆尤，尔绅民等果能仰体本县，以实心行实政之怀，但当孝友于家庭和睦，于乡党早完中课，毋启讼端勉为。盛世良民共享升平之福，本县虽去，有余慰焉。正不在虚文谀颂。

就在劳乃宣离开清苑前夕，发生了一起严重的教民冲突事件。道光二十六年（1846），北京教区法籍孟振生主教在保定北关桥洞创建了北关天主教堂。光绪二十四年（1898），被左宗棠

第十四章 清苑任上破陋规

招安的甘军,调防京师,路经保定,董福祥部士兵进入天主教堂,遭法籍神甫杜保禄阻止,双方发生口角。杜保禄依恃法国势力,态度异常蛮横,惹怒了士兵,双方动了拳脚。杜保禄被殴伤,同时教堂也被焚烧,引发外交争端。时任保定知府沈家本一听到这一紧急情况,马上率领清苑知县劳乃宣一起火速赶往现场。沈家本和劳乃宣一起安抚各方,当时杜保禄也感觉两位讲话中肯、公正、坦诚,但要求调换一块地重新建设教堂。沈、劳两位只能暂时敷衍,但直隶总督却惧怕外人的势力,迅速派员予以严查事件的起因和处理结果。于是,杜保禄也立即致电北京天主教总堂主教樊国梁,诬陷董部士兵破坏教堂。樊国梁依恃法国在中国的特权,百般索要赔款,气焰十分嚣张,逼迫直隶总督荣禄订立赔款合同。仓促之下,中国政府先赔款五万两白银。而法籍主教得寸进尺,又逼迫直隶总督荣禄立下契约,将保定城内清河道署与北关天主教堂互换。此事的处理结果让劳乃宣深切感受到清廷的变法已到了刻不容缓的境地。

当月,劳乃宣卸去了清苑知县职务,回到了曾经两度出任知县的吴桥。而在吴桥,他遇上了义和团运动的兴起。

第十五章 探究义和团起源

光绪二十五年（1899），义和团运动起自山东，随后蔓延到直隶，席卷华北，震撼中外。劳乃宣此时正从清苑知县任上回任吴桥知县。凡事都要考证源头的劳乃宣，为此写成《义和拳教门源流考》一书，对义和团的起源进行了考证。他认为义和团起源于白莲教系统中的离卦教派，引据"嘉庆十三年（1808）谕旨""嘉庆二十年（1815）那文毅公（那彦成）奏疏"，编刻了《义和拳教门源流考》并刊印告示，在吴桥城乡广为张贴。其后，他把自己历次所出告示集成《庚子奉禁义和拳汇录》。《义和拳教门源流考》一文约3800字，内容主要包括三部分：（一）嘉庆十三年（1808）谕旨。主要是针对周廷森"奏请严惩聚众匪徒"一折而下的上谕。其中写道："今日江南之颍州府亳州、徐州府，河南之归德府，山东之曹州府、沂州府、兖州府一带地方，多有无赖棍徒，拽刀聚众，设立顺刀会、虎尾鞭、义和拳、八卦教名目。横行乡曲，欺压良善。滋事之由，先由赌博而起。遇会场市集，公然搭设长棚，押宝聚赌，勾通胥吏为之耳目。"怎么解决呢？嘉庆在上谕中要求：第一，"三省督抚认真踹缉，清查保甲，密访为首棍徒姓名"，首犯要严行惩办，不可"养痈遗患"，并使胁从者因惧怕官府的威望而不敢为"匪"；第二，对于"在官人役敢于通同包庇"者,重办;第三,"遴选廉明干练之员,取其才,堪治剧而又能宽猛得宜、通晓事体者,责令随时整顿"。这些要求与做法还是传统的那套措施,并无新意。(二)嘉庆二十年(1815)那彦成的奏折。主要包括上谕、那彦成所办"邪教案"等。在上谕部分,先是提及"王秉衡即王景曾,其族分往直隶滦州及卢龙县等处,以大乘教、清茶门分往外省传徒敛钱","该犯实为祸首,现已拿获,解赴湖北讯明严办",随后提到那彦成在卢龙县缉获的王殿魁等。特别强调石佛口王姓一族,世传"邪教",历年久远,蔓延数省,而且是屡次犯案,所以"着那彦成即派委干员前往滦州及卢龙等处,将王姓族中传教之人全数收捕,勿令兔脱一名",在严行审讯后,将"为首传徒者问拟绞决,其为从者分别发遣流徙,并向各该犯家中严密搜查,将所藏《九莲如意皇极宝卷真经》《元亨利贞钥匙经》及一切邪悖经卷全行起出,封送军机处呈览"。在那彦成所办"邪教案"部分,那彦成根据自己在河南"办理教匪"和在保定府"审办邪教"的经历,叙述了其所办各教概况,包括山东菏泽震卦教王中、山东宁阳坎卦教孔万林、河南商丘金丹八卦教郜生文等案。从那彦成的奏折可以看出,第一,他认为他所查办的案子皆是离卦教之子孙徒党所为:"教名虽别,俱系离卦教之子孙徒党。"第二,他的处理办法就是抓捕、审讯、判刑等,最终目的是"究其源流,庶可断其传习"。(三)劳乃宣的结论及他对义和拳的初步认识。第一,劳乃宣以嘉庆十三年(1808)的上谕和嘉庆二十年(1815)那彦成的奏折为据,认为义和拳是白莲教的支流,是"邪教"。他说:"义和拳一门乃白莲教之支流。其教以练习拳棒为由,托言神灵附体,讲道教拳,诡称念诵咒语能御枪炮。有祖师及大师兄、二师兄等名目,其为邪教行迹显然。"并认为那彦成所办案子是"义和拳实为邪教之确切证据"。第二,劳乃宣认为白莲教自嘉庆年间惩办以来,根株迄未尽绝,山东、直隶各州县所在多有,而且势力大增,近来更是明目张胆,无所顾忌。他还以光绪二十四年(1898)山东冠县义和拳起事为例,说义和拳"竟至聚众抗官,重烦兵力,是其逆迹已经彰著",认为义和拳是看到了民教不和的嫌隙,所以才打出了"专仇教民,不扰良善"的旗号。

劳乃宣积极向清政府建言献策,提出了消除义和团的六条建议。他在《禀陈义和拳党情形请奏明办理由》的上书中,提出了"正名以解众惑""宥过以安民心""诛首恶以绝根株""厚兵威以资震慑""明辨是非以息浮言""分别内外以免牵制"等六条建议。

"正名以解众惑。"劳乃宣认为,义和拳乃白莲教之支流,其源出于八卦教之离卦教,义和拳的降神附体、吞符诵咒等"皆邪教行径"。"莠民之狡者从之,良民之愚者亦从之……各处拳党尽有衣冠之族、殷实之家杂乎其中,非尽无业游手也。"正因为如此,劳乃宣认为义和拳"其易于惑众在此,其易于解散亦在此"。为什么呢?因为"此等乡愚皆由于不知其教派根源,误被其能御枪炮、足卫身家之言所惑耳"。如果老百姓知道了义和拳是"邪教",还有谁愿意从之呢?"故正其邪教之名而其党可以立散。"为此,劳乃宣建议给百姓三个月的时间,如果在此期间未能改悔的话,则"照例治罪"。这样做会有什么结果呢?"如此，则被诱良民自必真心悔悟，即怙恶不悛之辈亦必隐讳不敢昌言。革心者半，革面者半，其势可一日而衰，所余者惟其首恶死党，人数必不甚多，治之易易耳。……一纸诏书犹胜十万之师。"作为一个"通儒"，劳乃宣深知人心、名分的重要性。"夫人心向背全系乎名，名之所在人心从之。……今正其本然之名，以破其所托之名，则人心之惑解，而所恃之端失，其党涣其势，孤矣。故正其邪教之名，为今日弭乱之第一要义也。"

"宥过以安民心。"劳乃宣认为，如果严格执行《大清律例》的话，那么，那些受义和拳诱惑而加入的人就太可怜了。对于具体如何办理，劳乃宣建议：一是教化："勒限改悔，以示宽大。拟邀请公正绅士，分赴城乡，普为劝导。并令各村保正、地方牌头随同办理。"二是具结："一村全无习学者，由保地牌头出具切结；有误从其教今知改悔者，由绅士开单送县备案，无庸赴案具结，免其造册报司。"三是视具体情况灵活处理。如对于自首并表示悔改的准予免罪；对于滋生事端者，由县视情况枷责发落。之所以如此处理，劳乃宣说得极其明白："正其邪教之名，使奸民无可藉口；恕其无知之失，使愚民得以自新。既不以过宽而酿成后患，亦不以过严而激出事端。"他指出，这是"除莠安良办理适中之道"。

"诛首恶以绝根株。""首恶"是必须处置的，这也是规律。劳乃宣认为："为首之人，罪大恶极，断不可容。"但是，目前正是义和拳兴盛之时，以解散义和拳为重，所以对其为首之人，"可以姑不深求"。目前的首要任务是解散义和拳，等事情平息后，再处置为首也不晚。

"厚兵威以资震慑。"劳乃宣提出此条建议的背景是"拳党恣横之气日甚一日,动辄拥众千百,执持枪械,明目张胆与官哗竟",所以要调集军队进行威慑。当时,在直隶的景州、故城一带驻扎着一营军队,泊头驻扎着一营军队。劳乃宣认为,景州、故城的一营军队"仍形单薄",而且距离吴桥县、东光县较远,呼应不灵,同时,附近还有献县总教堂也需要保护。所以,劳乃宣建议把景州、故城的一营军队与泊头的一营军队联合起来,共同协防;同时要求再调拨一营军队驻扎在献县总教堂附近。"饬知该三营英官凡事与卑职等数州县和衷商办。……查目前直省拳党情形似尚不遽至此,惟其党气焰如火炎炎,瞬息增长,亦难保其必无,不可不预为计及庶免临事仓皇,无所适从,但兵以先声后实,不战胜人为上。"

"明辨是非以息浮言。"在此办法中,劳乃宣通过设问的形式以辨是非。他设了三个问题:一是众人认为义和拳是义民,为什么他偏偏认为是"邪教"?二是义和拳有能御枪炮之术,如果收为国家之用岂不善哉,为什么还要"力为遏绝"呢?三是义和拳与天主教基督教同罪异罚,为什么?其实这几个问题,也是当时社会上的舆论所在。对于第一个问题,人们为什么会以为义和拳是义民?劳乃宣认为,从民众的角度来说,由于义和拳打出了"扶中朝灭洋教"的旗号,所以受教民欺压的老百姓"群相信从",把义和拳称为"义民会"。从官方的角度来说,以山东省的一个官员访查报告为例,该官员认为义和拳习拳专为自卫身家,其中各种技艺无不精妙,"从未恃强生事";还说,义和拳"义气相尚,心必直爽,路遇不平,不惜躯命代为伸理",

所以要"设法劝导，化私为公。……可储为异日有用之材"。这些意见对否？劳乃宣逐一进行了辨析。他说，父兄被强邻侮辱，子弟们就应该振兴门户，使人不敢欺负。如果在这个时候为泄私愤，乱说乱作，为父兄生是非的话，就不是"孝子悌弟"所为。而且义和拳违反诏令与教堂为难，"是乱民也，何义之有？"更何况那种借助义和拳势力对抗外来列强的想法也行不通。劳乃宣认为："教民与平民同为中国赤子，同归中国官管束，约章具有明条，大小官吏果能坚守约章，力持公道，教民亦不遽敢欺人，何必倚乱民为护符哉？"对于第二个问题，说义和拳有能御枪炮之术，事实上就是骗人的把戏，劳乃宣对此也是不屑一顾。他说："能御枪炮，诳人语耳。血肉之躯谓兵火不能侵损，天下万无此理。彼符咒法术之说乃稗官戏剧游戏装点之词。流俗之人误以为世间果有此事，其愚妄亦可笑矣。"且不说在街头演示其法术经常出错，即是在同清军作战时也被打死多人，如平原之战中枪炮而死者二十余人，高唐之战中枪炮而死者又数十人。这是义和拳"不能御枪炮之明证"。既然如此，又怎能收为国家之用呢？对于第三个问题，劳乃宣首先说明了"异端"与"邪教"的不同。他认为天主耶稣之教是"异端"，义和拳是"邪教"。"若古之杨墨、今之佛老，异端也。汉之张角、明之徐鸿儒，邪教也……杨墨、佛老……其学虽误其心无他，其徒党从无犯上作乱之事。……若邪教之徒，小则惑人，大则肇乱，古所谓造言乱民之刑，不待教而诛者也。"基于此，处理的办法应该有异，以学术对"异端"，以国典对"邪教"。"西教，杨墨、佛老之类也，异端也；义和拳，张角、徐鸿儒之类也，邪教也。异端乱学，治之以学术；邪教乱国，治之以国典。"劳乃宣还一再强调以上三个问题："务令合境士民，贤愚共晓，父诏兄勉，不为邪说所摇。……正论常明，浮言不入，乃为正本清源之计。"

"分别内外以免牵制。"当时的中国，处在社会动荡不安和社会转型之中，各种矛盾交织在一起，错综复杂，极难厘清。义和团运动时期，恰恰是教案多发时期，也是中外交涉的多事之秋。劳乃宣能在处置义和拳的同时，看到其与教案的关系，对于一个小小的知县来说还是有一定的眼光和水平的。劳乃宣一直认为，义和拳仇西教是其借名耸众之术，非其本心，其本心在于惑众以作乱。所以，他要求朝廷降旨专以禁止"邪教"立言，不必涉及义和拳仇西教之事。如此，不但"民间晓然于上之禁止，非袒西教，可以消释群疑，解散党羽"，而且，如果将来遇到教案也便于办理。

以上六条建议是劳乃宣应对义和拳的基本意见和态度。

劳乃宣作为一个知县，一个基层的统治者，维护其所辖属地的稳定是他的基本职责。在整个义和团运动期间，直隶的吴桥未形成大规模的义和拳运动，这与劳乃宣有着密切的关系。

光绪二十五年（1899）十一月，晦县属庞家桥突有德州拳党勾结县民，聚众二三百人，焚毁教堂一所、教民六家，杀不奉教平民一人。劳乃宣急调景州兵至，而团民已经基本散去，抓获余党十余人。

光绪二十五年十二月初五日（1900年1月5日），又有数百人集聚于辛集，声称要为德州拳民报复，劳乃宣派兵前往，列队迎敌，击杀团民九人，生擒十余人。据劳乃宣自称："内有节小廷者,其党之二师兄也,号称能降神附体。予升堂鞫之,启重门,任民纵观,令其当众试验。踞坐,口作神言,摔下笤之,号呼不能复作神状;请诸上官戮之,与阵歼诸人毕传首示众。""各村皆取结不得信从,阖境遂皆绝迹。予以所刊《源流考》遍呈上官,具牍力陈防范惩禁之策。"劳乃宣以严厉的手段对付团民,以维护清朝统治,却并没有得到清政府的奖赏,主要原因在于以载漪为首的主抚派暂占上风。而对于上述六条意见,劳乃宣在给济南府、保定府、山东按察使、山东巡抚的报告中也一再提及。但是,劳乃宣人微言轻,朝廷始终未颁布上谕宣告义和拳是"邪教",而且只有山东巡抚袁世凯在上任后对义和拳采取了坚决的镇压政策,袁世凯的前任张汝梅、毓贤对义和拳采取了招抚政策,同时期的直隶总督裕禄采取的也是放任义和拳发展的策略。更有以端王载漪、大学士徐桐、协办大学士刚毅为代表的守旧派,认为义和团势力既无法扑灭,则可用其"法术"来战胜洋人,把洋人势力消灭掉;只要把义和团群众推到同帝国主义侵略军作战第一线,即使赶不跑侵略者,也可以用帝国主义列强势力来消灭义和团。他们怀着这种左右皆得利之心,引导义和团入都,在慈禧面前盛推"拳民忠勇有神术可用",蛊惑慈禧下诏命义和团攻打使馆。劳乃宣的进士同年太常卿袁昶负责外交,他以与各国讲信修睦、保全国家为宗旨,立即向朝廷上了一道二千五百余言的奏疏,力陈攻打使馆于国于民之危害;同时偕许景澄会晤俄、美、英、法四国公使,劝阻各国调洋兵入京,以防事态扩大。光绪二十六年(1900)五月二十日,慈禧召开大臣会议定对策,袁昶也不放过机会,在御前会上侃侃陈词:"拳术不可恃,外衅不可开,杀公使,悖公法,事将不可收拾。"徐用仪、许景澄和户部尚书立山、内阁学士联元皆支持袁昶之议。光绪默然,慈禧不悦。退朝后,载漪又密召甘肃董福祥率军入京,协助义和团攻打使馆。二十五日,清廷以光绪帝名义发出了一道没有点出任何一个国家名字的对外宣战书,以致京师惨遭焚掠,积尸盈途,秩序大乱。

袁昶为挽回这一混乱局势,与许景澄又冒险直谏写道:"臣亦知飞蝗蔽天,言出祸随。顾念存亡呼吸,区区蝼蚁,微薄心意,不忍言亦不忍不言,是用冒死具奏,伏乞太后、皇上圣鉴。"同时还沉重痛言:先斩了祸首,绝断了祸源,然后诛臣等以谢徐桐、刚毅诸臣;臣等虽死,当含笑入地,无任流涕。由于其直言甲午战争失败的原因,导致慈禧勃然大怒,载漪等权贵即矫旨捕斩袁昶、许景澄。慈禧在袁、许两人被杀的第二天,在上谕上含糊地批道:"太常卿袁昶、礼部侍郎许景澄,屡次被人参奏,声名恶劣。平日办理洋务,各存私心,每遇召见,任意妄奏,莠言乱政,且多语离间,有不忍言者,实属大不敬,若不严行惩办,何以整肃群僚,袁昶、许景澄均着即行正法,以昭炯戒。"是年,袁昶五十五岁,许景澄五十六岁。得知这一噩耗,劳乃宣悲愤不已,写下了《挽袁爽秋太常》:

  举国皆狂日,孤臣独醒辰。
  忠肝古龙比,冤愤楚灵均。
  遗疏传荒裔,公评待后人。
  尺书尤在箧,重展一沾巾。

第十五章 探究义和团起源

鬼道师张角，神兵弄郭京。
如何持国柄，翻倚作长城。
我愧多言中，君成不朽名。
生还独天幸，惟痛哲人倾。

空洒苌宏血，狂澜不可回。
属镂方拜赐，越甲竟飞来。
言已彰著蔡，心应白夜台。
会看襃亮节，千古仰荣哀。

康有为在《题袁忠节公与劳玉初尚书手札》中称袁昶与劳乃宣两人均有远识。

作为一个知县，劳乃宣在如何对待义和拳问题上尽心尽责。在义和团运动期间，直隶是后来义和团发展的主要地区，直隶的吴桥县地处与山东省接壤之地，且不说山东省的义和拳运动，即是吴桥附近隶属直隶的景州、故城等地，后来也多有义和拳活动，而吴桥县却在劳乃宣的治理下平安无事，这不能不说是一个奇迹。

第十六章　创办畿辅大学堂

1894年7月，影响深远的甲午战争爆发。8月1日，中日宣战，清廷以天津为京畿门户，一时战云密布京畿一带。清廷为加强京师防卫，大兵云集于天津。吴桥位于直隶、山东的结合部，大批由南方调防的军队都须经吴桥进入天津或山东，一时大军过境，后勤保障的重担就落在身为知县的劳乃宣身上。"供应繁重，疲于应接，劳瘁不能胜。"这样的工作一直持续到冬天。

为了处理天津和临近州县的劳军事务，劳乃宣亲临陵县神头镇，疲于应接，劳瘁不堪，一天晚上不幸吸入过量取暖的烟气，一度昏厥。回到吴桥后，他时常觉得心气不宁，身体日渐憔悴。第二年，他仍在吴桥任知县，而病情日益严重，心悸、忡症导致经常失眠，有时不能正常工作。为此，他请了直隶候补知县洪寿彭诊病，但直到冬天仍无好转，不得已请假休养，县衙事务交由熊绍侁代管。直到光绪二十二年（1896）的春天，他的身体才痊愈。

六月，因在两次大计中被评为"卓异"，劳乃宣获得了面圣的机会，同时俸禄也提升了两级。八月，他被委派署清苑县。冬季，还兼理保定府同知。

上一年，丧权辱国的《马关条约》签订，康有为等人发起

第十六章 创办畿辅大学堂

公车上书，变法图强的呼声日益高涨，建立新式学堂也成为有识之士的重要选择。

光绪二十三年（1897）秋，直隶总督王文韶为推动直隶教育维新，上奏清廷，准于省会保定创建新式学堂。第二年春，光绪皇帝准奏，要求王文韶切实办好学堂。

得到皇帝的上谕后，王文韶首先想到的是要找一个具有新式办学理念、踏实肯干、学有所长的人。此时，清苑知县劳乃宣便进入他的"法眼"。十七年前，时任户部侍郎的王文韶就对劳乃宣有"留心洋务，任临榆时政声卓著，人才难得"的认识。这之后，他始终关注并赏识劳乃宣的为政。比如，光绪二十二年（1896）的大计中，身为直隶总督的王文韶将劳乃宣评为"卓异"，次年又上奏朝廷，请旨嘉奖劳乃宣，数年后又举荐劳乃宣任天津知县，等等。可以说，劳乃宣的为官勤勉、政声卓著在王文韶的心中留下了很好的印象。

领受了创设学堂的重任后，劳乃宣首要的任务是选址。他来到保定城西，看到自西北源源而来的鸡距河在保定城西下关的吴家湾分流，一支向东南急转直下，一支向东北曲流而去。沿河北岸，高大的牌楼后面有一座巍然而立的古刹，这便是灵雨寺。看到如此风景秀丽的地方，劳乃宣决定在灵雨寺行宫筹办开学。此处濒临河曲，远隔闹市，亭台楼榭，散布其间，河水支流绕穿校内曲折而出，环境清幽，人迹罕至，诚为育才讲学胜地。1898年5月，学堂正式被命名为畿辅大学堂。这不仅是保定第一所新式学堂，开直隶高等新式教育之先河，也是中国首批创建的高等学府之一，与京师大学堂同年创办。

作为一个受到西学影响的旧式文人，劳乃宣清醒地意识到："今日全球交通，西学东渐，笃守旧闻不足以应当世之务。"他认为，西方科技的发展，"若欧美诸邦，其情事何如则不敢妄断，然形而下之器，今固日新月异矣"，"器之从今从新，固横览五洲所莫能外也"。他不仅认可和接受西学，而且在办学过程中亲身实践这一思想。

为办好大学堂，王文韶、沈家本、劳乃宣草拟了《畿辅大学堂章程》，对办学总纲、课程设置、入学条件、聘用教习、经费等都作了详细规定。光绪二十四年（1898），直隶总督王文韶奏折称："学堂正课经史之外，参以皇朝三通会典通礼律例，近代名臣奏议，中外通商条约，及西国史志舆图公法刑律官制学校工农兵商诸政书。延聘学识纯正、纵贯本末之儒，为之讲授大义，稽究得失。其算学乃六艺一端，为格致诸学所从出；文字亦方言支裔，为通译西学之本根。于正课外，立算学、西文二门，延请京沪同文方言馆艺学已成者二人，分教英、法言语文字，并中西图算。"从课程设置来看，引入科学，中外兼习，较书院前进了一大步。中文课程为国文、伦理、经学、论理等科，由中国教员任教；西文课程为英文、数学、史地、理化等科，由外国教员分担，课本购自国外之英文原版。

一开始，沈家本和劳乃宣商量，欲请浙江人、光绪进士、翰林院庶吉士汤寿潜（字蛰先、蛰仙）担任畿辅大学堂山长，但到当年年底，汤寿潜即来电辞职。他们想另请嘉兴人、光绪进士沈曾植，而当时沈曾植因丁忧离职，应湖广总督张之洞之聘，已在两湖书院主讲。一时没有可以信服之人，为此两人再次商定改请沈曾植的弟弟沈曾桐，他也是翰林出身，曾官广东提学使，此时正闲居家中。沈曾桐收到聘书，便来到畿辅大学堂，一时俊才云集。沈曾桐被聘为首任学长，全面负责学堂教学；候补中书科中书陆桂星、精通英法语言和算学的陈寿平分别受聘担任东、西斋长，负责具体的教学活动；著名学者秦树声、高步瀛等先后受聘担任讲学。学堂还聘请北京、上海同文馆的毕业生教授外语和数学。

办学规模由小到大。刚开始拟定正额四十人，另有二十至三十人的备取名额。正额如有缺额，则从备取学生中依名次递补。未经地方官报送或者不在学堂选拔考试期内时，凡是笃志成才并且已经在府县学学习的青年，或是年轻举子中的优秀者，都可以随时报考学堂。由学长组织考查筛选，合格者补入备取名额中。未经选拔考试或者畿辅以外的学子，愿意自付伙食的，允许其入学，但总数不得超过二十人。此外还有丰厚的奖助学制度，除了免费提供食宿外，每月还给每个学生发膏火银二两，兼修数学和外语者另加纸笔银一两。而学习勤奋且成绩优异的学生，学长可随时将其定为上舍生，每月奖励膏火银二两。每月集中考试，以成绩优劣为准发放奖学金。每月奖学金总额为六十两银，分为两部分，经史掌故课程白银四十两，数学、外语白银二十两。

在解决了奖助学金的同时，劳乃宣也考虑了毕业生的去向。1898年1月27日，光绪上谕，同意总理衙门所奏，以"内政""外交""经武""考工"等六事合为经济特科。劳乃宣和王文韶紧紧抓住这个契机，提议毕业时提调呈请直隶总督亲临学堂考试，成绩优异者，照优拨贡例，分予官职，准作贡生，咨送入京，参加经济特科考试。如果在入学以前，学生已取得举人或贡生身份，将给予优厚的奖励。不够咨送入京的，可为人师，由学长给予凭证，至直隶各府州县当书院教习；如是才华出众者、适合继续深造者，可以在学堂继续学习，不受人数限制。

在课程设置上，王文韶在光绪二十四年（1898）的奏折中称："学堂正课经史之外，参以皇朝三通会典通礼律例……其算学乃六艺一端，为格致诸学所从出；文字亦方言支裔，为通译西学之本根。"这里不排除是劳乃宣代王文韶所写。学堂除了十三经、二十四史等，中外通商条约、西文各国史志舆图、公法、刑律、官制、学校、兵农工商等新式课程也是学生的必修课。在必修课以外，学堂还开设了外语、算学，积极鼓励学有余力的学生多学习西文知识和科学，较之于传统书院有明显进步。

这中间还有一个插曲。当年九月，由于畿辅大学堂规模宏敞，但经费相对支绌，想入学堂的人又特别多，实在不能全部招录。于是，直隶绅士联名致函大学士、直隶总督荣禄，要求将莲池书院改为省城高等学堂，而将畿辅大学堂改为保定府中等学堂，引发畿辅大学堂学生一片哗然。学生们又联名赴直隶总督衙门、直隶布政使司署、直隶按察使司署、学政署等递上请愿书。按直隶按察使的意思，等布政使回来后再想妥办法，哪里知道布政使一回来就说，荣禄已接公函并禀报皇上，按察使和布政使再三商量辩论，最后才允许将"畿辅"二字挽回不改，而对于"高等"二字，荣禄认为不能再有改动。沈家本和劳乃宣为此亲赴学堂，将此事的处理结果向学堂诸公公布，同时叮嘱大家照常上课，加强督查，不要有丝毫懈怠，而师生则是一片怅然。其实，当时劳乃宣曾力主将莲池书院改成学堂，提议两个学堂同时开办，使其没有高低之分，否则极易引发事端。直隶布政使廷雍甚至提到，如能另外创立中学堂，他愿意捐赠相助，然而此事终究未能办成。

可惜的是，创办两年的畿辅大学堂于光绪二十六年（1900）夏八国联军侵华时被英、美、德、意四国军队烧毁。

第十七章　南洋公学任总理

早在光绪二十年（1894），五十二岁的劳乃宣已经有"宦游燕赵垂二十年，倦翼思还。初衣莫遂，乃欲改官南服，渐作归图"的想法。

光绪二十六年（1900），八国联军侵华，清政府公开宣称支持义和团运动。对于多年来执着于清剿"拳匪"的劳乃宣来说，这是一个令人失望的决定。而正在此时，吏部调他进京担任稽勋司主事。八国联军步步进逼，曾经深恶痛绝的"暴民"闹得风生水起，心力交瘁的劳乃宣选择不再恋栈，故在《禀山东袁抚宪》中称："义和拳一事，考明其邪教源流，昌言其谋为不轨，上陈下告，力主严惩。今拳党之为义民已成铁案，是卑职之言非特不合于上官，且不合于朝旨矣！揆之于义不容不去，因于交卸后，禀请开缺回籍修墓……从此伏处里间，躬耕南亩。"遂以归故里修祖墓为名，辞去吴桥知县职务。是年，又是一个百年的肇始之年，劳乃宣结束了二十二年的知县生涯，感到了从未有过的轻松。

离开吴桥，劳乃宣先后辗转曲阜、嘉兴、桐乡等地探亲访友。而他的兄长劳乃宽也自七月起从北方返回苏州。"放舟而南，今乃渐得归矣！"终于可以回到日夜思念的家乡，劳乃宣兴奋异常，路上作了《归舟初咏》，冬天又作了《归舟续咏》。

第二年春天，劳乃宣应时任湖广总督张之洞之约，准备去武汉担任他的幕僚。当年二月，劳乃宣带着全家住在嘉兴徐家埭，原定二月出发赴武汉，但新任山西巡抚岑春煊奉旨电请劳乃宣赴晋任职。一边是有约在先，一边是奉旨办事，劳乃宣陷入了两难境地，徘徊不决，夜不能寐，导致旧病复发，他只得辞去两边的邀约。即便如此，张之洞还是大力保荐了包括劳乃宣在内的九个人。在光绪二十七年（1901）三月二十五日的《保荐人才折》中，张之洞对劳乃宣的评价如下："守洁学优，才力干练。前在直隶州县多年，所至循声卓著，上年在吴桥任内，时值拳匪初起，即通禀上官，著为论说，历引嘉庆间谕旨成案，指其邪教惑人之根据，力禁拳匪纠众传习，是以该县境内，未被匪徒之害，亦免受洋兵之扰，足征卓识过人，明烛先几，保全地方。"

而正是这次的婉拒，成就了劳乃宣人生的一段新的佳话。

光绪二十二年（1896），以四品京堂候补督办铁路总公司事务、并被授予"专折奏事特权"的太常寺少卿盛宣怀，奏设南洋公学于上海。1901年3月，公学总理何嗣焜突发脑溢血病故，时任管理译书院事务兼总校张元济代理公学总理。张元济任职期间，盛宣怀已在留意寻找合适人选。1884年，盛宣怀署天津海关道期间，劳乃宣曾经作为洋务文案入幕，所以盛宣怀对于劳乃宣的才华有一定的了解。1901年春天，劳乃宣在上海青浦朱家角陈莲舫家中治疗，这位陈医生乃清末上海名医，因医术精湛、见解独到而有"国手"之誉。3月16日，劳乃宣受邀与郑孝胥同车前往南洋公学参观。盛宣怀告诉他，此地偏僻，风景清旷，适合调养身体，力邀劳乃宣担任公学总理。盛情难却，劳乃宣便接受了这一职务。

公学初建时以培养高端法政人才为目标，计划分别建立师范院、上院（大学）、中院（中学）、外院（小学）四个院。接手公学后，劳乃宣便遇到中院头班的七名学生应否升入上院继续学业的问题，而此时，上院尚未设立，为此他于8月31日向盛宣怀呈文指出，考虑到经费浩繁、人数太少等诸多原因，建议暂缓两年开设上院。同时，他针对头班的七名学生，提出了留学方案，即从中选拔五位志向远大的学生，赴英国留学四年，主修商业贸易和西文政治；留学期间的食宿、医疗、交通费用等，每生每年需要大约一千六百两现银；四年下来，虽然耗费不小，但与建设上院相比，更为实际。盛宣怀觉得劳乃宣的建议很有道理，同意了他的建议。这样，中院头班的赵兴昌、曾宗鉴、胡振平和李福基（李复几）四位学生，进入英国高校深造，在各自的领域取得了不错的成绩。

赵兴昌，入伦敦大学学习银行铁路的管理及理财。

曾宗鉴，入剑桥大学学习法制经济。1908年回国，历任清政府外务部主事、法务部编纂处帮办、考察宪政大臣随员、外务部佥事。1936年任铁道部常务次长，1938年任外务部常务次长。

胡振平，入伦敦大学学习政治。归国后担任上海通商银行副总理，后入外交部任职，1913—1917年任驻墨西哥代办使事。

李福基，入伦敦大学学习机械工程，后再入德国波恩大学自然科学专业深造，师从著名物理学家凯瑟尔，于1907年获得物理学博士学位,是中国第一位物理学博士。

议请中院头班学生留学得到批准后,劳乃宣又建议公学设立政治班,为创建上院做准备。政治班开设的课程有:宪法、国际公法、行政纲要、国际条约、政治学、经济学、货币、赋税、审计、统计等预科教育。

劳乃宣还建议以原有外院为基础,招收适龄儿童,设立新式小学堂;8月,任命汪荣宝为小学学监,南洋公学小学堂开学,首批招生70人。

由于身体一直不好,不久,劳乃宣便辞去公学总理一职,尽管他在南洋公学仅任职三个月,但在他的建议下,公学的办学体系更加完善,公学初创时的多项规划落到实处,为公学之后的发展打下了基础。

第十八章　求是学堂罪辫案

辞去南洋公学总理一职后，劳乃宣赴嘉兴，听闻曾任翰林院编修、现任石门知县林孝恂医术高明，遂延请林知县诊治。虽然两人素昧平生，但一经交谈，劳乃宣觉得这位知县十分开明，为学务实，且医术精湛，而对于教育亦有新观念。林孝恂对于子孙，不分男女，一视同仁，所开设课程既有四书五经，又有天文地理，甚至聘请外籍教师教学英语、日语。劳乃宣听说他开设了石门县学堂，双方又交流了许多学堂中的事宜，两人一见如故。服了林孝恂开具的药后，劳乃宣的病情也好转了许多。林孝恂告诉他，其实病无大碍，只需心静调养即可。为此，劳乃宣又到杭州西湖边的一家僧院休养了一个多月，身体已趋康复。

省城的杭州求是书院是1897年由杭州知府林启提议、浙江开明绅士集资兴办的学校。1901年11月，改名为浙江求是大学堂。1901年夏初，由一班学生史寿白负责三、四班学生的月课，他请四班国文教习孙翼中出题。孙翼中具有很强的排满思想，遂出一题为《罪辫文》："示意汉装束发，满清垂辫，被发左衽，实一辫之罪也"，让学生围绕"辫子"作一篇文章。学生们完成文章后，仍由史寿白负责评阅修改。史寿白在评改试卷的时候把"满清"改成了"贼清"。试卷全部评定完之后，在学生中间传看。四班同学施某遂将此事告诉其叔父，而后又把这件事情告诉驻防杭州清军的子弟申权、瓜尔德、金梁。随后他们又向杭州巡抚告密，控告孙冀中煽动反满、蔑视朝廷。浙江巡抚大怒，下令追查此事。时值暑假刚开学的九、十月间，书院总理陆勉侪辞职赴京，新总理劳乃宣受聘尚未到任，书院的事务由监院陈汉弟（字仲恕）主持。陈汉弟得知此事，先为史寿白筹募学费，送其赴日留学，以避灾祸；同时与杭州府文案高凤岐一同前往桐乡拜访劳乃宣商议对策。刚一见面，便见到劳乃宣已经拿着学生的试卷，原来他虽未正式上任，但已经关注学院动向。在得悉此案发生后，他立刻赶往杭州，想法拿到了试卷想好对策。陈汉弟一到，劳乃宣即把自己处理该案的方案和盘托出。他要求孙冀中等人矢口否认，并以清朝规定旗人不得出禀抚院的禁例，反控申权、瓜尔德、金梁诬告，同时告诫要清理学堂、斋舍，发现排满的文字要一概销毁。陈汉弟返回书院，即按照劳乃宣的建议有条不紊地处理。他首先调阅头班学生近两年的试卷，巡查了课堂和斋舍，把涉及排满的试卷、布告、文字等检出销毁。随后，劳乃宣便赶往杭州，在陈汉弟陪同下巡视课堂、斋舍，临走又带了纸包数件。十余天后，浙江巡抚与其他文武官员齐集书院，巡抚任道镕宣称有人控告学生散布革命邪说，随即安排人员暗访书院，但并没有查到证据。事后，任道镕宣布处理方案，由于没有证据，只得轻责申权、瓜尔德、金梁了事。当然，这也和劳乃宣是受任道镕聘请出任书院总监有一定的关系。"罪辫文案"得以平息，全赖劳乃宣的运筹帷幄和陈汉弟的奔走疏通。

关于这件风波，马叙伦先生曾经在《劳玉初先生遗事》中记载：

> ……此事由孙江东偶于暑假中以《罪辫》文为诸生消夏之课，有施某者作以质江东，江东圈其文自首至尾不绝，但直勒其文中"本朝"二字，而易以"贼清"二字，学监徐少梅先生得之，以示金谨斋先生，两人皆以持正自命。而谨斋尤喜事，即持以语劳玉初先生，玉老老于吏事，知可兴大狱，即置其文于靴筒中，而以词缓谨斋，然风声已远。院固有满洲学生，尤悻悻。巡抚任道镕闻之，以询玉丈，玉丈阳为不知，但曰："吾当自查。"其实丈已毁之矣。谨斋知之，颇不平，玉丈谓之曰："此何等事，君欲杀数十年少耶？于君果何益？"事亦已。然余闻"贼清"二字，乃寿白文中所用，或江东据以易施文耶？惜余未尝面询寿白，而江东则下世久矣。……

钱学森先生的父亲钱均夫曾经写下这样一段话："全院同学，现存于世者已无多人，然对劳师玉初、陈师仲恕爱护青年之往事，因未尝一日忘怀者，岂仅仅为此一案者。"

1902年，浙江求是大学堂改名为浙江大学堂，是年春，新学年开学，劳乃宣开始了新的工作，他把《御纂性理精义》中学类、治道类辑录为两门课程，供学堂德育课使用。当时的校舍是由普慈寺改建而成，大殿里供奉着佛像，劳乃宣请官府将佛像迁出，改奉孔子像，并配祀浙江籍历代贤儒名士，此举显然与学堂里的思想大变革格格不入。在这样的背景下，发生了退学风波。

当时，劳乃宣聘戴劼哉为稽查，戴劼哉又引荐屠光甫为监舍，这两人思想守旧,对学生苛刻严酷,与学生积怨日深。1903年春,一起偶然的失窃事件,导致学生胸中积郁已久的怒火被点燃了。

4月9日,学生陆某的皮马褂丢失。他和同学请求戴劼哉查办,并向其反映,自去年以来,学堂失窃事件频发,但无一找回。此番学生为彻底解决失窃的困扰,齐集商议解决方案,而戴劼哉则以辞职为胁迫。11日,劳乃宣自桐乡返回杭州,戴劼哉和屠光甫两人在他面前歪曲事实,在听信两人的一面之词后,劳乃宣决心惩治闹事的学生。13日,他又安排屠光甫开列名单,拟斥退二十余名学生。名单公布后,学生代表又依次与劳乃宣见面陈述事件经过,请求彻查事件经过,但劳乃宣性格中固执己见的秉性决定了他的处理走向,他不仅拒绝了学生的请求,还作出暂行停班和开除六名学生的决定。14日早八点,被斥退的六名学生和自动退学的陆某面见劳乃宣,要求保留六名学生学籍,辞退戴劼哉,学生有议事权。同时,学生们公推七名代表与劳乃宣商谈。但劳乃宣回复:第一,不能收回成命;第二,戴劼哉不能辞退;第三,对于学生议事权一事待事件解决后再做商议。此时的矛盾已经无法调和,学生们退学决心已定。总教习董懋堂以学生所提条件再与劳乃宣商议,却遭拒绝,自知于事无补,便任由学生退学。到了晚上七点,劳乃宣和陈汉弟商议后贴了公告,此时虽然他不再固执己见,期望与学生重新商议解决方案,但血气方刚的学生们却不再接受。晚上八点,八十余名学生决定退学,并把名单交与劳乃宣。晚上九点,学生们将退学规则张贴于大堂。第二天,学堂教习联名上书劳乃宣,希望事态能平和解决。然而劳乃宣却寸步不让,事情已经发展到了不可挽回的地步。16日，退学学生把个人物品搬出学堂。17日，退学学生齐集孔子殿，向先师像行三跪九叩之礼，向教职员工行作揖礼，随即鱼贯而出，离开学堂。当时，大学堂生员一共一百二十人，一下子退学八十多名，只剩下三分之一不到的学生，造成人心浮动。而当时退学的学生中一部分是意气用事，一部分是劝诱胁从，为此这部分学生要求返回学堂继续学习，这些学生的请求，得到劳乃宣的许可。此后，劳乃宣又迅速组织招生考试，及时把员额补足，使事态未进一步扩大。

在山雨欲来的大背景下，由于学堂的衙门做派（提调是知府衔，会计是知县衔）、用人不当及劳乃宣的性格，爆发了退学风波，劳乃宣未能跟上时代，但他还是平稳地渡过了这次危机。

退学风波耗费了劳乃宣太多的精力，这一年夏天，他的老毛病再度复发。到了秋天，六十一岁的劳乃宣身心疲惫，无法继续工作，便把浙江大学堂的事务交与自己的大女婿、两广总督陶模的儿子陶葆廉，自己则请假回到桐乡的学稼堂休息疗养。

第十九章　倦翼思还桐乡城

虽然是桐乡人，但劳乃宣六十岁前的事业几乎都在北方，在桐乡本籍，无一宅之庇，无一垄之植。他想回到桐乡的愿望，始于甲午年（1894）："宦游燕赵垂二十年，倦翼思还……"光绪二十八年（1902），六十岁的劳乃宣作《归舟后咏》称："矢念于甲午，于今十稔，始尝斯志……"当年，他购买了桐乡县城南门内宏远桥堍一处民宅，改建成新居。此处三面临河，南临宏远河，西濒一条小河，北靠朱家浜。整幢宅第坐北朝南，第一进东面为大门内厅，西面并排五间均为门房，供看门人居住。从大门内厅进去，即为天井，左转进门又是一个天井。第二进上五步台阶便是学稼堂，之所以命名为"学稼堂"，缘于《论语·子路》："樊迟请学稼。子曰：吾不如老农。请学为圃。曰：吾不如老圃。樊迟出，子曰：小人哉，樊须也！"学稼堂空间宽敞，计有500平方米；东为厢房，西为长廊，直通最后面的水榭、藏书楼等；走廊西面则为大花园，西侧有水池一个，四边种植了柳、松、梅等各类花木；堂后也为走廊环峙，走廊北则为天井。第三进为家人居住的二层楼房五间，中走廊西面为花厅和天井。第四进也为家人居住的二层楼房，中走廊西侧为花园和祠堂。第五进东为柴房、厨房，西为藏书楼，计八间，后面则是朱家浜，有河埠直通河浜。藏书楼西侧是天井，天井外则是后花园。

整个宅第6000多平方米，买旧宅及改建的资金，已经耗尽了劳乃宣和兄长数十年来的所有收入。同时，劳乃宣还在附近的石门湾买了田产，准备在桐乡安度晚年。

他全身心投入经营新居当中，"莳花竹于庭，艺菜于圃"，学稼堂内亭台楼阁，错落有致，山石叠翠，池水碧绿。西南角的朱家池，引入桐溪水，池内养鱼养虾，种植荷花。夏天，他带了家人在池边赏月小酌。他还开辟了菜园、果园等，饲养了鸡、鸭等家禽，渔樵耕读，与世无争。有余暇时，他还和几个子侄下起围棋，这是他除了读书之外的主要爱好。而在桐乡的日子，也是他诗兴大发的时期。

他办起了家塾，教起了自己的子侄，要求他们重德行、讲道义、有修养，传授他们经史性理、礼制刑法、历算音韵、时事大势。对于平生唯一的新居，他十分满意，为此作了一首《摸鱼儿·还乡题新居》：

结吾庐。碧梧乡里，清流曲曲回抱。衡门镇日无冠盖。绿遍半庭芳草。聊寄傲。种密竹、疏花次第供吟料。长廊漫绕。有屈折雕栏，弯环藓径，花外一亭小。

春畦畔，菜甲香凝露晓。何曾与我同饱。黄绸衙鼓平生梦。回首白云渺茫。还自笑。笑此日黄染，方熟邯郸道。归来总好。尽四壁书城，三椽水榭，堪向个中老。

《归舟后咏》中有多首诗，也记述了劳乃宣美好的回忆：

第十九章　倦翼思还桐乡城

指点衡门傍水涯，候门稚子笑声哗。
空阶藓没庭柯老，篱豆初开一两花。

新筑长廊四面回，小亭添在曲栏隈。
呼儿踏遍闲庭草，商略梅花若处栽。

粲粲诸雏半点痴，阿翁聊作抗颜师。
琅琅人耳书声熟，恍忆当年客授时。

尘网劳劳三十春，风萍偶泊得闲身．
草堂学稼名新署，甘效樊须作小人．

　　虽然在桐乡的日子很是温柔，但因学堂事务繁忙，劳乃宣带上家眷返回杭州。而杭州的朋友樊芥轩、金月笙、金谨斋兄弟、胡绍篯等得知九月二十三日是劳乃宣的生日，便兴致勃勃地替他办生日宴会，地点选在了杭州九溪旁边的理安寺。一行人来到杨梅岭，一边听着犹如悦耳的琤琮泉声，一边欣赏那幽倩如画的景色。峰回路转，林尽溪流，风光倏忽万变，令人目不暇接。将近理安寺时，两面夹峙着的山峰，从天而立。崖上长满了郁葱的密林，层层的紫翠色，分成种种深浅不同的颜色，真是千仪万态。此时的劳乃宣站在一座方形经塔南面的石桥上，眼望几瓣宛若枇杷叶似的楠木叶子，在一阵微风过后，便簌簌地从崖上楠木林中飘下，浮在桥下清澈的流泉上，向西逝去。这场景一直深深地刻印在他的心里。

十年后,当劳乃宣七十岁时,徐樵楼请他和家人到涞水的韩家岭山庄过生日,他依然对十年前的生日场景留恋万分。为此,他写了一首诗,分别寄送杭州的好友樊芥轩、金月笙、金谨斋兄弟,以及在沈阳的胡绍篯:

  十年前事来心头,西湖九月方高秋。
  理安寺里啸侪侣,僧厨共醉甲子周。
  迢迢九溪十八涧,森森梧竹松杉幽。
  …………
  何年重聚西窗下,竟话巴山夜雨凉。

值得一提的是,在桐乡期间,劳乃宣还关注着自己长媳邵振华写的一部长篇小说《侠义佳人》。邵振华是安徽绩溪人,其父邵作舟,系晚清"绩溪三奇士"之一,与劳乃宣相识于天津李鸿章幕府,两人意气相投,结为朋友。邵振华,名在钢,字襄君,光绪七年(1881)生,于光绪二十六年(1900)嫁给劳乃宣长子劳绅章,随后即归移桐乡。《侠义佳人》中的一位女性人物邓撷英即是她本人的写照。而邓撷英的丈夫寇迪怀,籍贯则为浙江桐乡人。小说中写道,婆婆讥讽邓撷英为"革命党的媳妇""多才多艺的革命少奶奶",也反映了邵振华本人在劳家妇女群体中的艰难处境。此书现存四十回,初集二十回于宣统元年(1909)四月印行,中集二十回于宣统三年(1911)七月印行,都由商务印书馆出版。根据第四十回最末一句话"欲知后事如何,且听下集分解",可知此书并未完稿。抑或是革命以后,时局动荡,颠沛流离,邵振华再也没有静下心来续写此书。胡适先生在《三百年中的女作家——〈清闺秀艺文略〉序》中称:"这三百年中,有些女子著作了不少的小说、弹词,远者如'心如女史'的《笔生花》,近者如劳邵振华(邵班卿之女、劳玉初之子妇)的《侠义佳人》,也都是三百年中的闺秀作品。"对于这位长媳,劳乃宣非常器重,1920年在她四十岁生日时,劳乃宣专门作了一首长诗,希望能在她六十岁时为她再庆花甲:

> 邵子我挚友,平生第一人。
> 惜哉早宿草,身后联嘉姻。
> 德音来括时,魏阙述妖气。
> 吾谋适不用,拂袖栖衡门。
> 双双鹿车返,荆布能安贫。
> 行年正二十,庭训凤饫闻。
> 习礼尤明诗,咏絮传清芬。
> 琴瑟唱随乐,甘旨晨昏勤。
> 我方缔家室,百务骈纷纭。
> 营居启土木,果腹谋米薪。
> 岁月曾几何,儿女俄成群。
> 以养复以教,幼稚皆恂恂。
> 迨我再出山,内顾心无分。
> 神州猝极荡,九有嗟沈沦。
> 我垂明夷翼,遍播沧溟滨。
> 吾儿居不安,亦作惊鳞奔。

饥驱迹靡定，赁庑同苦辛。
屈指二十年，荏苒徂四旬。
糟糠共昕夕，含饴既抱孙。
昨来上书请，设悦期将臻。
乞我一言赆，荣幸侪华绅。
我思丁此世，何足娱罍樽。
转盼我八秩，亦必无所欣。
惟将无尽意，远期来日因。
愿尔忍须臾，伫睹日月新。
百六厄阳九，天运循转轮。
再过二十年，大地应回春。
群魔扫陈尽，四海无烟尘。
举家还故乡，三径怡松筠。
曾元绕膝满，骨肉聚首亲。
回头话今日，鸿雪惟留痕。
乃先庆花甲，待我期颐辰。

但非常遗憾的是，邵振华于此后第三年即病故。

劳乃宣在桐乡短暂的闲居岁月里，还曾购地四十亩于乡间，创建殳山农林公司于百桃乡梧桐村荡田里（今桐乡市梧桐街道新玄村），附设实验场，以推广新式农业生产。他躬耕过的田园，百年后依然生机勃勃。

那年冬天，劳乃宣在桐乡过了第三个新年，同时将田产和房产分与子侄辈。他本来想就此过着含饴弄孙、尽享天伦的美好时光，但历史的浪潮却无情地将他抛向浪尖，时代的变化，使得这位六旬老人重新出发，开启了一段新的航程。

可以说，暂时告别官场之后，劳乃宣迎来了生命中的高光时刻。"软红尘里住三年，金马门高避世便。"三年的桐乡生活，在他的内心留下了最为美好的回忆。

第二十章　三万琳琅学稼堂

在桐乡宏远桥堍购置地块时，劳乃宣已经设想好学稼堂的藏书楼。藏书楼位于整个学稼堂最北面临朱家浜河处，虽然靠着朱家浜那条小河，但却没有窗，可惜了这流水潺潺的景致。为此，在藏书楼开了几扇窗，隔开来建了八开间的书房，小桥流水人家的风光便呈现在眼前。藏书楼外面是花园，背后即是河，东面是一个水榭，西面墙外也是花园，坏境十分幽雅。那二十四架书橱则是劳乃宣数十年来精心收藏的各类书籍，他自己整理了全部藏书，编印了书目，分甲乙丙丁戊五部。除了自著书外，最有价值的莫过于外祖父沈涛的一部手稿，内有《说文古本考》清稿。

为此，劳乃宣写下了这样的诗句：

归装检点百无余，惟有充楹万卷书。
从此书城可终老，何须再梦五云居。

虚斋无壁书为壁，三万琳琅抵百城。
四座古人常晤对，不知尘节有浮名。

一直以来，劳乃宣并不富裕，所以没有足够的资金满足他嗜书的欲望，难以像其他藏书家一样追求嗜宋，他只是为了看书学习而购书，甚至连明代版本的书也很少。更与他人不同的是，劳乃宣的藏书绝大部分是自己几十年来所购。书目分类采用的是新旧并分制，除了按照传统的四部分类法，甲部、乙部、丙部、丁部外另增加戊部。甲部为经籍，乙部包括诸子、兵书、术数和方技，丙部为历史，丁部是集部。同时，由于劳乃宣关注西方法律和政治，他有专门的西方宪政类书籍，这是他藏书的一大特点；新学即翻译类书籍较多，又单独立为一类。与一般藏书家不同，他手校的书籍极少，如《新刻古今律历考》校样本，系其手校本。而他对于书籍的评价也极少，如《曝书亭集笺注》，系嘉庆三有堂藏版，他评点道：毛叔美之汲古阁旧藏，圈点题识甚精。他的藏书基本以自己的兴趣为主，如他研究算术，所以有关算术的书籍不少：《九章算术》《钞本算书》《中西算学实在易》《孙子算经》《代数通艺录》《圆率考真》《对数述算学杂草》《数学五书》《平方表说》《数学精释》等。他喜欢医学，所以也收藏了不少这方面的书籍，如《医宗金鉴》《钱塘丁氏医学丛书》《内科理法》《西药大成》等。由于对西方政治、宪政的研究，所以他也收藏了许多这方面的书籍，如《美国议会条例》《欧美政治要义》《德国议院章程》《英藩政概》等。另外，他对桐乡人特别是乌镇人的书籍也收藏了不少，如严辰的《墨花吟馆诗文集》、陆费逵的《真息斋诗钞》、蔡鸿燮的《蔡芗延养灵根堂遗集》、蔡銮阳的《证响斋诗集》、严迪周的《香雪斋诗钞》等。他自己制作的藏书目录一共三十四橱。

甲部

第一橱:《仿宋相台五经》、《周易传义音训》、《周易折中》、《监本易经》、《周易本义》、《周易程传》、《跻新堂集·说易》、《易见》、《槎溪学易》、李恕谷《春秋传注》、《周易集传》、《大易阐微录》、《周易说略》、《御纂周易述义》、《周易本义》、《周易正义》、《周易卦象》附《占易秘解》、《毛诗传笺》、《夏小正通释》、《诗经传说汇纂》、《诗义折中》、李恕谷《诗经传注》、《诗地理考略》、《诗经叶音辨讹》、《诗小学》、《书经集传读本》、《书传音释》、吴氏《写定尚书》、《尚书古文疏证》、《禹贡锥指》、《尚书袁注》、《轮舆私笺》、《法文书经》、《周礼精华》、《王会篇笺释》、《周礼述注》、《周礼辑义》、《周官精义》、《周礼正义》、《仪礼经传通解》、《仪礼经传内外编》、《仪礼古今文疏义》、《天子肆献祼馈食礼纂》、《仪礼郑注》、《仪礼》、《仪礼易读》、《仪礼节略》、《仪礼释官》、《三礼图》、《张皋文仪礼图》、《仪礼联句》、《大戴礼记》、《礼记集说》、《礼记正义》、《礼记》、《大戴礼记补注》、《白虎通疏义》、《礼经会元》、《读礼志疑》、《祀先仪则》、《四礼从宜》、《三礼从今》、《丧服会通说》、司马温公《书仪》、《四礼翼》、《朱子家礼》、《五礼通考》、《读礼通考》、《春秋世族谱》、《春秋朔闰表发覆》、《推春秋日食法》、《春秋四传》合刻读本、《郝氏春秋说略》、《春秋诸家解》、《春秋三传驳语》、《春秋三子传》、《春秋左传》、《永怀堂左传》残本、《春秋左传杜注补辑》、《钦定左传读本》、《明人评点春秋左传杜注》、《左氏会笺》、《谷梁大义述》、《谷梁大义述》、《谷梁传》、《谷梁传补注》、《春秋公羊传》、《公羊传》。

第二橱：《孝经》、《孝经约注》、《孝经》胡氏退补斋刻本、《孝经大学合读》、《论语古注集笺》、《论语孔注辨伪》、《四书》、《四书或问语类集解释注大全》、《王阳明古本大学说钞本》、《朱子或问小注》、《四书引左》、《四书札记》、《四书味根录》、《满文四书》、《御制日讲四书解义》、《大中讲义》、《论语旁证》、《四书图考》、《四书集注管窥》、《论孟考证辑要》、《四书反身录》、《四书反身录》浙江局本、《四书约旨》、《四书朱子本义汇参》、《四书经注集证》、《乐律辨正》、《公羊方言疏笺》、《乐经律吕通解》、《五经类编》、《经训约编》、《中原音韵》、《音韵阐微》、《洪武正韵》、《订正篇海》、韵书四种（《五音篇海》十五卷、《五韵集海》十五卷、《切韵指南》一卷、《贯珠宝集》一卷）、《磨光韵镜》、《广雅疏证》、《经典释义》、《音学五书》、《姚刻三韵》、《说文答问疏证》、《古今中外音韵通例》、《说文闽音通》、《札朴》、《说文古今本考》、《说文引经考异》、《文字蒙求》、《尔雅义疏》、《说文解字》、《古均通》、《别雅》、《诗韵四声》、《诗韵提纲》、《诗均歌诀同》、《茶香室经说》、《十三经集字摹本》、《增补剔弊五方元音》、《历代石经略》、《一灯精舍甲部稿》、《十三经不二字》、《经训书院自课文》、《毛诗古音考》、《屈宋古意考》、《礼书经说》、《佩文广韵汇编》、《韵目表说文字原均表》、《新刻同文韵统》、《切韵指掌图》、《五方元音》、《钞本韵学便览》、《钞本华梵字谱》、《康熙字典》。

第三橱：稿本附存、沈观察公遗稿（三函，内一函系《说文古本考》清稿）、尚书公已刻书籍原稿、尚书公札记日记零稿、钞件杂存、辛酉壬戌墨卷、乡试齿录。

乙部

第四橱：《文献通考》、《续通典》、《续通志》浙刻本、《续文献通考》、《皇朝通典》、《皇朝通志》。

第五橱：《皇朝文献通考》、《大清会典》、《续修大清会典》、《大清会典事例》、《大清会典图》、《大清通礼》、《庙制图考》、《坛庙乐章》、《御制律吕正义》、《皇朝祭器乐舞录》、《文庙丁祭谱》、《文庙通考》、《文庙礼器乐舞图谱》、《文庙礼经》、《直省释奠礼乐记》、《阙里文献考》、《圣门礼乐志》、《大唐开元礼》、《唐律疏义》。

第六橱：《资治通鉴》、《通鉴目录》、《通鉴地理今释》、《续资治通鉴》、《通鉴辨误》、《通鉴补》、《明记》、《资治通鉴纲目》、《通鉴记事本末》、《左传纪事本末》、《宋史纪事本末》、《明史纪事本末》、《明朝纪事本末》、《辽金纪事本末》、《西夏纪事本末》、毛本《南齐书》《梁书》、《路史》、《国语》、《十六国春秋》、《十国春秋》。

第七橱：《文献征存录》、《国朝耆献类征初编》、《碑传集》、《东华录》、《东华续录》、《咸丰朝东华录》。

第八橱：《水经注》、《山海经笺疏》、《元和郡县图志》、《水经注图》、《天下郡国利病书》、《读史方舆纪要》、《太平寰宇记》、《汉西域图考》、《钦定西域图志》、《西域水道记》、《钦定新疆识略》、《江北运程》、《蒙古源流》、《蒙古游牧记》、《元丰九域志》、《舆地广记》、《水道提纲》、《楚漕江程》、《泰山道里记》、《灵峰志》、《盘山志》、《乾隆府厅州县图志》、《东三省舆图说》、《钦定满洲源流考》、《津门杂记》、《环游地球新录》、《新疆赋》、《西藏赋》、《卜魁城赋》、《会稽三赋》、《吴地记》、《越南辑略》、《帕米尔游记》、《凤台祇谒笔记》、《今水经表》、《海国图志》、《行水全鉴》、《治河方略》、《历代黄河变迁图考》、《畿辅河道水利丛书》、《安澜纪要》、《回澜纪要》、《五省沟洫图说》、《畿辅水利议》、《河工器具图说》、《浙西水利备考》、《南湖考》、《海宁念汛石塘图说》、《霞客游记》、《州县舆地全图》、《畿辅义仓图》、《畿辅舆地全图》、《畿辅舆图》、《浙江全省舆图并水陆道里记》、《历代舆地沿革图》、《广西舆图》。

第九橱:《畿辅通志》、《保定府志》、《赞皇县志》、《迁安县志》、《阜平县志》、《正定县志》、《平山县志续》、《枣强县志补正》、《抚宁县志》、《蔚州志》、《永清县志》、《深州村庄图册》、《祁州旧志续志》、《河间府志》、《永年府志》、《静海县志》、《唐县志》、《定州志》、《大名府志续志》、《灵寿县志》、《饶阳县志》、《故城县志》、《高阳县志》、《新河县志》、《河间县志》、《乐亭县志》、《永年县志》、《南皮县志》、《清苑县志》、《吴桥县志》、《临榆县志》、《临榆新志》、《蠡县志》、《续修蠡县志》、《沧州府志》、《德州志》、《阳信县志》、《武定府志》、《嘉兴府志》。

第十橱:《纲鉴易知录》、《校正元亲征录》、《历代名媛图说》、《历代史略》、《历代儒学存真》、《历代循良能吏列传汇钞》、《广吏传续传高士传》、《历代名臣传节录》、《历代陵寝备考》附《宗庙附考》、《历代职官表》残本、《史通通释》、《历代史论》、《增补贡举考略》、《记载汇编》、《中兴将帅别录》、《平定粤匪记略》、《淮军平捻记》、《三国会要》、《宗室王公传》、《满名臣传》、《汉名臣传》、《国朝先正事略》、《逆臣传》、《贰臣传》、《鹤征录》、

《国史列传》、《皇朝圣佛考》、《康熙政要》、《钦定古今储贰全鉴》、《朔方备乘表》、《朔方备乘》、《三江战事录》、《平浙纪略》、《平吴纪略》、《山东军兴纪略》、《绥寇纪略》、《曾文正公大事记》、《湘军水陆战纪》、《圣武记》、《平定关陇纪略》、《圣谕广训直解》、《御制劝善晏言》、《乐善录》。

第十一橱：《魏郑公谏书》、《陆宣公集》、《钱敏肃公奏疏》、《培远堂偶存稿》、《陈文恭文檄》、《那文毅公奏议》残本、《袁太常戊戌条陈》、《彭刚直公奏议》、《林文忠公政书》、《魏唐文告摘录》、《滇轺纪程》、《出使奏疏》、《重刻忠敬堂汇录》（记明忠臣）、《明钱中丞寓燕草》、《裘文达公奏议》、《袁太常遗疏》手稿影本、《四库全书总目》广刻本、《汇刻书目》、《四库全书叙》、《四库全书简明目录》、《四库未收书目提要》、《书目答问》、《开有益斋读书志》、《皕宋楼藏书志》、《史目表》、《直隶书局汇刻各局书目》、《保定万卷楼书目》、《畿辅学堂书目》、《西学书目表》、《杭州藏书楼书目》、《传经表》、《孔子编年》、《续疑年录》、《张杨园先生年谱》、《朱子年谱》、《□□□先生年谱》、《历代名人年谱》、《吴竹如年谱》、《李恕谷先生年谱》、《李申耆先生年谱》、《元和姓纂》、《雷塘庵主弟子记》、《辛卯侍行记》、《病榻梦痕录》、《古今伪书考》、《仁和金氏世德记》、《墨花吟馆辑志》、《华甲间谈》、《王清毅公年谱传室述汇刊》、《桂学答问》、《俗经考答问》、《石印新学伪经考》、《光绪二十三年缙绅录》、《淮阴金石堕存录》、《眼学偶得》、《雍州金石记》、《袁氏艺文金石录》、《常山贞石志》、《山右石刻丛编》。

第十二橱：《钦定中枢政声》、《奏定学堂章程》、《水师章程》、

《广治平略》、《盐法议略》、《长芦盐法志》、《庸吏庸言》、《学治要言》、《学治续说》、《恤囚编》、《棠阴比事》、《风宪约》、《牧令书》、《保甲书》、《钦定学政全书》、《宦海指南》、《福惠全书》、《石渠余记》、《天咫偶闻》、《竹叶亭杂记》、《郎潜纪闻》、《麓荫杂记》、《盛世危言》、《庸书》、《罪言存略》、《翼教丛编》、《汤寿潜危言》、《现行常例目录》、《秋审比校条款总目》、《恩论必诵》、《恩诏查办个别缓减条例》、《察吏六条》、《续定清诏章程》、《刑律择要浅说》、《刺字集》、《直隶清赋问答》、《沧州盐山清苑吴桥赋役全书》、《奏定营制》、《秋审条款》、《各国和约条款》、《中俄考订条约章程》、《秘国条约章程》、《各国和约条款税则》、《金韬筹笔》、《中西纪事》、《通商各国条约类编》、《通商约章类纂》、《东藩纪要》、《西事类编》、《中东战纪本末》、《中东战纪本末续编》、《普法战纪》、《俄史辑译》、《美国议会条例》、《英藩政概》、《欧美政治要义》、《列国岁讲政要》、《英俄印度交涉书》、《德国议院章程》、《德国合盟纪事本末》、《法国律例》、《使琉球记》、《东瀛观兵纪事》、《乘查笔记》、《回帆日记》、《传相壮游日录》、《俄属游记》、《使相被刺纪实》、《日本武学兵队纪略》、《欧游杂录》。

第十三橱：《钦定吏部处分则例》、《吏部稽勋司则例》、《吏部念封司则例》、《吏部处分则例》、《吏部章程》、《吏部则例》、《礼部则例》、《刑部奏定新章》、《刑部通行章程遵行章程》、《户部纂辑则例》、《工部则例》、《工部续增则例》、《大清律例》、《大清刑律根源》、《藩部要略》、《洗冤录评议》、《大清律例汇辑便览》、《刑律汇览》、《续增刑律汇览》、《刑案汇览续编》、《新增刑案汇览》、《直隶现行通饬章程》、《江苏省例》、《钞本大清律例汇辑便览》、《秋谳辑要》、《指纳诸例》、《定例汇编》。

丙部

第十四橱:《孔丛子》、《孔子家语》、《先贤任子遗书》、《近思录集注》、《大学衍义》、《小学义疏》、《家刻小学》、《小学纂注》、《小学集注》、《小学集解》三种、《性理精义》、《榕村讲授》、安溪四种书注、《教学五书》、《训俗遗规》、《信好录》、《大义尊闻》、《薛子条贯续编》、安溪先生《注解正蒙》、《正学编》、《庭训格言》、《读书作文谱》、《父师善诱法》、《小四书》、《幼学须知》、《点勘记》、《课蒙用》、《正蒙元读》、《澄怀园语陪训斋语》、《輶轩语》、张文襄公《劝学篇》、《持志塾言》、张杨园《经正录》、《钞本经正录》、张杨园《训子语》、《安定言行录》、《双节堂庸训》、《元城语录》、《姓理书》零帙、《蒙学书》零帙。

第十五橱:《二程全书》、《二程遗书》、《朱子遗书》、《朱子文集大全类编》、《朱子全书》、《朱子语类》、《王阳明先生全集》、《刘蕺山先生集》、《吕子遗书》、《榕村全集》、《游定夫先生集》、《许五峰先生集》、《劳余山先生遗书》、《许鲁斋集》、《汤文正公全集》、《薛文清公全书》、《沈端恪公遗书》、《黄氏日钞》、《困学纪闻》、《困学纪闻注》、《通雅》、《表异录》、《清异录》、《容斋随笔》、《潜邱札记》、《通俗编》、《陔余丛考》、《野获编》、《书影》、《何义门读书记》、《癸巳类稿》、《癸巳存稿》、《格致镜泉》、《周知记》、《日知录》、《十驾斋养新录》、《风俗通》、《吕览》、《世说补》、《汉学商兑》、《汉学商兑书林扬觯》、《称谓录》。

第十六橱:《戚大将军练兵纪效合刻》、《车阵扣答合编》、《铁甲丛谈》、《枪队图说》、《兵学书》、浙西村舍校刻农书五种、《农政全书》、《石印耕织图》、莲池四种农书、抄本《区种五种》、《康济录》两种、《筹济编》、《农桑书》、《寿亲养老新书》、《医宗金鉴》、《医学实在易》、《医案存真》、《万病回春》、《黄氏医书》、《钱塘丁氏医学丛书》、《胎产心法》、《理瀹骈文》三种、《伤寒撮要》、《摘星楼治痘全书》、《内科理法》、《西药大成》、《黄帝内经》、《伤寒论》、《本事方释义》、《喻选古法试经》、《遂生福幼合编》、《西医书》、《本草图说》、《本草纲目》、《验方新编》、《医学书》。

第十七橱:《古今律历考》、《新刻古今律历考》校样本、《旧钞古今律历考》、《钦定授时通考全书》、《御定七政四条万年历》、《七政经纬躔度时宪书》、《九章算术》、《御制数理精蕴》、《钞本算书三种》、《中西算学实在易》、《畴人传》、《九通序》、《孙子算经》、《天学钩珍》、《代数通艺录》、《古今算学书录》、《量法代算》、《钦定万年书》、《圆率考真》、《对数述·算学杂草》、《弧矢算术细草图说》、《笔算初阶》、《下学庵算术》、《学一斋算课草》、《安宽夫数学五书》、《四元消法易简草》、《平方表说》、《数学精释》、《含数述》、《则古昔斋算学》、《重学》、《太极易图合编》、《太定集注》、《三希会通》、《百二汉镜斋论书四种》、《参星秘要诹吉便览》、《渊海子平音义评注》、《命理百宗》、《龙经》、《卜法详考》、《葬经宅经》、《御制协纪辨方书》、《天方典礼》、《心经便蒙略解》、《基督教书》、康德《人心能力论》、《新学书》、《渊鉴类画》、《太平广记》、《事类赋广尊类赋》、《续广事类赋》、《池北偶谈》、《春秋左传分类赋》、《七巧八分图》、《礼塔龛考古偶录》、《奕时初编》、《官子谱》、《希夷梦》、《寄园寄所寄》、《二十四史通俗演义》。

丁部

第十八橱：《曹集铨评》、《陶渊明集》、《庾子山集》、《剑南诗钞》、《李长吉歌诗》、《初唐四杰文集》、《温飞卿集》、《白香山长庆集》、《李义山诗集》、《樊南文集评注》、《笠泽丛书》、《张说之文集》、《刘宾客文集》、《施注苏诗》、《黄诗全集》、《东莱博议》、《朱子古文节选》、《王临川全集》、《沈忠敏公龟溪集》、《彝斋文编》、《傅与砺诗文集》、《容城三贤集》合刻、杜湄村《湄湖吟》、《归震川先生全集》、《寒松堂全集》、《曝书亭集笺注》、《曝书亭集》、《揅经室集》、《两当轩全集》、《厉樊榭诗文集》、《方望溪先生全集》、赵秋谷《饴山诗集》、沈归愚《竹啸轩诗钞》、蒋心余《忠雅堂集》、《吴梅村诗集笺注》、《鲒埼亭集》、《渔洋精华录》、《范文忠公初集》、《龚定庵集》、《汪容甫先生述学》、《雅雨堂集》、《陈学士文集》、《尤西堂全集》、《恕谷后集》、钱警石《甘泉乡人稿》、冯林一《显志堂集》、曹以南《香雪文钞》、《船山诗草》、《板桥集》、《卷施阁集》、张广卿《濂亭文集》、《健修堂诗集》两种。

第十九橱：《左恪靖侯杂著》、《裘文达公诗文集》、《曾文正公诗文奏疏》、"曾文正公文钞、奏议、杂著、寿文"、《曾文正公诗文集》、《江忠烈公遗集》、《胡文忠公遗集》、郭筠侍郎《养知书屋文集》、《郭侍郎全集》、《王壮武遗集》、《袁太常诗集》、《于湖文录》、《钱颐寿中丞全集》、《汪钝翁文集》、《青草堂集》、方值之《仪卫轩文集》、《醉墨斋诗集》、《听松庐诗钞》、《躬耻斋诗钞》、《龙壁山房诗集》、刘融斋《昨非集》、《红豆树馆诗集》、《鉴止水斋集》、《豸华堂文钞》、《樊山集》、《倚晴楼诗集》、《一蒂十七实斋集》、《织帘书屋诗钞》、《铁笛仙馆诗草》、严芝僧《墨花吟馆诗文集》、《泽雅堂诗集》、《双藤书屋诗集》、《陶元晖中丞文集》、《花宜馆诗钞》、《慎其余斋文集》、《讱斋遗稿》、《真息斋诗钞》、《培根堂诗钞》、《苏庵集》、《积石文稿》、《积石诗稿》、《韵香阁诗集》、《对岳楼诗续稿》、《韩斋文稿》、《半庵诗稿》、《镜虹吟室诗集》、《求己录》、《东萝遗稿》、《柴辟亭诗集》、《补勤诗存录》、《蔡芍延养灵根堂遗集》、《簖云书屋诗钞》、《大小雅堂诗集》、《槃薖文甲乙集》、《春昨庵诗稿》、《默庵集》、《柔桥文钞》、《信芳阁诗草》、《绛雪诗钞》、《古春轩诗草》、《海国胜游草》、《天外归帆草》、《紫轩雅吟集》、《餐鞠轩诗草》、《读有用书斋杂著》、《圭庵诗录》、《游古巴诗董》、《画理斋诗稿》、《恬斋存稿》、《水明楼集》、《铁瓶诗钞》、《广泉集》、《面城精舍杂文中编》、《钱警斋诗稿》、《培园初集》、《瓒斋集》、《清足居集》、《㱅园文录外编》、《庸庵全集》、《节安堂遗稿》、《退思斋诗草》、《留香书屋诗草》、《慧田诗草》、《念堂诗钞》、《胡长木诗词集》、《证响斋诗集》、日本《山阳诗注》。

第二十橱:《渔洋古诗选》、《本事诗》、《乐府诗集》、《唐诗品汇》、《童子吟》、《万首绝句选》、《中晚唐诗叩弹集》、《三家宫词》、《二家宫词》、《十国宫词》、《全史宫词》、《南宋杂事诗》、《明三十家诗选》、《明诗综》、《古诗源》、《重订唐诗别裁》、《宋诗别裁》、《元诗别裁》、《明诗别裁》、《国朝诗别裁》、《国朝六家诗钞》、《国朝诗铎》、《国朝诗人征略》、《湖北诗征略》、《新安朱氏先集》、《国朝蜀诗略》、《遵化诗存》、《曲阜诗钞》、《阙里孔氏诗钞》、《曲阜诗钞》、《雪鸿偶钞》、《倪城风雅》、《津门诗钞》、《续槜李诗系》、《故友诗录》、《妇人集》、《开门七事吟》、

《圣庙古碑介和诗》、《咏史诗钞》、《唐诗三百首读选》、《鸣秋合籁》、《题襟馆联句诗》、《绣菊斋题画稿》、《桐溪耆隐集》、《三子诗选》、《南园赓社诗存》、《稀龄赠言》、《百老吟》、《眉山诗案广证》、《长安宫词》、《念堂诗话》、《养一斋李杜诗话》、《匏庐诗话》、《寒松堂诗话》、《渔古轩诗韵》、《瓶隐山房词钞》、《香消酒醒词》、《蔗畦词》、《蝶园词》、《香草词》、《鸳鸯宜福馆吹月词》、《金梁梦月词》、《百萼红词》、《曝书亭集词注》、《曝书亭集拾遗》、《阙里孔氏词钞》、《国朝词综续编》、《词林正韵》、《周氏词解》、《词律》、《长生殿传奇》、《藏园九种曲》。

第二十一橱：《六臣注文选》、《李善注文选》、《唐文粹》、《唐文粹补遗》、《宋文鉴》、《金文雅》、《南宋文范》、《元文类》、《明文在》、《南宋文录》、《金文最》、《六朝文絜》、《汉魏六朝文绣》、《七十家赋钞》、《四六法海》、《唐宋文醇》、《古文雅正》、《唐宋十大家全集录》、《乾坤正气集选钞》、《国朝文录》、《唐宋八大家公暇录》、《古文眉铨》、《皇朝经世文编》、《金石全例》、《莲池书院肄业日记》、《塾课试律》、《学古堂选时文教育》、《字学举隅》、《临文便览》、《晤言室时文试帖》、《制义丛话》、《钦定四书文》、《文法一揆》、《瀛海探骊集》、《一门沉灌集》、《柏蕴皋全稿》、《目耕斋读本》、《守身执玉轩遗文教育》、《制义灵枢》、《范楣翁时文》、《楚北校士录》、《愿学堂课艺》、《陈仲子二十艺》、《省吾斋文稿》、《省吾斋诗赋集》、《养云山馆试帖》、《莲窗书室赋钞》、《樊山时文》、《新政应试必读来信》、《格致书院课艺》、《刘融斋艺概》、《樊山公牍》、《寿伯莆太史绝笔稿》、《曾文正公家书》、《惜抱轩尺牍》、《陈文恭公手札节存》。

戊部

第二十二橱：《王船山遗书》、《顾亭林先生遗书十种》、《戴氏遗书》、孔犨轩《一明著书》、《惜抱轩遗书三种》、《庄子章义书录》、《尺牍补》、《东塾丛书》、《章氏遗书》、栖霞郝兰皋王婉佺夫妇遗著六种、"郝氏丛刻诗文集、笔记、祭俗文教育、闲评》、《安吴四种》、张鸣珂《寒松阁全集》、方存之遗著、钱塘丁松生所著书八种、朱一新《拙庵丛稿》、郭筠仙侍郎遗著、祝奕亭观察《体微斋遗稿》、《问青园集》、《龙泉园集》、《蒋侑石遗书》、《豫章三洪集》附《香谱》、《澹勤室著述》、《漱琴室存稿》(《说性》《仰止编》)、《蓝鹿洲全集》。

第二十三橱：《新镌经苑》、《古微书》、《通志堂经解》、《高邮王氏五种》。

第二十四橱：《王函山房辑佚书》、《王函山房目耕贴》、《武英殿丛书》、《宜稼堂丛书》、《滂喜斋丛书》、《式训堂丛书》、《佚存丛书》、《粤雅堂丛书》、《经余必读全集》。

第二十五橱：《刻鹄斋丛书》、《崇雅堂丛书》、《潜研堂丛书》、《砚北偶钞》、《檀几丛书》、《昭代丛书》二十本、《纷欣阁丛书》、《贷园丛书》、《雅雨堂丛书》、《戴氏遗书》两种、《躬自厚斋丛书》两种、《家荫堂丛书》、《嘉荫堂丛刊》、《诗礼堂全集》、《曾文正公全集》。

第二十六橱、第二十七橱：《广雅书局丛书》两种、河北局《百子全书》零种、《惜阴轩丛书》、《常州先哲遗书》初集。

第二十八橱：《三礼从今》、《训学良规》、《儒门法语》、《辛卯侍行记》、《文庙丁祭谱》、《文庙通考》、《小学纂注》、《先正

读书诀》、《区种五种》、《圣谕广训直解》、《达生遂生福幼合编》、《字学举隅》、《双节堂庸训》。

第二十九橱:《旧印古筹算考释》、《古筹算考释续编》。

第三十橱:《小儿语》、《小学》、曾文正《劝学篇》、《弟子规》、《刑律浅说》、《义和拳教门源流考》、《训女文》、《衍元小草》。

第三十一橱:《等韵一得》、《简字五种》、《重订合声简字谱》、《性理精义》课本、《各国约章纂要》、《阳信族谱》、《直隶旗地述略》、《新刑律修正案汇录》排印本、《筹算丛刻》、《筹算蒙课》、《筹算分法浅释》、《垛积筹法》。

第三十二橱:自刻零星文件、排印朱子议政录、旧信、旧公事稿、旧报、旧缙绅历书。

第三十三橱:唐石经拓片、碑帖拓片、旧经书等。

第三十四橱:时文试帖零帙、暗存书札稿件、残书、新旧教科书、残本小说、杂书、杂报。

藏书楼中的书历经坎坷,至今已经荡然无存。当年的盛况,也只是昙花一现、过眼云烟,实在是可惜、可叹!

有了这些书,劳乃宣又想到,国学书籍这么多,哪些是必读的?哪些又最能代表中国文化的精神?为此,他整理了《国学必读书约目》,提出:初学第一、主要第二、通习第三、浏览第四、检阅第五。

初学第一包括:《孝经读本古注》、《四书章句》、《五经读本》、《易宋程子传》、《朱子本义》、《蔡沈集传》、《诗朱子集传》、《礼记元陈澔集说》、《说文建首字读》、《文字蒙求》,以上为经类;《御批通鉴辑览》、《国朝先正事略》、《三国序》,以上为史类;《养正遗规》、《训俗遗规》、《为学大指》，以上为子类；《六朝文絜》、《古文词略》、《唐诗三百首》，以上为集类。

主要第二包括：《十三经注疏》、《周易》、《尚书》、《毛诗》、《周礼》、《仪礼》、《礼记》、《春秋左传》、《春秋公羊传》、《春秋谷梁传》、《孝经》、《论语》、《孟子》、《尔雅》、《仪礼郑注句读》附《监本正误》、《说文解字》，以上为经类；《史记》、《汉书》、《资治通鉴》、《国语》、《战国策》，以上为史类；《老子》王弼注、《庄子》郭象注、《管子》、《荀子》杨倞注、《近思录》、《御纂性理精义》，以上为子类；《文选》李善注、《古文辞类纂》、《康熙便读》、《经史百家简编》、《王姚古今诗选合刊》、《唐人万首绝句选》，以上为集类。

通习第三包括：《御纂七经》、《周易折中》、《书经传说汇纂》、《诗经传说汇纂》、《春秋传说汇纂》、《周官义疏》、《仪礼义疏》、《礼记义疏》、《仪礼经传通解》、《读礼通考》、《五礼通考》、《孝经刊误》、《四书或问》、《论孟精义》、《中庸辑略》、《孟子要略》、《广雅疏证》、《说文解字》段注、《说文释例》、《说文句读》、《经解释词》、《经义述闻》，以上为经类；《后汉书》、《三国志》、《南北史》、《新唐史》、《五代史记》、《明史》、《稽古录》、《通鉴外纪》、《续资治通鉴》、《明通鉴》、《资治通鉴纲目》、《孔子家语》王肃注、《圣武记》、《东华录》、《陆宣公奏议》、《乾隆府厅州县图志》、《通典》、《通志略》、《文献通考》、《大清会典》、《吾学录初编》、《史通》、《读通鉴论》，以上为史类；《韩非子》、《淮南子》、《贾谊新书》、《杨子法言》、《中说》、《朱子全书》、《大学衍义》、《大学衍义补》、《呻吟语选》、《宋元学案》、《明儒学案》、《翁注困学纪闻》、《日知录集释》、《明夷待访录》、《十驾斋养新录》、《文史通义》、《校雠通义》、《汉儒通义》、《东塾读书记》、《求阙斋弟子记》，以上为子类；《楚辞》、《御选唐宋文醇》、《湖海文传》、《七十家赋钞》、《骈体文钞》、《经史百家杂钞》、《王氏续古文辞类纂》、《黎氏续古文辞类纂》、《御选唐宋诗醇》、《十八家诗钞》、《文心雕龙辑注》、《声调谱》，以上为集类。

浏览第四包括：《古文尚书疏证》、《毛诗传疏》、《春秋胡传》、《礼记集说》、《白虎通义》、《家礼》、《古经解汇函》、《皇清经解》、《国朝汉学师承记》、《群经平议》、《说文义证》、《说文校议》、《说文段注订》、《广雅疏证》、《切韵指掌图》、《音学五书》、《唐韵正》、《古音表》、《古韵标准》、《四声切韵表》，以上为经类；《晋书》、《宋书》、《魏书》、《南齐书》、《梁书》、《陈书》、《北齐书》、《周书》、《隋书》、《旧唐书》、《旧五代史》、《宋史》、《辽史》、《金史》、《元史》、《十七史商榷》、《二十二史札记》、《尚史》、《绎史》、《左传纪事本末》、《通鉴纪事本末》、《宋史纪事本末》、《元史纪事本末》、《三藩纪事本末》、《碑传集》、《平定粤匪纪略》、《中兴别记》、《山海经笺疏图赞》、《校正竹书纪年》、《晏子春秋》、《列女传注》、《新序说苑》、《晋略》、《东都事略》、《东华续录》、《十六国春秋》、《九国志》附《拾遗》、《名臣言行录》、《伊洛渊源录》、《国朝满汉名臣传》、《皇朝经学文编》、《水经注》附图、《方舆纪要》、《水道提纲》、《通志》、《续通典》、《皇朝通典》、《大清通礼》、《大清律例》、《唐律疏义》、《钦定四库全书》，以上为史类；《孙子十家注》、《墨子》、《吕氏春秋》高诱注、《列子》张湛注附殷敬顺释文、《颜氏家训》、《周子全书》、《二程全书》、《张子全书》、

《朱子大全集》、《真西山读书记》、《薛文清读书录》、《张杨园遗书》、《国朝学案小识》、《理学宗传》、《黄氏日钞》、《潜邱札记》，以上为子类；《蔡中郎集》、《陶渊明集》、《庾子山集》、《李太白集》、《杜工部集》、《韩集》、《柳集》、《玉溪生诗详注》、《文忠集》、《司马文正集》、《苏老泉先生集》、《东坡七集》、《乐城集》、《临川集》、《元丰类稿》、《施注苏诗》、《黄山谷诗集三注》、《王文成集》、《震川文集》、《夏峰先生集》，以上为集类。此外，还有国朝理学家集：《三鱼堂文集》、《汤子遗书》、《榕村文集》、《亭林文集》；国朝考订家集：《曝书亭集》、《鲒埼亭集》、《潜研堂文集》、《文达集》、《春融堂诗文集》、《述学》内外篇、《揅经室集》、《穆堂类稿》；国朝不立宗派古文家集：《曾文正公文集》、《望溪文集》；国朝桐城派古文家集：《惜抱轩文集》、《茗柯文编》、《带经堂集》、《国朝骈体正宗》、《镜烟堂十种》。

检阅第五包括：《说文通检》、《钦定康熙字典》、《字典考证》、《钦定音韵阐微》、《经韵集字析解》、《史筌》、《历代帝王年表》、《李氏五种》、《历代地理沿革表》、《史姓韵编》、《经籍纂诂》、《子史精华》、《渊鉴类函》、《佩文韵府》、《读书纪数略》、《文选课虚》、《仪礼图》、《舆地全图》、《历代舆地沿革险要图》、《钦定四库全书提要》、《四库全书简明目录》、《书目答问》。

劳乃宣整理的国学必读书目，比起1923年梁启超的《国学入门书要目及其读法》要早了十多年。

第二十一章　桐溪书院任主教

光绪二十七年（1901），福建侯官人方家澍任桐乡知县。方家澍，字雨亭，光绪八年（1882）福建乡试壬午科举人（同榜举人有福州林琴南、陈石遗、郭宾石、台湾蔡国琳、陈浚芝、林鹤年等，皆一时之选），光绪十八年（1892）壬辰科二甲第五十九名进士，钦点翰林，散馆（即在翰林院修业期满考试及格）后改兵部主事，由秀州知县复改浙江桐乡知县。初来乍到，他以兴学为目标，首先想到的是聘请自己的同年、在浙江求是大学堂任职的高凤岐来桐入幕。

高凤岐（1858—1909），字啸桐，福建长乐龙门人。光绪八年（1882），二十五岁的高凤岐与方家澍、林纾、陈衍等闽中学子同科考中举人，他们也因此结为好友。十二年（1886），应杭州知府林启邀请，高凤岐携两个弟弟高而谦、高凤谦（高梦旦）和高足林万里（林白水）一同往杭州协助林启办学，先后整顿改造了传统书院——东城讲舍，创办了三所新式学堂——求是书院、蚕学馆和养正书塾，共同拉开了浙江现代教育的序幕。二十六年（1900），林启太守病逝，高凤岐辞去浙江求是大学堂总教习一职。接到方家澍来函，高凤岐即刻来到桐乡，而此时，在杭州的林纾也受邀来到桐乡。高凤岐对方家澍说，要发展桐乡教育，必须办好桐溪书院，有一个最为便捷的办法，就是聘请时任浙江大学堂总监督劳乃宣来授课。方家澍任职秀水知县时，曾在深秋的一个晚上，邀请刚到嘉兴的劳乃宣，和高凤岐、林纾等四人荡舟泛游于南湖，两人从此订交。为此，他去函劳乃宣，将欲发展桐乡教育特别是桐溪书院的事情相告，并发出诚恳的邀请。劳乃宣当即回复，择日回乡时面谈。

那天，从杭州回到桐乡的劳乃宣直奔县衙，与方家澍、高凤岐、林纾会面。高凤岐是浙江求是大学堂的同道，林纾当时在海宁安澜书院从事时务课教育，所以四人坐下来，就开门见山地谈如何发展桐乡教育问题。劳乃宣首先谈了对于科举制度的看法，他认为弊端太多：尚功名之弊，论成败而不论是非。但期事之有成，而不问义之合否。但计目前之利，而不顾日后之害。……变取士之法，则自翰苑至学校，罢试帖小楷之陋，立经义之斋，讲求道德经济之大，兼习制器尚象之能。科目之外，别设特科，以待奇士。对于发展桐乡教育，他建议还是以桐溪书院为立足点，兼顾其他乡镇的教育；在屠甸镇重建白社书院，可以令离县城较远的学子去白社书院学习；以科举为突破口，争取改变光绪二十三年（1897）乡试无一人录取的尴尬局面，在下一次乡试中（光绪二十八年即1902年）取得好的成绩。方家澍全部答应，当即提出聘请劳乃宣任桐溪书院的主教，他慨然允诺。当时由于清廷甲午战败，科举成为众矢之的，改革之议纷起。在维新派的大力推动下，科举制度发生变革，光绪二十四年（1898）下诏令："著自下科为始，乡会试及生童岁科各试，向用四书文者，一律改试策论，其如何分场命题考试，一切详细章程,该部即妥议具奏。"二十七年(1901)七月奉上谕:"著自明年为始,嗣后乡会试,头场试中国政治史事论五篇;二场试各国政治艺学策五道;三场试《四书》义二篇、《五经》义一篇,不准用八股文程式。"生童岁科两考、进士殿试、朝考等各种考试也停止用八股文,败试策论。于是,方家澍请劳乃宣负责策论一课,只是由于劳乃宣经常在外,除了他来桐乡时偶尔上课外,其他时间将学生的文章邮寄给他评阅。

于是,四人一同前往城西北的桐溪书院。与同治四年(1865)劳乃宣第一次来时的情景大不相同,经过严辰、沈善登等山长的努力,书院的规模已经日趋完善。一进大门,便见讲堂门前知县戴枚题写的匾额"敷文堂",大门两旁也是戴枚所题的对联:"结两年文字因缘,桃李已成荫,战艺难忘辛苦地;看一邑科名蔚起,梧桐方毓秀,出群定有栋梁材。"而严辰也题有对联:"创新讲舍,俎豆三贤,闾里有先型,愿与诸生同效法;僻在乡隅,弦歌四境,胶庠多后起,总是长吏善陶成。"最后的东面三间已经改建成"三贤堂",供奉着张杨园先生、冯景夏少寇、俞长城太史三位乡贤栗主,戴枚题联:"德行政事文学,四科得其三,总是圣门传派;名儒循吏才人,千秋能有几,岂徒乡里典型。"严辰题联:"立德立功立言,小邑竟传三不朽;曰庠曰校曰序,瓣香愿祝万斯年。"方家澍告诉劳乃宣,咸丰翰林、乌镇人严辰于同治六年(1867)到院任山长,主讲十年;而炉镇人沈善登则是同治翰林,于光绪三年(1877)到院。两位山长尽职尽责,培养了不少高才,方家澍希望劳乃宣能培养更多的人才。于是,在桐乡的桐溪书院出现了这样的场景,一个浙江大学堂的总监督,时不时会出现在书院的讲堂上,为桐乡的莘莘学子讲课。要不是光绪三十一年(1905)取消科举制度,估计这位先生还会一直教下去,这恐怕是桐乡教育前无古人、后无来者的最为高光的时刻。

光绪二十八年(1902),补行庚子辛丑恩正并科乡试。正式乡试之前,劳乃宣和方家澍商议开一个决科之试,即组织桐乡周边包括石门、海宁的学子先进行一次模拟考试,由劳乃宣亲自阅卷评定等级。初考结果出来,第一名是濮院的张文镐(张愫),第二名是乌镇的卢学溥,第三名是濮院的朱辛彝,第四名是海宁的张宗祥,第五名是乌镇的严槐林,都不是桐乡县城人。等到正式放榜,卢学溥是第八名,张文镐是九名,之后是朱辛彝、张宗祥、刘富槐、严槐林。张宗祥在其自编年谱中有"真巨人眼"之感叹。

知县方家澍因桐乡学子此番乡试取得很好的成绩,一扫上次乡试败绩,为酬谢劳乃宣,便在县衙设宴款待,而在苏州的其兄劳乃宽也一并受邀,桐溪书院中新中举人卢学溥、朱辛彝、严槐林,海宁的张宗祥,甚至远在京城担任内阁中书的濮院人、本次中举的刘富槐也一并受邀参加。一时间,看到自己的学生登上杏坛,劳乃宣不禁欣喜,席间大谈自己的学术理想。他说道,义理之学系治学求经的门径,也是匡正世道人心的思想,道德教化始终是首要,并告诫他们,无论何时何地,人生际遇如何变化,都要坚守道德底线,无愧于本心。劳乃宣强调"治生最为先务",他说道:孔子虽说君子谋道不谋食,而元代的思想家许衡(鲁斋先生)则称学者治生最为先。这一点也为桐乡先贤杨园先生所推崇。宋代的大儒程颢曾经说过,科举之学不患妨功,而患于夺志。而劳乃宣则认为:治生也是这样。人如遇到乱世则宜隐沦，如果没有治生，何来自己养活自己？这就像东汉末年的田畴不受袁绍之征辟，而隐居于徐无山中；陶渊明弃彭泽县令而归隐田园；东汉王君公避世墙东侩牛自隐；韩康逃名避世卖药为生。在这样的境地应当无求于世，那是义之所在。直到许鲁斋先生提倡此义，而后此义昭然，成为定论，不再有可以怀疑的地方，所以此论确实有功于后代。实践中求学问，于求学时淑身心，中举人只是成功的开始，不能视中举为最终的目的而消磨自己本来的志向。劳乃宣谈笑风生间的一席话，影响了这些学子的后半生。

早在光绪二十四年（1898），光绪帝颁布《改书院兴学校谕》，诏令筹办高、中、小各级学校，各地旧有大小书院一律改为兼习中学和西学的学校。"以省会之大书院为高等学，郡城书院为中等学，州县书院为小学。"光绪二十九年（1903），桐溪书院改为桐乡县立高等小学堂。当时，劳乃宣与方家澍联系，专门就校长人选提出自己的想法，建议由濮院的优贡生夏辛铭担任比较合适。劳乃宣在桐乡时，了解到夏辛铭在濮院创办了濮镇学堂，还聘请了中西文教师教授，在濮院开展中英文教育，确实有开放的思想和创举。劳乃宣在信中说：夏君热心教育，前在濮蒙学，颇著成效，诸事颇认真……事后，他还说到发生在桐乡学堂的一件事情。当年端午节，几个学生因饮酒，起了风潮，而夏君相对比较宽容，相反几个学生不知进退，当时的沈知县严肃处理，开除了七个学生。

后来，劳乃宣离开了桐乡，但对桐乡的教育始终牵挂在心。他在两江总督端方幕中书写公牍的纸张，用的也是桐乡县学堂的信笺。

第二十二章　引南归北话简字

光绪三十年（1904），六十二岁的劳乃宣应时任两江总督李兴锐之邀入幕。不久，李兴锐病故，劳乃宣的故交周馥继任两江总督，他继续担任幕僚，协助周馥在江南大力兴办新式教育：在南京改建、扩建多所学堂；将三江师范学堂更名为两江师范学堂；将格致书院改为农工商实习学堂；同时成立江南蚕桑学堂、初高等小学堂和教育研究所、商业学堂和江宁第一女学堂等；特别需要关注的是，在南京城内设立四所简字半日学堂。

推广简字学堂的一个大背景是清廷甲午战败，《辛丑条约》签订，国家几近灭亡。有识之士普遍认为只有普通教育，启发民智，才能使国家富强，而普及教育的首要任务是教育民众识字。劳乃宣认为汉字渊懿浩博，内涵意蕴博大精深，实际功用宏达广远，世界上其他文字难以企及。因此，要学好汉字是一件难度很大的事情。光绪二十六年（1900），王照参考日本的片假名，用汉字的一部分作为字母，做声母五十、韵母十二，采用双拼法，创制了官话合声字母。劳乃宣在看到王照的京音简字方案后，认为与自己的简字改革不谋而合；但认为北方官话不适合在江浙地区推行，为此他进行了改良，增加六个声母和三个韵母，编为《增订合声简字谱》；根据苏州下属州县及浙江地区的语音特点,增加了三个声母、三个韵母和一个浊音,编为《重订合声简字谱》。

光绪三十一年(1905),劳乃宣陈请两江总督周馥、江苏巡抚陈夔龙、安徽巡抚恩铭设立简字学堂。简字半日学堂针对的是贫寒子弟,半日谋生置业,半日在学堂学习,待简字推广到一定程度后,识字率提高了,普通民众可以阅读书报,通晓时事,普及教育开启民智也就水到渠成。所以简字学堂只传授简字,不传授其他知识。经过劳乃宣的努力,简字教育的社会影响日渐扩大。除了江宁外,其他省份推行简字教育的也逐渐增多。

次年,周馥调任闽浙总督,端方继任两江总督和南洋大臣。端方一上任,就以经费紧张为由拟令简字学堂一律停办,后虽经劳乃宣的一再努力,保留了简字教育,但四所合一,成立江宁高等小学堂,且金陵以外不再设立简字学堂。光绪三十三年(1907),经端方保荐,清廷召劳乃宣进京。劳乃宣闻听圣命之后,心中又忧又喜,忧的是自己毕竟年过六十五岁,步入人生暮年,喜的是终于有面见圣上的机会可以推行自己的简字方案。此时,得知劳乃宣马上要进京面圣将得大用的刘富槐赶到学稼堂,向劳乃宣祝贺其北上,但劳乃宣却冷静地跟他说:"人老了,不中用了。"刘富槐说:"此番前往京师面圣,是凭智力,而不是体力活,先生何来伤感?"劳乃宣艰难露出一丝笑容。但此去前程如何,他其实心中也没底,有诗一首可证:

风尘廿载绶仍黄,忽缀天街鹓鹭行。
我已青山期誓墓,那堪白首更为郎。

第二十二章 引南归北话简字

春明门外千条柳,烟雨楼前十亩桑。

说与天涯倦飞翼,何须卜肆问行藏。

为了有充裕的时间准备,劳乃宣先以年迈多病、难耐北方苦寒冷为由请假数月,待来年春暖花开时再行赴都。于是,两江总督端方去电内阁,奏称劳乃宣年老多病年内不克起行,请赏假三个月后俟来春北上。

利用这个时机,劳乃宣完成了《简字全谱》一书的撰写,此书包括了京音、宁音、吴音、闽音、广音,共计列出一百一十六字母与分配古母表、二十韵与韵部表,最后分别以四种方言编写白话歌,配以简字拼读。

如何实现国语统一?这个问题伴随简字运动的兴起而产生。到底是"强北就南",还是"引南归北",是当时最重要的争论。前者主张在强制推广以华北地区方言为基础的简字,而后者就是先学习方言简字,再学习以华北地区方言为基础的简字。劳乃宣主张分两步走。国语统一路径的争议和江浙地区的社会舆论叠加在一起,把劳乃宣和简字学堂推到了这场风波的风口浪尖上。京音简字的发明者王照,曾到南京考察简字学堂的办学情况,对于劳乃宣的主张提出不同意见。1906年6月22日,《中外日报》发表《评劳乃宣〈合声简字〉》的评论。文中称:"今改用拼音简字,乃随地增撰字母,是深虑语文之不分裂而极力制造之……"硬生生把分裂汉语言文字的难赦之罪强加在劳乃宣头上。劳乃宣看到此文后,随即致书给予回应。他在文中开门见山地指出,文字简易和语言统一两者之间有着明确的界限,也必须循序渐进分阶段实施；正因担心有违天下同文的愿景，所以他在编写《宁音谱》和《吴音谱》时可谓慎之又慎，对于京音简字的母韵只增不减。而对于为何要将文字简易放在语言统一之前，他说道：

夫文字简易与语言统一，皆为今日中国当务之急。然欲文字简易，不能遽求语言之统一。欲求语言统一，则必先求文字之简易。至鲁至道有不能一蹴几者。盖设主音不主形之字，欲人易识，必须令其读以口中本然之音。若与其口中之音不同，则既须学字，又须学音，更觉难矣。

如果强行推行官话字母，要求南方人学习北方的语音，对于南方人来说不亚于学习以表意为主的旧体字。所以方言区当先教授方言语言的拼读，这样才能便于人们掌握。即使是学习以表意为主的旧体字，也要先以各地的方言拼读，不能用官音拼读。如果天下人都能用方言拼读文字，即使不懂官音，也是一件有益的事情。劳乃宣建议，先要学好方音，再去学习官音。

方音之相异有母异者，有韵异者，有声异者；而其本方之母韵声则必自相一律。能肖共母之一字，则同母之字皆可推。能肖共韵之一字，则同声之字皆可推。明于母韵声之条理，则易于贯通。

母、韵、声，即相当于今日之声母、韵母、声调。劳乃宣认为，官话语音与方言语音的区别在于字音。同一个字，在官话和方言中可能不读一个音。而明了母韵之条理，掌握了拼读语音的方法，再去拼读官音，就不是一件难事。先学方音，再学官音，百姓学习官话语音就不再困难了。在解释了文字简易和语言统一的关系后，劳乃宣说明了《宁音谱》和《吴音谱》增加母韵的原因。原先王照的京音简字有五十母、十二韵、四声，而没有入声。劳乃宣根据南京下属州县及安徽各处语音特点，增加了六个声母、三个韵母和一个入声，编为《宁音谱》；又依据苏州下属州县和浙江地区的语音特点，增加了七个声母、三个韵母和一个浊音，编为《吴音谱》。其中所增加的母韵都是京音简字里没有的。只要京音简字的母韵中包含南方语音中没有的母韵，劳乃宣都一概予以保留，这样是为了方便学习官音。

劳乃宣还以日本的假名发展历程为例，来进一步说明，先学方言语音，再学官音，有助于实现语音统一。

　　日本当语言未统一时，有五十假名已千余年。度其时各方读之必字同而音异。一方之音亦必有缺而不全之处，而易收统一之效者，以五十字通国皆同而能包括诸方之音也。

接下来，劳乃宣又述说了自己的志向。《宁音谱》和《吴音谱》尚未包括两广、福建等南方语音，他希望能够学习闽广之音，编撰闽广语音谱系，最终实现全国各地方言语音统一的宏图。最后，劳乃宣写道：

贵报为海内众望所归，一字褒讥，关系于教育前途甚大。故敢将此曲折，诊缕详陈，尚企登入来函一门，以供众览，匡其不逮。学界幸甚，国民幸甚。

鲁迅先生将劳乃宣的拼音方法称赞为"先进得很"。当时，政府以王照、劳乃宣的两个方案编成"注音字母"，在我国流行通用了几十年。新中国成立后编制的《汉语拼音方案》也是在此基础上形成的。

三个月假期届满，光绪三十四年四月二十四日（1908年5月23日），光绪皇帝和慈禧太后在颐和园仁寿殿召见了忐忑不安的劳乃宣。当日，他留下了一篇召对笔记，大致内容如下。

皇上云：你是哪里人？

奏云：臣是浙江人。

皇太后云：你在外头办过些什么事？

奏云：臣在直隶做了二十多年知县，现在两江总督端方衙门里办事。

皇太后云：你是从江南来？

奏云：是从江南来。

皇太后云：端方的病大好了罢？

奏云：大好了，已经照常办事了。

皇太后云：他是痰症吗？

奏云：是有个痰厥的旧病，这回发得微重点儿，也就渐渐地好了。

皇太后云：饮食还好？

奏云：饮食都好。

皇太后云：你在端方那儿办什么事？

奏云：在衙门里办文案，又在省里办个简字学堂。

皇太后云：什么学堂？

奏云：简字学堂，简字就是拼音字母。中国的字难认，所以认得字的人少，小孩儿从小上学，总得好几年才能粗通文理，乡下人都没有能力念书，所以认字的人少，都不能明白道理。教育难以普及，而简字最好认，念书的人几天就学得会；不认得字的人，顶多用几个月，没有学不会的。学会了就能写信看书，再用这个编出书报，叫人看就能使人人都明白道理。

皇太后云：中国认得字的人太少了，要能叫天下认得字的人变多，那就好了。

奏云：江南办这个简字学堂很有成效，听说直隶、奉天也办了，其他省还没有要求。

皇太后云：皇上把这个简字颁行天下，必叫天下几万万人都认得字，都明白道理，要是能如此，天下就容易治了。

皇太后云：如今人都讲新学，就怕把旧学都荒废了。

奏云：中国旧学最要紧，万不可废。这个简字非但不会废旧学，而且大有益于旧学。中国旧学以字学为根柢，字学以音韵为根柢，要是人人都会简字，则人人都懂音韵，中国旧学就更昌明了。臣编了一部《简字全谱》，打算进呈皇太后、皇上御览。

皇太后云：可以，你拿上来。

奏云：是，臣下回去就进上来。

皇太后云：江南地方还安靖罢？

奏云：安靖，就是江浙交界地方有枭匪滋事。今年已经把大股打平了，就还有些零碎的匪，要仗着地方官办理。不然就全靠兵力了。

皇太后云：地方官最要紧，现在交涉也多，全要地方官办得好才好。

奏云：是办事最要紧，是地方官。

皇太后云：现在各处奉教的越来越多了，民教相安更要紧。

奏云：奉教的良莠不齐，也有好人，只要地方官办得要当，也就没事。

皇太后云：奉教的也有好人，全在地方官办得好。

奏云：是，总要教育普及，认得字的人多，明白道理的人多，民教就容易相安了。

皇太后云：你今年多大年纪？

奏云：臣今年六十六岁。

皇太后云：你的精神很好。

奏云：也是多病。

皇上云：你下去罢。

很明显，趁此机会，劳乃宣向光绪皇帝和慈禧太后奏报了开办简字学堂的情况，同时呈递了《进呈〈简字谱录〉折》，阐明推广简字的重要性、必要性及取得的成效，建议在全国推广简字。慈禧太后看了之后，令学部议奏推行简字，劳乃宣终于看到可以在全国推广简字的曙光。

次日，朝廷将其六品卿衔原吏部主事擢升为四品京堂候补，在宪政编查馆行走。

与劳乃宣同时调京的还有湖南名儒王闿运（湘绮先生）的弟子杨度，此人虽只有举人功名，但曾赴日本法政大学速成科留学，经袁世凯、张之洞联合保荐，以其"精通宪法，才堪大用"，进京出任宪政编查馆提调，候补四品。劳乃宣的品级在杨度之上，但当时宪政编查馆初创，也没有正事好办，劳乃宣便请教杨度："我对宪政并不了解，可否介绍一二西方宪政的书籍？"杨度说："可阅读一下英国、美国、法国、德国和日本的宪法。"为此，劳乃宣四处购买宪法书籍，如《美国议会条例》《英藩政概》《欧美政治要义》《列国岁讲政要》《德国议院章程》《日本宪法讲义》等，关起门来自行研究。过了十多天，出洋考察立宪大臣、镇国公载泽召见劳乃宣和杨度。载泽告诉劳乃宣：你现在与杨度共事，此人性格耿直，讲话不留分寸，千万要留意自己的言行，万不可得罪他。同时，载泽把馆中日常事务悉数交给劳乃宣，要求召集馆员们多读宪政方面的书，以备太后、皇上垂询；如果参考书籍不够，尽管写信给外国公使馆代买，买来后再让人翻译；同时叮嘱要草拟一份九年立宪清单。而此时的劳乃宣，却在埋头苦读，他苦苦思索九年预备立宪的程序，翻阅了很多国家的宪法资料，制定了一份自己认为比较完备的立宪程序。中国立宪是破天荒的大事，自己为未来九年所作的构思，实际上是为大清王朝描绘的一幅政治宏图，必将名垂青史。为此，劳乃宣迸发出极大热情，几个月下来，竟然整理出了一部近七万字的《经进宪法讲义》。此讲义共分为三个部分：一是宪政沿革；二是君权；三是议院。他设计了九年的宪政路径，与自己的简字、识字密切相关：第一年，筹办各省咨议局，编辑简易识字课本、国民必读课本，扫除文盲，提高国民文化程度；第二年，选举各省咨议局议员，颁布资政院章程并选举，将新编识字课本颁发全国，在州县创设简易识字学塾；第三年，召集资政院议员开会，厘订地方简易章程；第四年，厘定国家税收制度，实行文官考试；第五年，各镇乡地方自治粗具规模，颁布内外官制；第六年，实行户籍法，设立行政审判院，实行新刑律；第七年，颁布会计法，人民识字率达到百分之一；第八年，确定皇家经费，设立审计院，乡镇设立初级审判厅，人民识字率达到百分之二；第九年，正式颁布宪法，上下议院选举，人民识字率达百分之五。劳乃宣设想，到了第九年，中国会诞生一部崭新的宪法，一部治国大纲，国家的实力必将强盛，人民将变得富裕。他陷于极大的兴奋中，带了自己的讲义，在宪政讲习班为各部尚书、侍郎、都察院、大理寺、翰林院、詹事府的高级官员及王公贝勒等轮流讲课。刚开始还有二三十人听课，到后来，人越来越少，即便来听者，也是随意进出，闭目养神，甚至打起呼噜来，劳乃宣为此感到极度伤心，也预见到最后的结局。就在他为中国宪政殚精竭虑之时，中国政局突然发生了惊天动地的巨变。光绪皇帝驾崩，慈禧太后在临终前夕，选择了中国最后的一位皇帝——时年三岁的宣统。

光绪三十四年（1908）一月，劳乃宣回到桐乡准备度岁，却遇上了当地抗漕民变，乡民聚众攻破桐乡县城，拆毁县衙仓库、警局和绅商数十家，并焚毁两所耶稣教堂。四五百乡民涌入劳家，劳家虽未遭劫，但劳乃宣感到前所未有的恐慌。为此，他联合了驻桐清军管带周树森、知县徐志鉴，联名向浙江巡抚报告，说明清军驻桐实力单薄，不能压制，要求省城增加兵力。劳乃宣率桐乡乡绅夏辛铭、程宗洛、陈棠、黄基、朱鸣銮一起叩文省府。虽然省里发兵救援，但自感形势紧迫，劳乃宣即在大年初五离开桐乡，返回金陵，随后又乘船至汉口，从汉口乘火车抵北京。

在推广简字活动上，尽管有管学大臣张之洞的赞同、学部尚书荣庆的肯定、学部侍郎严修的支持，但学部内部却存在分歧。当年11月，光绪皇帝和慈禧太后先后辞世，劳乃宣失去了最有力的支持。学部对于劳乃宣的上书，既不讨论，也不奏报，劳乃宣想在全国范围内开展简字教育的努力再一次付之东流。

1908年12月，宣统即位，劳乃宣似乎又看到一丝希望。为此，他于次年12月28日奏请推行京师拼音官话书报社所定官话字母，同日，进呈《奏请于简易识字学塾内附设简字一科并变通地方自治选民资格折》，提出自己的方案：一是变通简易识字办法；二是变通地方自治选取民资格。为了让朝廷明了简字是推行普及教育行之有效的工具，他再次不厌其烦地陈述英美与日本的拼音工具便于普及和以往取得的成效等，再次恳请学部开展简字讨论，即使自己的主张未能被采纳，也可以倾听意见。虽然字字恳切、句句肺腑，但最终也未能打动把持朝政的摄政王载沣的心，他的这次努力仍落得个不议不奏的境地。

眼看朝廷不能支持自己的主张，劳乃宣又想法设立简字研究会，希望通过自己的努力来推广简字。

1909年，劳乃宣与赵炳麟、汪荣宝等名流，在北京成立了研究文字改革的最早的群众性团体之一"简字研究会"。研究会

成立的宗旨是担负起推行简字及普及教育的重任,广揽有识之士,共同研究简字,成为推行简字教育的示范。启事中提出:

> 两次均奉旨交学部议奏。而学部迄未议上,允行与否,尚不可知。夫天下兴亡,匹夫有责。我国亿兆京垓晦盲否塞之民。今欲治喑聋,启其瞽昧以救危亡。非我辈之任而谁乎?救之道舍以易识之字教之,无它策也。然将以教人,必先自习,则我辈不可不先自讲求矣。……吾知必为贤士大夫负先知先觉之任者所乐为也。今设简字研究会以饷同志。愿入会者,请即惠临,以收切磋之益。幸而学部议行,则二十二省需用教员甚多,必先开师范。我辈出其所学,以为师范之导师,则教泽所流,可以覃敷。海内不幸,而学部竟不议行,则归而施诸家庭,饷诸友朋,播诸乡里,辗转流传。犹足挽十一于千百。终胜于坐视蚩氓永沉锢于无耳目、无口舌、无心意之城。束手以待渝亡也。

劳乃宣和汪荣宝、赵炳麟共同发出上述启事。同时,研究会还拟就了章程:

> 本会以讲习简字理法,为教不能识汉字之人使得达口中之音,明目前之理,以开民智为宗旨。
>
> 愿入会者应开具其名号籍贯住址,托与发起人相识之人介绍,本会皆认为会友。
>
> 会中备有简字各种谱录书报,以备会友讲求研究。人不

知者，本会无不竭诚相告。

此字包括中国诸方之音，现订之谱，未敢自信必皆尽善。如有未当，请会友各陈所见，以期改良。

会所暂设于前门内化石桥东石桥别业。如日后入会人多，有路远不便者，当同志酌量分设。

每星期日午后三点钟至五点钟为会期。

会中茶水煤炭伺候人等一切用度，皆由本会备办，不取会友分文。

本会开会以宣统二年二月第一星期之日为始。

如有未尽事宜，此章随时酌量改定。

1910年3月13日，在汪荣宝的石桥别业大院，简字研究会召开首次会议。劳乃宣首先发表演说，阐明简字的功用。随后，汪荣宝也进行了演讲，说明文字与语言的关系及声韵配合的道理。嗣后，劳乃宣充分利用自己的身份和社会关系，广泛吸收一批文人学者入会，其中不乏学部官员。会员经过一段时间的讨论和研究后，大都赞同劳乃宣的观点。劳乃宣成为中国拼音运动史上正确解决方言与共同语关系问题的第一人，他的工作对后来注音字母方案的研制具有很大的影响。

而此时，劳乃宣的家乡——桐乡闹漕风潮益剧，一月初七日，乡民拥至南日晖桥殷富陈姓家，由季领哨发给八十一千文，乡民始四散而去。十五日十时，乡民数百人又至劳乃宣家中，直到十二时尚未散去，知县只得率统班差役前往弹压，当场抓获一位海宁老妪。这时，各防营兵队及陈二尹、李把戎、黄巡官均率兵士围拿,该乡民始四散遁去,事后又聚集四五千人来勒米索钱,不堪累扰。因城中驻兵无多,万难派往,恐兵力单薄,又电请省宪派兵防护。十六日早晨,塘北各乡乡民聚众四五千人到了县城城北,因城门紧闭,不得入城,而城外的兵船却被焚毁,军警开枪打死乡民一人,打伤二人。十一时,桐乡城被攻破,便民仓被捣毁殆尽。十二时,县署被捣毁殆尽。衙门里拘留的人犯尽被乡民放走,县署中文牍文件全部被抢毁无存,还有四五千人仍未散去,全城已经罢市。

1910年7月,六十八岁的劳乃宣被任命为江宁提学使。由于江苏省情特殊,在乾隆二十五年(1760)一省分设江宁、江苏两布政使司。前者治江宁,后者治苏州。朝廷依布政使司辖区也分置两个提学使,一为江宁提学使,驻江宁,一为江苏提学使,两使分管全省学务。

接到任命时,劳乃宣以在江苏苏州府吴县有其先人坟地,且有十余亩坟田,查定例月选得官者,如在该省置产、贸易、流寓、经商情事应据实呈请回避。他觉得自己此番任命虽与月选之官不同,且吴县地方也非江宁所管辖,但毕竟是在一省,应否回避还是请旨奉行为妥。朝廷认为,坟墓与产业不同,且非江宁辖境,自与置产、流寓省分有别,也就驳回了他的申请。

尽管劳乃宣担任江宁提学使的时间很短,但还是为江宁的学务做了实事。每年放暑假前,各学堂都要组织一次计考,以分数高下来鉴别学生水平的高下,劳乃宣生怕学堂敷衍了事,遂亲自前往各学堂检查,促使学堂重视计考;往年学生放假,乘沪宁火车或者长江轮船回家,均有优待半价券,但是后来被邮传部收回，为此劳乃宣想法与各个经营铁路、轮船的中国和外国的公司经理商量，以两江总督名义给每位回到原籍的学生发放护照作为半价券凭证，以减轻学生负担；对于不堪胜任的教员进行严格筛选，不合格者一律辞退，某学堂一位化学科教师将"哺"字误写成"捕"，被劳乃宣当场发现遂遭到辞退；积极筹办女子师范学堂，在宁省经济不允许单独设立的条件下，拟变通办法，将吕惠如女士原有的江南女子公学及萃敏学堂两处合并更名为女子师范学堂，以减少开办费，又可以利用旧有的资源。

宣统三年（1911）八月二十日，担任江宁提学使的劳乃宣前往淮阳查学，向两江总督衙门先行预支川旅费用600两银圆。但由于京师催促他立即赴京城商议官制，原定去往徐州检查学务的行程取消，离任时他主动退还总督府剩余的银两：一共领取约600两，用去250余两，多余的345.336两，尽数交还总督衙门。为此，当时的报纸均以"劳乃宣丝毫不苟"作了报道。

1910年10月，清廷迫于压力成立了资政院，劳乃宣被钦选为资政院硕学通儒议员、理藩部奏派咨议官。硕学通儒议员共三十人，除劳乃宣外，另有湖南王闿运、山东孙葆田、江苏张謇、安徽蒯光典、福建郑孝胥、浙江吴士鉴、广东梁鼎芬、安徽陈澹然、四川宋育仁、四川乔树枏、福建陈宝琛、江苏吴廷燮、浙江沈家本、湖南王先谦、福建严复、福建江瀚、浙江喻长霖、江苏沈林一、安徽马其昶、直隶恽毓鼎、江西胡思敬、浙江陶葆廉、湖北程明超等。劳乃宣利用这个舞台，再次做了最后的努力，积极建言在全国推广简字教育。

1911年1月，资政院终于讨论简字报告，提议将简字切音更改为"音标",报告获得大多数议员的赞成,最终通过。在第一次常年会第十六号议场中,劳乃宣提出的简字倡议获得议员赞成作为议案,他在发言中阐述了自己的主张,以及向学部、朝廷进言的辛酸过程:

简字这件事,当初本京先有官话字母,两江周总督馥在江南开了一个简字学堂,奏明立案,奉旨允准。本议员于光绪三十四年奉旨召见于先皇太后前,面奏简字之用,请将《简字谱录》进呈,钦定颁行。先皇太后允准,本议员当即递了一个折子,于三十四年七月奉旨交学部议奏。自从交了学部之后,学部始终没有复奏,但简字这件事情是由拼音拼出来的法子,虽极容易,但书上说的总不如口说得明白,本议员恐学部不明白这个缘故,故又在学部递了一个呈子,请亲到学部听候询问,学部还是搁起,一直搁到宣统元年十一月,本议员又上了一个折子,奉旨还是交学部议奏,学部还是没有议奏,本议员于是又写了一封信给学部三堂,说情愿亲到学部说明一切,这个简字如果有错,可以当面示知,再为讨论。日后又给唐尚书一封信,还是不理。现在有三处提出这个陈请书,一个是京官的,一个是直隶的,一个是八旗的。据本院审查的报告是归学部核议,学部一定还置之高阁。所以本议员提起倡议,照章有三十人以上赞在民者可以作为议题,请将理由陈说一遍。我中国种种不能如人,论兵兵不如人,论商商不如人,论学问政治,我们从前以为很好的,现在新学一兴,往外一看,亦是不如人。中国大势如此,将来何以自存?

第二十二章　引南归北话简字

但我国有一件最好的事,是合地球不能及的,就是人口最多。天下事总是人做出来的,既有如此多人,天下事什么办不到?但是人虽然多,现在乡下糊涂的人不明白天下的事,比方国会速开,我们本院以为全副精神议决方得缩短至宣统五年开国会,若向一个乡下人问他宣统五年开国会愿意不愿意,他必说什么叫国会,我不知道。说是一个开国会我们人民就有参预立法的权,他必说什么叫参预立法的权,全不知道;又说民人应该担负什么义务,他必然说什么叫义务;又说当兵纳税,他必说不知道什么缘故。须知道都是因为不识字的缘故。我们中国的人约四五万万,认得字的没有多少。据筹备立宪清单,学部设立简易识字学塾,预算哪一年识字者须有百分之一,哪一年须有五十分之一,哪一年须有二十分之一。到了二十分之一,效验就算是极好了。不知道我们中国四五万万人,百分之一才有四百万,五十分之一才有八百万人,到了二十分之一不过二千万。请看日本小国,全国才有四千万人,而人人都能识字,我们就是办到二千万人识字,也不过比得日本一半。……英国百人中大约有九十多认得字的,因为英文不过二十六个字母,就是日本,亦不过五十个假名。……这个简字,一个人可以教会几十个人,再每个人传几十个人,就是几千人,三传就是几万人,四传就是几百万人,五六传就是几万万人。我们中国要有几万万明白的国民,那不无敌于天下吗?

8月,中央教育会议议决《统一国语办法案》,以政府法案的形式把统一国语分为调查、选择及编纂、审定音声话之标准、定音标、传习等五个步骤。至此，劳乃宣为之奋斗的六年简字活动终于在国家层面得以开展。在这个过程中，他是最热诚、最坚韧的行动者。

《统一国语办法案》议决不久，武昌起义的枪声响起，一个新纪元开始，清王朝被无情地抛弃，简字运动也戛然而止。但这种类似于现代汉语拼音的识字法很快以其实用性流行开来，劳乃宣的声望一时遍及全国。

劳乃宣和他的同道们殚精竭虑，奔走呼吁，对中国近代文字改革和普通教育可谓贡献卓著。然而百年以降，他们的千秋功业已被很多人淡忘。诚如日本学者对于国语运动先驱的感慨："现在不用说一般人，就连语文工作者们，恐怕也没有多少人知道这些一百年前曾经为昌盛国运而呕心沥血的文字改革家及其改革方案了。当年这些踔厉风发的热血学者早已在今人的历史视野中灰飞烟灭，'是千秋功业，不必在形迹间存矣'。"

当年5月，按照民政部规定，浙江全省分配议员153人，其中嘉兴分配8人。桐乡有选举权者679人，首轮投票，无人过半，劳乃宣的大儿子绲章虽然得票最多，但也未能当选。遂再行选举，这次包括劳绲章在内共8人当选。7月，嘉兴府复选开票，当选者8人，包括劳绲章在内，被选为浙江省咨议局议员，系当时嘉兴的8位议员。是年10月，劳绲章出席在全浙师范学堂大礼堂召开的浙江省咨议局第一次代表大会。

第二十三章　资政院里辨刑律

在清末这场风雨飘摇的"礼法之争"中,劳乃宣注定是一个悲情而荒诞的角色。"更向广场争礼律,任他举国目为狂。"

由于宪政编查馆奏请而未及时赴任,由此展开了一场后世称为"礼法之争"的新旧法律的较量。其具体细节在人们记忆中已然模糊,它扬起的尘嚣却远未落定。反思当时辨决的实质,即使在百年后的今天,仍是"乍新还旧"。

资政院作为晚清君主立宪的重要机构,于1910年9月23日设立。这是清政府仿照西方国家的议会形式,而又对其进行了精心改塑,严格限制其权限的中央咨议机构。清政府宣称"中国上下议院一时未能成立,亟宜设资政院以立议院基础"。资政院的议员由皇帝委派的所谓"钦选"议员和由各省咨议局推选的"民选"议员各100人组成。资政院议员分钦定和民选二种,共200名,由于新疆尚未成立咨议局,故缺少2名民选议员和2名钦选议员。这些钦定议员包括宗室王公世爵16人,满汉世爵12人,外藩王公世爵14人,宗室觉罗6人,各部院官32人,硕学通儒与纳税多额者各20名,以上均由皇帝委派。而沈家本则先作为硕学通儒,后又成为副议长,故钦选议员实际为97人。钦选、民选议员合计195人。硕学通儒10位议员包括:

陈宝琛（1848—1935），字伯潜，号弢庵、陶庵、听水老人，福州闽县人。同治七年（1868）进士，授翰林院庶吉士，历任编修、翰林侍讲。先后出任江西学政，累迁内阁学士、礼部侍郎。宣统元年（1909），调入京城，充任礼学馆总裁、内阁弼德院顾问大臣、正红旗汉军副都统，成为宣统帝溥仪的师父。在任资政院期间，首发昭雪戊戌党人议，并上奏请旨褒奖。1935年去世，追赠太师，谥号文忠。

沈家本（1840—1913），资政院副议长，字子惇，别号寄簃，浙江吴兴（今浙江省湖州市）人，著名法学家。同治元年（1862）举人，光绪九年（1883）进士，曾任直隶、陕西司主稿，天津知府，保定知府。后升任通永道、山西按察使。晚年历任刑部右侍郎、修订法律大臣，并兼大理院正卿、法部右侍郎、资政院副总裁等职。参与晚清司法改革，主持制定了《大清民律》《大清商律草案》《刑事诉讼律草案》《民事诉讼律草案》，主持修订《大清刑律》等一系列法典，提出了一系列法律改革主张，是中国法制现代化之先驱。

沈林一（1866—？），举人，历任山西试用道、官报局局长、宪政编查馆统计局局长、政务处提调、广西桂平梧道。对地理学有一定的造诣，为议员中保守派代表。

严复（1854—1921），原名宗光，字又陵，后改名复，字几道，福建侯官县人，近代极具影响力的资产阶级启蒙思想家，著名的翻译家、教育家，新法家代表人物。先后毕业于福建船政学堂和英国皇家海军学院，曾担任京师大学堂译局总办、上海复旦公学校长、安庆高等师范学堂校长，清朝学部名辞馆总编辑。

1912年，京师大学堂更名为北京大学，任首任校长。在李鸿章创办的北洋水师学堂任教期间，培养了中国近代第一批海军人才，并翻译了《天演论》、创办了《国闻报》，系统地介绍西方民主和科学，宣传维新变法思想，将西方的社会学、政治学、政治经济学、哲学和自然科学介绍到中国。出版有《严复全集》。

喻长霖（1857—1940），字志韶，浙江黄岩人。光绪二十一年（1895）榜眼，授翰林院编修、国史馆协修、武英殿和功臣馆纂修。三十三年（1907）八月，任两浙师范学堂监督。十二月，受翰林院派遣，去日本考察学务，次年五月返。宣统元年（1909），任实录馆纂修。次年六月，任京师女子师范学堂总理。授四品衔，任资政院宪政会咨询。辛亥革命后，袁世凯多次请喻长霖出任要职，喻长霖谢绝归里。1914年，受聘任浙江通志局提调，参与通志编修。1926年，主修《台州府志》。晚年客寓上海卖文鬻字。

陶葆廉（1862—1938），字拙存，别署淡庵居士，浙江秀水（今浙江省嘉兴市）人，两广总督陶模之子，娶劳乃宣次女劳纺为妻。优贡生，秉性俭约，好学不倦，博览群书，专心撰著，对史地考证、医学、算术，都颇有研究。1937年，抗日战争全面爆发，避居桐乡。次年秋，因愤疾交加去世。

吴士鉴（1868—1934），近代金石学家、藏书家。字䌹斋，号公督，又号含嘉，别署式溪居士，钱唐（今浙江省杭州市）人。光绪十八年（1892）壬辰科中进士，殿试高居第一甲第二名（榜眼），授翰林院编修，官至侍读。后任江西学政、资政院议员、清史馆纂修。民国间以评骘金石、考订碑板、精研史籍而名重一时。著有《含嘉室日记》《补晋书经籍志》《清宫词》《商周彝器例》《九钟精舍金石跋尾》《含嘉室诗文集》等。

章宗元（1877—?），字伯初，浙江吴兴人。章宗祥之兄。清末附生，近代法学家、经济学家。光绪二十六年（1900），留学美国，毕业于加利福尼亚大学商科。三十四年（1908），修定法律馆聘用日本法学家松冈义正，章宗元与朱献文、高种、陈箓等四位年轻的中国法学家开始修订中国第一个民法草案《大清民律》。宣统元年（1909）起，先后任宪政编查馆纂修、北京财政学堂监督、大清银行监理官。1912年，署理财政次长，之后历任审计处总办、币制局副总裁、币制委员会委员长、唐山工业专门学校（即唐山交通大学，今西南交通大学）校长。

宣统二年八月二十日（1910年10月3日），资政院第一次会议召开时，议员们早已到院恭候，军机大臣和各部尚书才姗姗来迟，而到会训话的摄政王载沣更是让议员们足足等了四个小时。如此的轻慢，可见这有名无实的"民意机构"在权贵们的心中地位是何等低微。

劳乃宣作为第三股股长参加会议，座位号为八十号，在第一次常年会上共发言三十次，主要是针对简字及新刑律草案的发言。

当然，在资政院争议最激烈的莫过于围绕新刑律的讨论。杨度在第一次常年会第二十三号议场首次就新刑律的主旨作说明时，劳乃宣即进行质疑。

早在光绪二十八年（1902）二月，光绪皇帝发布上谕，谓《大清刑律》"折衷至当"，但今昔形势不同，不能推行尽当，着派沈家本、伍廷芳修订法律，此为中国法律现代化之发端。自

第二十三章　资政院里辩刑律

光绪二十八年（1902）至宣统二年（1910），将近十年之间，法律改旧从新，步伐日渐加快。在修律大臣沈家本的直接领导下，制定多部现代性质的法典，而其中立法时间最长、争议最大的乃是《钦定大清刑律》。著名的"礼法之争"主要也是围绕这部法律展开。以沈家本为代表的法理派，主张运用"国家主义"等政法理论来改革中国旧法律制度，因在修订《大清新刑律》《大清刑事民事诉讼法》过程中常用西方国家的"通行法理"来对抗保守派的攻击，因而被称为"法理派"。而礼教派前期以张之洞为代表，后期则以劳乃宣为代表，他们主张修订新法律应当"浑道德与法律于一体"，不应偏离中国千年相传的"礼教民情"，因而被称为"礼教派"。

早在宣统二年（1910），劳乃宣读到德国人赫善心撰写的《德意志帝国新刑律草案（总则）序言》，这篇序言主张修律以本国国民性为基础，兼取他国之长，同时，赫善心对中国传统法制表现出"温情与敬意"。所谓"他乡遇故知"，这个观点正中劳乃宣这位开明的保守主义者下怀，并引以为同道中人。而劳乃宣也围绕正在编辑的关于新刑律修正案草案的"无夫奸""子孙违犯教令"等观点，请赫善心提出学术意见。

劳乃宣并不完全反对新刑律草案："新刑律中保存家法之处甚多，特尚未能尽善耳。"他要求增加或修改者仅六条：干名犯义、存留养亲、亲属相奸、亲属相殴、犯奸和子孙违犯教令；所增改的条文也按照新律"主于简括，每条兼举数刑以求适合之审判"的体例增入，而亲属"等差应依据旧律逐加分别，于另辑判决例内详之"。可见其对法律中的礼教问题有其缜密思考，并不主张全盘推翻新律。

之后，修律大臣沈家本撰文回应，部分承认了劳乃宣意见的合理性，包括干名犯义、亲属相奸、亲属相殴等条，只是主张用制定判决录（例）的方法去解决，即不修入草案正文，以案例办法临时解决。这样既可避免外人的指责，达到收回治外法权的目的，同时又可以维持礼教，可谓一举两得。劳乃宣也同意此办法，但是对于删除无夫奸有罪等条文仍感不满，最终相持不下。其背后则牵涉两个根本性的修律议题而导致双方无法让步：其一，法律与礼教的关系如何，传统的礼教因素应否被排除在公布的法制之外，就像无夫奸有罪只见于案例，而不列入新刑律正文一样；其二，中律条文若没有西法的呼应，如西法没有类似无夫奸条文，可否有独存的价值，是否有必要一律改同西法，以作为收回治外法权的代价。为此，劳乃宣与馆中杨度、吴廷燮、汪荣宝等人颇多辩论。

虽然礼教派人数众多，但法理派均占据实权部门，如法律馆由沈家本主持，重要成员有董康和冈田朝太郎，这是法理派的大本营。宪政编查馆有大臣奕劻。资政院有副总裁沈家本和股长汪荣宝等人，都苦心支持法理派的理念。而礼教派前期尚有实权人物张之洞，在他于"礼法之争"关键时刻离世后，只有劳乃宣、胡思敬等人，他们均处于非要害部门，也缺少实权。当然最为关键的是皇帝和太后，他们主宰了整个修律活动的进程。

资政院第一次常年会第二十三号会议于宣统二年十一月初一日（1910年12月2日）下午一点三十分开议。会议主题是由杨度作为政府特派员说明新刑律主旨，包括更定刑名、删除比附、

减少死刑条文、死刑对待方式唯一和惩治教育五点。劳乃宣在会前即提出议案,会议中围绕无夫奸,他说道:

> 现在各国新订刑律,都没有处罚的明文,自然是照各国。教育已经普及,无夫的妇女个个贞洁,无须用刑法禁。本员没有出过洋,不敢说外国无夫妇女贞淫如何,看编查馆原奏,大约外国有夫妇女还必因法律为之防闲。试问外国教育何以不普及于有夫的妇女?本员没到过外洋,也不敢说中国现在教育还没有普及,所以无夫、有夫的妇女都不免犯奸,都还要用刑罚防禁等;将来教育普及之后,何以只能教育无夫妇女?可以把刑罚废除,可不能教育有夫的妇女,还要用刑法防禁?而且,在室的女子受了教育,已经成了贞洁的德行了;等到出嫁之后,变成了有夫妇女,其贞洁本质忽然消灭了;等到其夫已死,又变成无夫妇女,其贞洁之本质又忽然回来了……

由于劳乃宣与杨度、邵羲、籍忠寅、陶峻等激烈争辩,导致会议现场声浪错杂,议场骚然,这次会议直到晚上七点三十分才结束。

资政院第一次常年会第三十七号会议于宣统二年十二月初六日(1911年1月6日)下午一点钟开议。议题是新刑律总则和分则的审查报告。议员汪荣宝首先发言,而劳乃宣则对于《暂行章程》第五条正当防卫一节是否入正文等问题进行了发言:

> 《暂行章程》第五条,本员认为此条理由很充足。比如他

打他一拳，他也还他一拳，他砍他一刀，他也还他一刀，既是正当防卫，就应当不加罪。可是对于尊亲属，小杖则受，大杖则走，子孙不可有正当之防卫以防卫其尊亲属。政府提出《暂行章程》，是日本旧刑律原文，然日本新刑律就把这条删去了。不过本员意见，应该把《暂行章程》第五条加入正文正当防卫之后。

最后，劳乃宣的议案并未获得通过。此次会议直到晚上十点二十分才散会。

资政院第一次常年会第三十八号会议于宣统二年十二月初七日（1911年1月7日）下午一点开议。重点是继续再读《大清新刑律》。此时临近闭会，法理派议员在本次大会上让新刑律尽快通过的急迫心情表现得十分明显，且显得非常仓促和草率。此外，经多数议员表决，将其中的日译名"营造物"改为"建筑物"。此次会议劳乃宣可能缺席。

资政院第一次常年会第三十九号会议于宣统二年十二月初八日（1911年1月8日）下午一点三十分开议。会议继续审议《大清新刑律》。除了围绕寺庙坛观不敬之罪的条文、私藏烟具是否入罪等问题发生激烈争议，最为激烈的莫过于对于无夫奸是否入罪的争议。劳乃宣在会场上说道：

无夫奸，中国社会普通的心理都以为应当有罪的，这个道理极平常，没有什么深微奥的。

法理派人物汪荣宝向议长提议，同意新刑律加入无夫奸的赞成者用白票，反对者用蓝票。于是进行表决，蓝票 42 张，包括汪荣宝、陶葆霖、章宗元、陈宗舆等；而白票 77 张，包括劳乃宣、陈宝琛、柯劭忞、陶葆廉等。白票多数，无夫奸被定为有罪。此时，会场里声浪大作，接着就无夫奸是放入《暂行章程》还是放在正文里，以起立方式进行表决。最终同意加入正文者 61 位，占多数。会议于晚间十点三十分结束。

这次会议上的议员发言可谓精彩。如陈树楷所说："凡规定法律，必先本于社会情状，若以最高的法律施之于社会情状不合之国民，其危险更有甚于法律不完全之弊者。以上等社会看待国民，本员很赞成，不过对于中国现在的社会情状不合，非所以保持秩序之本意也。"议员中虽不是人人具有法律知识，但对于自己的主张与理由，皆是彻底明白，而各有其专主。凡是主张无罪者，任你如何演说都绝不能打动；凡是主张有罪者，任你如何演说也绝不能打动。最后，法理派人士心有不甘，大会不欢而散。

资政院第一次常年会第四十号会议于宣统二年十二月初九日（1911 年 1 月 9 日）下午四点开议。会议继续审议《大清新刑律》。但由于法典股长、副股长全都缺席，无人说明，而宪政编查馆特派员以无法接洽沟通，加上出席议员人数不足法定标准，遂草草散会。而劳乃宣针对宪政编查馆特派员许同莘在会上提出的无夫奸入罪应处以何等刑罚、应由何人亲告，发言：

> 倘本夫不在家，而翁姑在家，遇有这些事发生，翁姑即不能告发，亦万不能容忍，所以本员主张翁姑也可以告发。

资政院第一次常年会第四十一号会议于宣统二年十二月初十日（1911年1月10日）下午两点开议。三读新刑律议案。本次会议虽挑灯夜战，新刑律也只议完总则部分。到会议结束时，在场议员只有80余位，而赞成议员仅为69位，表决通过。

综合来看，双方争论的第一个焦点是"干名犯义"的废存问题。所谓"干名犯义"是指子孙控告父母、祖父母的行为。"春秋之义，父为子隐，子为父隐""亲亲得相首匿"，亲属相互告言"亏教伤情，莫此为大"，因此在明清律中"干名犯义"属"十恶"之条。鉴于此，劳乃宣认为"中国素重纲常，故于干名犯义之条，立法特为严重"，因此"干名犯义"之条大于礼教之事，是传统伦理的根本所在，因而应当在新刑律有所反映。而法理派根据西方通行法理，指出"干名犯义"属"告诉之事，应于编纂判决录时，于诬告罪中详叙办法，不必另立专条"。

第二个焦点是"存留养亲"的废存问题。"存留养亲"指"亲老丁单"时，即凶犯系独子、父母年老有病、家中无其他男丁，考虑到其父母无人奉养，又无其他男丁继承宗嗣，经皇帝特许，可免其死罪，施以其他处罚，令其回家"奉养其亲"的制度。劳乃宣认为"存留养亲"是宣扬"仁政"、鼓励孝道的重要方式，不能从新律中排除。而沈家本则认为"古无罪人留养之法"，且指出嘉庆六年（1801）上谕中曾表示："是承祀、留养、非以施仁，实以长奸，转以诱人犯法。"

第三个焦点是无夫奸及亲属相奸的定罪量刑问题。劳乃宣认为，无夫奸是严重违反道德的行为，而亲属相奸属于"大犯礼教之事"，因此应当在新律中对上述情况有特别规定。法理派则认为,"无夫妇女犯奸,欧洲法律并无治罪之文",因此"此事有关风化,当于教育上别筹办法,不必编入刑律之中";至于亲属相奸,"此等行同禽兽,固大乖礼教,然究为个人之过恶,未害及社会,旧律重至立决,未免过严",因此,对此等行为,依"和奸有夫之妇"条款,处以三等有期徒刑即可。

第四个焦点是"子孙违反教令"的废存问题。"子孙违反教令"是指在子孙卑幼"不听教令"时即可构成犯罪的规定。清律中除规定子孙违反教令处以杖刑之外,还赋予尊长"送惩权",即对于多次"不听教令"者,尊长可将其直接送往官府,要求将其发遣。劳乃宣认为:"子孙治罪之权,全在祖父母、父母,实为教孝之盛轨。"而法理派则认为:"此全是教育上事,应别设感化院之类,以宏教育之方。此事无关刑事。"

第五个焦点是"子孙卑幼对尊长能否行使正当防卫权"的问题。劳乃宣认为:"天下无不是之父母",子孙对于父母的教训惩治,最多像舜帝那样"大杖则走,小杖则受",绝无"正当防卫"之说。而法理派则认为:"国家刑法,是君主对全国人民的一种限制。父杀其子,君主治以不慈之罪;子杀其父,君主治以不孝之罪",才"方为允平"。

至于第二百八十八、二百八十九两条,即无夫奸罪应否入律及如何入律的问题,当日新旧双方在议场内就此问题进行激辩,竟然有十八次因议员争抢发言而出现"声浪大作"的情形,不难想见辩论的激烈程度。辩论终结后,会场(在场议员共119人)以投票作决定,结果支持无夫奸定罪者(投白票)有77票,反对者(投蓝票)只有42票。新派不服,又进行第二次投票，表决无夫奸罪是列入刑律正文还是《暂行章程》，"白票党"仍得61票险胜（3票的优势）。投票结果反映了颇多的事实：首先，认为无夫奸有罪者要远多于反对者，差距有35票之多，表明在场的大部分议员支持劳乃宣适当保存少数礼教条文的做法，而新派传媒所大肆宣扬的新派占优的前述报道并不确实，甚至可能因此促进了劳乃宣一方的团结。其次，在第二次的投票中，投白票议员有所分化，导致支持入刑律正文和支持入《暂行章程》者大致旗鼓相当，证明折中新旧的取向在议员间还有相当的吸引力，甚至有时成为关键的少数，也不排除某些白票议员愿意屈从于外交需要而做出让步。再次，白票议员中"民选""钦选"议员各半，蓝票议员中"民选""钦选"的比例为二比一，突破了"民选"（"民党"）和"钦选"（"政府党"）的分野，呈现出"民党大为分裂，而政府新进与民间新派乃不期媾和"的现象。事后，蓝、白票议员各自加紧联络，商讨应对新刑律案的后续事宜。汪荣宝在十月本有组党行动，而且跨越"民选""钦选"的界限，意图为政府施政保驾护航。不过，汪荣宝对于无夫奸条文与政府的折中立场不同，而是力主从《暂行章程》中删除之；此时眼见资政院表决受阻，遂决定联络蓝票议员，退而求其次，重新支持政府原案，终获得成功。白票议员一方似乎也有所行动。《时报》消息称："白党要求伦议长勿奏新律总则，枢臣联络白党，皆是附和劳乃宣之顽陋一派，近且运动白党，早日组成政党。"

自宣统二年十一月初一日（1910年12月2日）开议，会场内外论辩甚炽。十一月十一日，劳乃宣提出修正新刑律案，联署者达105人，其修正的内容包括两条又一项，移改两条，修复一条，增纂八条又一项。十二月初六日会议，移改"对尊亲属有犯不得适用正当防卫例"，用起立法表决，赞成者少数，未通过。初八日会议，移改"和奸无夫妇女罪"一条，用记名投票法表决，以睿亲王、庄亲王、顺承郡王等赞成者77人投白票，沈家本、汪荣宝、陆宗舆等反对者42人投蓝票之结果通过。最终，资政院仅决议总则，未及分则，即告闭会。宣统二年十二月二十五日（1911年1月25日），上谕裁定前案分歧，着将新刑律总则暨《暂行章程》先为颁以备实行。

　　双方在资政院展开辩论，并付诸投票表决。舆论对此抱有浓厚兴趣，北方重要报纸《国闻报》公开报道称，沈家本与劳乃宣"意见大忤"。在这场争斗中，劳乃宣作为礼教派的代表人物，并不反对变法修律，认为"穷则变，变则通"。"今天下事变亟矣……官司无善政，士无实学；刑不足以止奸，兵不足以御侮，而数万里十数国之强敌环逼而虎视。创闻创见之事，月异而岁不同。""犹拘于成法以治之"，则"鲜不败矣"。故，"法不得不变者，势也"。他认为：

> 　　法律何自生乎？生于政体。政体何自生乎？生于礼教。礼教何自生乎？生于风俗。风俗何自生乎？生于生计。宇内人民生计，其大类有三：曰农桑，曰猎牧，曰工商……风俗者，法律之母也，立法而不因其俗，其凿枘也必矣。中国，农桑之国也，故政治从家法；朔方，猎牧之国也，故政治从兵法；欧美，工商之国也，故政治从商法。

在劳乃宣看来,社会的秩序,历数千年而逐渐形成,其复杂性超出人们的想象,罔顾风俗民情,遽行新法,可能产生不良的连锁效应。

最终,这场争论,以法理派的妥协退让而草草收场,新刑律后附上了五条附则,称《暂行章程》,规定了无夫妇女通奸罪,对尊长有犯不得适用正当防卫,加重卑幼对尊长、妻对夫杀伤害等罪的刑罚,减轻尊长对卑幼、夫对妻杀伤害等罪的刑罚,以符合清政府发布的上谕中"凡我义关伦常诸条不可率行变革"的宗旨。

尽管劳乃宣和杨度在资政院针锋相对,而两人私底下的交情仍然不薄。在劳乃宣离京赴江宁提学使的宴会上,杨度即席赋诗以赠:

> 默默东风上柳条,入春诗思尚寥萧。
> 花间远见西山翠,树里回瞻北阙高。
> 各有胸其医薄俗,岂因言论失亲交。
> 清秋此地丛黄菊,待尔重来共浊醪。

一百多年前的中国,面临"三千年未有之大变局",法理派移植西方法律,于建立中国现代法律制度功不可没。而礼教派主张的立足本土、肯定中国古代法律价值的立法则是清末特定历史时期的产物。说到底,这是双方选择的法律制度的碰撞,也是不同法律思想之间的碰撞。

第二十四章　革命以后说共和

宣统三年（1911），辛亥年，开启了中国历史上一段动荡激变的岁月。

这年春天，立宪派恳请朝廷召开国会的活动达到了高潮，朝廷眼看民情激愤，难以收拾，为了避免引起激变而生意外，只好下诏缩短立宪时限，决定于1913年召开国会；为了让立宪派早些见到朝廷的行动，进而宣称于1911年4月改组军机处为内阁，以庆亲王奕劻为内阁总理大臣，那桐和徐世昌为副总理大臣……

十月，劳乃宣以江宁提学使简授京师大学堂总监督；十一月，兼署学部副大臣。此时，辛亥革命已经在武昌爆发，十月二十八日，清廷议和全权大臣袁世凯的代表唐绍仪，与民军总代表伍廷芳、湖北军政府代表王正廷在上海英租界市政厅举行了首次和谈，决定各处一律停战。之后，直至十一月十三日，南北举行了五次会谈，商定清军后撤、速开国会以决定政体，并涉及清室优待条件等重大内容。在此期间，十一月初十日，十七省代表在南京选举孙中山为中华民国临时大总统。眼看总统职位落空，袁世凯便改由自己直接和伍廷芳谈判。在孙中山多次承诺让出临时大总统一职后，袁世凯开始转而向清廷施压，逼迫清帝退位。几经交涉，清室的优待条件终获南北双方同意。鉴于南方各省相继独立的现实，也鉴于全国军民趋向共和的心理，更鉴于清廷财政濒于绝境的现状，隆裕太后被迫同意清帝退位，并于十二月二十五日颁布退位诏书。

在风雨飘摇、朝代鼎革之际，京师大学堂的秩序十分混乱。宣统三年（1911）十月，劳乃宣由江宁提学使转任京师大学堂总监督。此时的大学堂人心大震，学生和教习都无心上课，清廷为稳定人心，维持局面，由学部通令大学堂照常上课。该通令称："现在武昌事起，伪言风闻，几无日无之。其实沿江各省有事之说，皆系谣传，各省官电，均称安静。即武昌之事，大兵已过信阳，火车尚通，寻将抵汉。海军兵舰，亦经到鄂，开炮攻城声势甚盛……乱事当可敉平。此时人心不靖，尤贵镇定。且徒事忧惶，亦属无济于事。所在学堂学生，习知世务，动为人则，亟须照常上课，加意坚定，慎勿轻信浮言，致滋纷扰。……其各学堂监督、学长，以及兼管各员，为学生师表，尤不得随意旷课，以致学生无所事事，妄生念虑，斯为至要。"

然而，随着各省起义消息频传，诸多大臣请假以避繁难。资政院总裁世续、内阁协理大臣那桐、内阁总理大臣奕劻、内阁协理大臣徐世昌、直隶总督陈夔龙、度支大臣严修、法部副大臣梁启超、学部副大臣刘廷琛等都先后请假。而大学堂内的教员、学生请假回籍者已居多数，以致不能上课。身为总监督的劳乃宣自然难以集中精力处理校务，乃以病为由上折："臣年力就衰，体孱多病，曾患怔忡，有触辄发。前因感冒，牵动旧疾，两次奏蒙赏假十五日，假期届满，勉强销假到部任事，不意稍为劳动,又复举发,较前更剧,心悸不安,精神恍惚,遇事辄忘。自揣精力万难支持,与其勉强恋栈,贻误要公,何如据实上陈,乞赐天恩。念臣年届七旬,分应致事,俯赐开去大学堂总监督之缺,并署学部副大臣之任,准予归田,安心调理,则此后犬马余生皆出自圣明之赐也。"此时,他的辞职也是唯一的出路。同时,他向学部呈报:"学堂虽现在停课,而尚有日行事件,并有款项出入,不可无以经理。查本学堂总庶务提调刘员外经绎(字伯绅,江西人)熟悉情形,办事谙练,堪以委托视事。除照会并牌示外,为此咨呈大部请烦查照施行。须至咨呈者。"他对于自己的接替人选也做了妥善的安排。

宣统三年(1911)的冬天,在政局混沌、未见明朗之际,对于君主和民主立宪,劳乃宣热切地关注此一形势的发展。他倡议君主共和,反对当时热议的民主共和,遂撰《共和正解》以阐明其立场。其曰:

> 夫君主立宪,有君者也;民主立宪,无君者也。古之共和,明明有君,乌得引为无君之解哉?今天下竞言共和矣。若依共和本义解之,则今日颁布之君主立宪政体,正与周之共和,若合符节也。……皇上幼冲,专心典学,用人行政,均责成内阁总理大臣、各国务大臣担负责任,非所谓公卿相与和而修政事哉!是今之朝局,乃真共和也,共和之正解也。若时人之所谓共和乃民主也,非共和也,共和之谬解也。……
>
> 若夫正解之共和,则君主居正统之名,以镇服天下之人心。政府握大权之实,以担负行政之责任,又有国会处于监察之地位,

使不致有跋扈之虑,有周召之事功,无伊霍之流弊,非今日救时之要道哉?吾愿今之言共和者,恪守正解,以维君统而奠民生,勿为谬解所误,致蹈无君之愆,而贻民生之戚,则幸甚矣。

劳乃宣认为,君主立宪保留了君主的实权统治,而民主立宪则是改以人民为主体,废除君主的统治。相较于古代的共和概念,其实是有君主在上,何以要解释成没有君主才对?然而,清末民初政权交替之际,有识之士争相谈论共和。依劳乃宣的看法,共和的本义便立基于今日的君主立宪政体,其情况正好与上古周代的周召二公辅政一致。退位的清朝皇帝尚属年幼,宜留心于典章制度的学习,对于举国的人事行政可以交由内阁总理大臣、国务大臣等人负责,君主仍然握有实权,他认为这样的政局才是真正的共和,也是对共和的正确理解。

反观当时人们所谈论的共和是民主共和,其目的是要废除君主,劳乃宣认为这不是共和的概念,反倒是误解了共和之意。实际上,在劳乃宣的观念里,所谓正确解释的共和概念,不仅有居于正统的君主,得以威震天下之人心,另有政府专责于行政工作,同时又有国会监察之责,在双方相互抗衡之下,不容有跋扈之怠慢。如同古代有良臣周召二公辅政,而无重臣伊霍干政之弊,这才是今日拯救时局的要道。劳乃宣这样的宣示与坚持,就是为了极力维护君权的统治,以利国计民生。他担忧世人为"谬说"所误导,而假使真的废除了君主,恐将贻害人民的福祉。显然,劳氏的这些言论有违于当时极欲推翻封建君主的革命思潮。

第二十四章 革命以后说共和

1914年，劳乃宣又撰《续共和正解》，倡议"还政清室"，并请徐世昌将《共和正解》正续两篇及《君主民主平议》转呈袁世凯，致使国内舆论哗然。劳乃宣在《续共和正解》中以主客问答的方式立论，其曰：

> 客有语予者曰：子作《共和正解》于辛亥之冬，其时革命之风方炽，而子谓特为少数无知妄人所煽动不轨，军队所劫持。昧者不察，遽谓民主之制可以实行，其实民主之制断不能行于中国。……今民主制实行三年矣。此三年中，变乱百出，子之说若烛照而数计，是子洵有先见也。……客曰：项城之心，实未尝忘大清也。革命变起，四方响应，专用兵力，诛不胜诛，故不得已而出于议和，而议和之中，首重优待皇室。其为临时总统之时，于革党犹不免迁就之辞，于大清帝后备极尊严，且将优待条件列入约法内，其不忘故君，实为众所共见。特限于约法，不能昌言复辟。幼主方在冲龄，不能亲理万几，亦无由奉还大政，故不得不依违观望，以待时机也。曰：信如子言是项城实有不能告人之苦心也。

劳乃宣认为，民初实行三年的民主制度成效不彰，政局仍然动乱，究其原因是地方军阀与派系皆争相夺取大总统之位。倘若继续实行此一制度的话，势必引发各地豪杰争权夺位，匪寇群起扰乱，使得政治更加动荡不安，以此直接否定民主制不适合在中国实行。同时，劳乃宣也提到，袁世凯是迫于革命党形势而倡议共和：在担任临时大总统期间，袁世凯对清朝帝后仍是尊崇拥护,不忘故国君主;然而受到《临时约法》的限制便无法直言复辟,加上清皇室继位者溥仪年幼,虽无法亲自掌权,也无须奉还大政;两相权衡之下,袁世凯实有不可告人的"苦心"。是以劳乃宣在《君主民主平议》中除了褒扬袁世凯尊崇清室之心外,更以"复辟旧朝"与"总统自帝"极力劝说袁世凯,欲以达到复辟的目的。其曰:

> 是则民主之制之不适用于中国,已实行试验,彰明较著,不容讳言矣。长此不变,将来总统之攘夺,必同于今之南美。宇内之扰乱,必甚于昔之六朝五代。生灵涂炭,恐非百余年所能已也。哀我下民,何辜罹此。然则欲救此祸,非复帝制不可乎!其复帝制也,复辟旧朝乎!总统自帝乎!

由此可见,劳乃宣大力抨击民主制度的实行,认为这将导致未来总统的争权,致使国内局势陷入如同南美洲动荡的政局;若是不改变,国内的纷扰恐陷入犹如六朝五代的局面,生灵涂炭,贻害百年。是以劳乃宣认为,要救国图存,必须恢复帝制,也就是使清朝复辟,总统自称为帝即可。然而,劳乃宣这样的言论在后来局势的演变下是不合时宜的。之后,袁世凯迫使宣统皇帝逊位,情势骤变。除了有复辟的言论之外,劳乃宣也曾参与复辟活动,此事记载于他写给罗振玉的书札中。其曰:

> 国中大局奇变迭生,今夏复辟之举,一梦华胥,尤堪痛惜。足下远得传闻,当必知其梗概,慨喟之情愫必同之。……六

第二十四章 革命以后说共和

月中,曲阜令来说接到山东检察厅公文转奉京师总检察厅电文,以复辟嫌疑名捕十二人,贱名亦在其列。秘以相示,劝之出走,不得已复来青岛。前岁来此乃德人尉君相招,适馆楼容为讲孔孟之道,战时去之。战后尉君以未服兵役得免干涉,仍开学校,重见欣然,愿以校舍闲屋见假居家,俾仍续理旧业。

事实上,张勋复辟仅让清帝溥仪在位十二天便告终止,这对于谋划此事的人而言,可谓是一场幻梦而沉痛不已。

1914年,劳乃宣又以《续共和正解》一文行世,公然向袁世凯提出还政于清室的具体方案:定宪法之名为"中华国共和宪法";定国名为"中华国",不称民国;定纪年为"中华国共和纪年",不用民国纪年,"以共和纪年,乃周召共和旧制,今依用之,正以表君幼不能行政,公卿相与和而修政事,亦犹行古之道也";等到共和十二年,宣统皇帝十八岁时,袁世凯十年总统任期已满,就可以还政于清室了,即所谓"依周之共和十四年,周召还政于宣王故事也";还政后,"宣统封袁王爵,世袭罔替,以报勋劳"。可以看出,劳乃宣极为巧妙地避开了帝制和种族的问题。他的最后理想和计划,依然重申旧说,乃希望袁世凯任职总统届满十年后,采取周召共和方式解决目前的政治困局,还政于溥仪。他的内心系以日本德川幕府还政于明治天皇为例。

劳乃宣还将此文与《共和正解》合印成《正续共和解》一册,后又加入《君主民主平议》一文,分赠遗老旧臣,宣扬"民主之制万不能行于中国",鼓吹清室复辟。

从上述两篇对共和的意见,可以了解劳乃宣反对施行民主政治，是他最为根本的态度。他尝试诠释这一古老名词，让它回归君主制度，并借以建立其正当性。质言之，劳乃宣多番不遗余力写文章的目的，是要以今世名称行古代实事，用他自己的话来说，就是让政治"外无更张之显迹，而内有默运之微机"。

而对于自己的主张，劳乃宣将上述书籍托徐世昌、赵尔巽转呈袁世凯，甚至刊印广发给罗振玉、周馥等遗民，希望能够得到回应。有不少遗民即对劳乃宣的意图深表赞同，如他的好友章梫（号一山）就是同样的想法。章梫认为中国人口众多，倘使援用西方民权共和之法治理，恐将多致骚乱。他认为人多必无定见，是故认定"选举之害重于世及"。因为"世及"虽属一姓的家天下，然而经法守常不变，尽可相安十世，甚至数十世之久；但是一旦改制专言民权，事事皆由选举产生，任期短迫堪虞，反倒不利中国。因此，章梫认为劳乃宣以周召共和诠解现今局势，可使名分确定，不啻最佳的办法。

劳乃宣的《共和正解》一经行世，即引此发各大报章大肆讥评。劳乃宣记载此事如下：

> 有报绘一老者发辫后扬，手捧一牌，大书万万岁，向宫门而趋，而宫门半掩，内出两手作摇状……而指曰：劳而无功。忆庚戌在资政院争新刑律时，报纸画一翁，伛偻担两巨石，一书礼，一书教，亦题"劳而无功"四字。见谤反以见重，何后先符合，如是，亦足见报馆意识之陋矣，率成一律，以志愧幸：
> 无功莫漫笑徒劳，华衮真成一字褒。
> 精卫口瘏终奋翼，杜鹃血尽尚哀号。

第二十四章 革命以后说共和

昔年礼教双肩重,此日天阊万仞高。
写出孤臣心上泪,画师谢尔笔如刀。

几篇文字任讥诃,知我奚如罪我多。
试问班家王命论,并时识解果谁何。
——作《正续共和正解》《君主民主平议》印行时论大哗

劳乃宣的主张既与时代渐行渐远,而他也在人们的选择性记忆中,成为一个被忽视、被湮没的人。

第二十五章　遁迹涞水设私塾

从1911年11月至1912年1月,劳乃宣担任京师大学堂总监督一职,历时不足90天。

当时,由于浙江宣布独立,他回不了家乡桐乡。在总监督任上告假期间,他便先去了一趟直隶涞水县车厂村。三十多年前的1877年,劳乃宣奉藩司之命,认真查办了礼王府圈地案。所以,要选择一个地方隐居,车厂村成了他的第一选择。一进村,劳乃宣就遇到一位白发老者,他问劳乃宣从何处来、姓什么。劳乃宣答道:从京师来,姓劳。老者说道:当年有一位劳委员来我们村处理过礼王府占地案,不知道你跟劳委员是什么关系?劳乃宣告诉他:就是我本人。老者听闻立即欣喜若狂,大呼神仙自天而降,劳委员就是我们的神!三十年前的那桩冤案发生时,全村村民都觉得官官相护,不可能会赢这场官司,哪承想劳委员为民做主、伸张正义。事情过去三十年,村民还念叨着劳乃宣的恩情。老者便带他到自己家中,儿女们纷纷拿出烙饼犒劳他,又带他去看当年引发纠纷的田地。劳乃宣望着远山点点、鸿雪痕峰,恍若进入梦境。村里的老人知道他来了,都赶过来向他谢恩;壮年人则向他说起儿时的见闻。人们知道他想过来避难,纷纷出点子,帮着去看谁家有空房子,谁家还有空

第二十五章　遁迹涞水设私塾

闲的田地，谁家的牛驴可以帮耕种。劳乃宣感觉"此邦俗良厚，足可称里仁"。他本来想居住在这里，只是当地村里的地仍归礼王府所有，所以只借住了七天。而正是在车厂村的一个赛会上，大家在列坐奏乐时，劳乃宣得知宣统皇帝退位的消息，不觉痛哭流涕。村人不解，问起同行，才知清朝已经亡国，所以大家伙的兴致一下子全部消失了。

这七日里，劳乃宣没能看报纸，也听不到外人传言，所以耳根清净。

> 驱车仍访野人居，物外田园见古初。
> 一卧山中刚七日，不知尘世或何如。

1912年2月12日，宣统皇帝逊位，大清王朝走完了268年的风雨，历尽光辉、经历腐朽，从历史舞台谢幕。中国迎来了新纪元。作为清廷遗臣，劳乃宣失去了朝廷的荫护，只能自寻容身之处，最后选择了车厂村相邻的郭下村，向他人典当了二十亩田地，过起了世外桃源的耕读生活。

劳乃宣离开京城时，他的学生、在京师大学堂任教的刘富槐送其出京，并写下一首诗：

> 燕山愁黛失青苍，去国情怀泪数行。
> 此日王官犹有谷，他年畏垒逢成乡。
> 篮舆浑欲随陶令，柱石终须问伯阳。
> 弭策城西劳怅望，宵来有梦绕沧浪。

与此同时，劳乃宣在桐溪书院的乌镇学生卢学溥也自京城来看望他，两人促膝长谈。劳乃宣对他说：清廷确实有灭亡之道，但这样一乱，恐怕得有百年时间。劳乃宣忧形于色，两人不禁长叹不已。

刚到郭下村，劳乃宣的同治十年（1871）进士同年翰林院庶吉士、都察院左都御史张曾敫也在涞水，当即来访，两人见面不禁唏嘘。而远在北京的刘富槐又数次前来看望，这使劳乃宣十分感动，为此他专门写了一首诗，称刘农伯过访郭下，谈论甚快，别后有诗见寄依韵答和：

晓月犹悬玉一弯，蓬门无客昼常关。
故人方喜骑驴到，邻叟俄逢弭策还。
世事共悲渊底日，乡心对语梦中山。
何时双桨桑阴下，与子追随十亩间。

故乡学稼堂的风情始终萦绕在这位古稀老人的心坎上。

劳乃宣的夫人孔蕴徽已于光绪十四年（1888）因病去世，两年后，他重新纳了妾，姓牛，但也只过一年即病故。光绪十八年（1892），劳乃宣五十岁时，纳潘氏为妾。这潘氏是乐陵人，原先也是大户人家，因为遇到灾年，被卖入阳信劳乃宣的族兄劳步斗家中为婢，后来又随劳步斗的女儿出嫁而赠予马氏。这马氏虽是农家，但也是读书人家，由于潘氏出身大家，又是小家婢女，所以有旧家遗风，而无富贵习气。潘氏从劳乃宣在吴桥知县任上随其共同生活，将近二十年来，也曾享受过荣华富贵，

第二十五章 遁迹涞水设私塾

在桐乡的新居也享受了几年富足生活,而一下子跌入生计艰难的境地,却也能安贫乐道,勤劳操持家务。为此,劳乃宣为她写了一首词:

  定国南迁有寓娘。此心安处是吾乡。清风千古远相望。晴陇新霜朝馟薯,寒厨夕照晚炊梁。蓬门还胜绮罗香。

初到郭下,劳乃宣无以为生,靠着典当他人的二十亩土地,自己学习如何耕种,但仍不足以支撑开支,有时还得靠故乡出租房屋以接济。因村人子弟多来请教,为此他设立私塾,取名"括囊私塾"。"愿为童子师,执卷故业温。"他喜欢这样的恬静生活,也安于这样的现状。当时,仍在故宫生活的宣统的毓庆宫侍读缺人,陈宝琛、宝熙几次邀劳乃宣担任,但他均以年老体衰为由婉辞。

在郭下,劳乃宣租住在涞水望族赵炳华家,与赵家相交融洽,也与其儿辈赵钤之、赵秀之、赵湘帆、赵益铭、赵华甫等关系密切,尤其与赵钤之关系最为相洽。这赵家人,作为耕读人家,"持己一以正,与人一以诚,教子孙一以厚,持家治生一以勤与俭"。门庭整洁,幼稚恭敬,秩然萧然,家中无城市之华嚣,也无乡村之鄙陋,与人交谈没有一语不合乎仁义之道。经过一年多的时间,劳乃宣和赵家结下深谊。

而在涞水,劳乃宣还意外遇到了一位精通算学的赵先生,名曾栋,字隆之,号杏楼。他的父亲赵文濂原是正定府的教授,而赵杏楼生而颖悟,于书无所不窥,爱好术数之学,尤其精于算术，竟然自己造了一个推步器，且做得很精巧。咸丰已未中举后，只是在书院从事教职，后来分发到河南代理孟县知县，但只做了三个月即以家中父母年老要求告归。赵杏楼先生后卒于家中，留下了数部数学书稿，如《四元代数通义》《代数摘要》《八线三角推算》等书。劳乃宣看到这些书稿后觉得"心向往之"，"而算学融合中西尤有功于畴人"。

劳乃宣在桐乡的孙子元裳给祖父来信，信中说：南方天气晴和，家中梅花已经盛开，新种竹子即将生笋，手植杨柳已经长大。这又勾起了他对学稼堂美好时光的回忆，于是他写下一诗：

雏孙小简远封题，报道庭梅放已齐。
旧种垂杨条指地，新栽修竹笋穿泥。
南陔日爱东风暖，朔塞云瞻北斗低。
读罢油然动归思，几时花下手重携。

回到故乡桐乡与家人团聚仍然是劳乃宣最大的梦想。

那年，乌镇首富、与劳乃宣同为青镇东栅人的光绪二十年（1894）举人徐棠（号冠南）手持《颐园永怀图》请劳乃宣作诗。出于乡情，劳乃宣便欣然作诗一首：

台沼新营旧锡名，一丘一壑宛生平。
涧中鱼藻今追养，槛外莺花昔主盟。
济美敬君堂构志，披图动我梓桑情。
便思蓑笠乘波去，双桨青溪画里行。

家乡乌镇的美景俨然在这位七旬老人的心里深深刻下了印记。而桐溪书院学子、乌镇卢学溥的多次到访，多少使这位古稀老人有些慰藉。

七月二十五日，他收到一封来自青岛周馥的来信，信中说："可就德儒尉礼贤之聘，而与于晦若、刘幼云、张楚宝诸兄闻之甚为欣舞，惟此事乃中外人士保存孔教之意，所需建筑藏书楼及岁月译膳各费，尚未筹足，而尉君等亟欲早就……阁下携家眷莅此，每月薪米房租，不无耗费，究竟月需若干，敬候复音，以便会商筹措，俟有端绪再请命驾莅止，庶免仓猝不周，有失礼待之意……"收到信后，劳乃宣的心境大好。正好赶上他的七十岁生日，以前的同僚徐坊（楼樵）邀请他和儿子劳健章一起去游览韩家岭，在临黉别墅住了几天。他不禁回忆起十年前六十岁生日，自己的兄弟、子侄辈与樊芥轩、金月笙、金谨斋兄弟、胡绍篯等会饮于西湖边理安寺的情景，不禁感喟！

1912年12月，袁世凯政府的教育部筹备国语统一的办法，拟召开读音统一会，聘请吴稚晖主持此事，而此时简字运动的旗帜性人物劳乃宣自然成为读音统一会希望选聘的会员。1913年年初，吴稚晖亲赴涞水拜访了劳乃宣，而劳乃宣则婉拒了吴稚晖的邀请。尽管劳乃宣迫切希望改革汉语言文字，把富强国家的愿景寄希望于此，也急切希望汉字能化繁为简、扫除普及教育的障碍，这也正是劳乃宣为之倾力十年的事业，但自己是大清的遗臣，民国政府召开的会议是断不能参加的。之前，他曾经致函袁世凯，婉拒了其以参政召见，并退还其赠送的川资六百元。1913年2月，读音统一会开幕，吴稚晖当选议长后，劳乃宣致书吴稚晖,并邮寄了自己的《简字谱录》《等韵一得》《简字从录续编》等以示支持。

1913年秋,寓居郭下村一年有余的劳乃宣终于完成了《等韵一得补编》。从癸未(1883)作成《等韵一得》,至戊戌(1898)刊成,十余年来,他多次删改,"不敢自信其中一定无憾之处","见闻之所积,思索之所浚,友朋讨论之所启发,时时有新意之萌回"而又发出"他日或又有所发明,此篇又为筌蹄"的感慨。

第二十六章　两赴西陵奉安祭

1913年，已是清帝退位的第二年。光绪帝在位虽然长达三十四年，但生前并未勘定"万年吉地"，也没有营建陵寝。在1908年光绪帝去世后，清廷才委派大臣择定易县西陵的金龙峪为崇陵陵址。1909年春，崇陵破土动工，但工程一直未完成。辛亥革命后，清王朝被历史"无情"地抛弃了。根据《优待清室条件》，崇陵由民国政府拨款继续营建，直到1913年12月竣工。

1913年2月22日，光绪帝正宫隆裕太后病逝。袁世凯通令全国下半旗，文武官吏服丧27天。尔后，隆裕太后梓宫奉移西陵"暂安"。4月12日，七十一岁的劳乃宣自涞水赶往崇陵，借此机会与其他同道相晤，和遗老梁鼎芬、张曾敭等换上清朝臣子的袍褂，在灵前行三跪九叩礼，都伏地痛哭，泪如雨下。民国政府派出以内务总长赵秉钧为首的使团前往致祭。梁鼎芬、劳乃宣看到外交总长孙宝琦（梁鼎芬的老友）穿着西装行三鞠躬礼。梁鼎芬径直走上前去，指着孙宝琦的鼻子问："你是谁？你是哪国人？"孙宝琦被问得一下怔住了，急急巴巴说："节庵，勿恶作剧。"梁鼎芬手指哆嗦着，指着孙宝琦说："你忘了你是孙诒经的儿子，你做过大清的官，你今天穿着这身衣服，行这样的礼，来见先帝先后，你有廉耻吗？你是个什么东西？"劳乃宣跟着过来,在一旁帮腔道:"问得好!你是个什么东西?"这一唱一和的斥骂叫嚷,引来一大群人围观,把孙宝琦吓得面无人色,连忙低头认错。归来后,劳乃宣赋诗二首,以抒发对光绪皇帝的无限思念。

> 同拜桥山閟殿寒,遗臣老泪各汍澜。
> 五陵佳气犹葱郁,莫作冬青一树看。
>
> 征尘才拂又星驱,千里攀髯拜鼎湖。
> 重咏昭陵工部句,空余流恨满山隅。

当年11月,崇陵营建完工,光绪帝与隆裕太后奉安崇陵,11月16日为光绪忌辰。当时大雪漫天,冰冻三尺,劳乃宣从青岛出发再往崇陵。刚至宫门,遥望数十丈外的飨殿,劳乃宣情不自禁,匍匐陵下:"呜呼!孤臣来叩先皇陵殿!"还未跪拜,早已哽咽不能自已,九顿首后,跪在地上失声痛哭。边上两卫士,看到也不禁愕然而动容。其情其景,颇为感人。劳乃宣借此,希望自我心境能得到抚慰,又能寻求到和自己政治认同一致的同志;更借此传达故国思念。当时,他记下了到陵人数,一共一百六十余人,并将名单抄录给远在日本的罗振玉。

> 卖卜遗臣海角来,采薇故老出林隈。
> 齐挥顾叟昌平泪,风泻松涛万壑哀。
> ——京外各处旧臣自来陵次行礼者一百三十余人。

第二十六章 两赴西陵奉安祭

尊俎将将一座寒，盈庭黼黼尽殷寇。
何期沧海桑田后，暂得威仪睹汉官。
——安后行虞祭礼群臣皆蟒服从事。

劳乃宣环顾四周，发现曾经权势熏天的庆亲王奕劻及其子载振都没有出现，便仰天长叹："奕劻上哪里去了？载振亦不来。像这种东西，天理良心，实在丝毫没有，前清用此等臣子，焉得不亡？"而梁鼎芬突然号啕大哭，赖在地上大声叫嚷着不想出去，要为先帝殉葬。后来，大家只得七手八脚将他强行背出地宫。

梁鼎芬参与了奉安崇陵，为崇陵工程劝募巨款而四处奔走。他在琉璃厂订制二百只瓷瓶，命家人在崇陵取雪水装瓶密封，亲自到各清廷遗老和旧臣府上赠雪并化缘，痛说崇陵窘况，乞得善款，全部用于采购松柏树苗，植于崇陵，日夕荷锄浇灌，成活者达十余万株。

为此，劳乃宣作诗《梁节庵种树崇陵以岁暮大祭馂余饼饵见寄感赋长歌却寄》：

鼎湖龙去山河改，抱弓独有遗臣在。
筑室三年不忍归，桥山亦植洙泗楷。
宫莺百啭回春阳，尧城昼闭无冠裳。
路门晨趋臣一个，殷家黼黼何跄跄。
寝园荐罢颁余馂，梅驿迢迢远相饷。
拜受还先正席尝，岁寒薇蕨堪同进。

辉胞翟闽共沾惠，凄其泪洒红绫润。
嗟予去国中心摇，舥棱回首琼楼高。
石门玉殿更何许，遥思松柏风萧萧。
枉自江湖怀魏阙，无复承明肃绅笏。
未效龚生膏自销，却笑陈琳矢空发。
耿耿难忘向日衷，垂垂徒剩侵霜发。
羲轮西望沈虞渊，翠微想像烟云间。
孤臣憔悴在天末，莫由泥首随鹓班。
烦君代告瑶坛下，鉴此微诚一寸丹。

而对于劳乃宣，梁鼎芬深知他日子过得艰难，非但从未向他筹取款项，相反，每年的崇陵祭祀，都会将供品邮寄给他。在现存的劳乃宣的书信中，梁鼎芬的书信共有十九封，基本上都是谈崇陵与供品。如：

1914年9月19日，梁鼎芬在光绪帝后隆恩殿随同行礼分得祭品寄与劳乃宣。

1915年1月2日，梁鼎芬在崇陵岁暮大祭后，将祭品和生晒荔枝干一罐寄与劳乃宣。

1915年1月17日，梁鼎芬致信劳乃宣，谓孝定皇后二周年，分得祭品一件给劳乃宣，另将祭品一件转交刘潜楼。

1915年8月2日，梁鼎芬将梁格庄的特产三种——大菌晒干、松蘑、生胡桃寄与劳乃宣。

1916年2月13日，梁鼎芬去函劳乃宣，谈到自己选择二月初九日于崇陵栽树，前后三年不交地，故测绘图成又呈内务府

第二十六章 两赴西陵奉安祭

决定吉期,丝毫不敢有失等语。

1916年2月,梁鼎芬将自己恭谒东西陵的概况向劳乃宣作了通报:正月二十四日,到马峪恭谒孝陵、孝东陵、昨陵、裕陵、定陵、定东陵;二十五日,则恭谒昭西陵、惠陵、东九陵;二月初一日至崇陵朔祭;二日,又恭谒崇陵;四日,再谒泰陵、泰东陵、昌陵、慕陵等,称两陵树木皆得瞻仰,东陵茂盛,惠陵四十年葱茏。

1916年4月15日,为孝定皇后服阕之辰,梁鼎芬随贝勒载涛恭诣崇陵,分得祭品寄与劳乃宣。

1916年10月21日,梁鼎芬去信劳乃宣,谓崇陵大功告成,今日先帝忌辰,奉安后第一次,隆恩殿致祭后所得祭品谨以奉寄劳乃宣。

在劳乃宣寓居涞水时,梁鼎芬曾去信,谓:"寒霜被野,永夜相思,何处逢君一申积愫邪?"

1917年7月16日,梁鼎芬去信劳乃宣,恭诣崇陵行礼,此为逆臣袁世凯伏诛后第一次,在其趋入隆恩右门后,浇树一周四庐,吃素一日,将祭品寄与劳乃宣,谓:"山中已秋,相思何极?!"

1917年10月21日,梁鼎芬因昨日光绪忌辰,崇陵大祭,与林纾、毓廉随班,所得祭品又寄与劳乃宣。

在梁鼎芬入值毓庆宫时,他自感不称,故去信劳乃宣,请"时时教之,盼甚感甚"。

1917年11月间,梁鼎芬寄信给当时的法部尚书劳乃宣,谓:"相思相望不得一见,想同同也琴书同……"

1918年1月17日,梁鼎芬将岁暮大祭时率独子学赟一同随班等情形相告劳乃宣,又将自己为孝定景皇后三周年之际崇陵大祭时所得祭品奉寄劳乃宣,称"公何日到曲阜,相念万分"等语。

1918年3月3日,梁鼎芬赴清明崇陵大祭,与林纾、毓廉一起随班,将祭品寄与劳乃宣。

1918年7月,梁鼎芬将溥仪的御制诗照片一叶及陈宝琛的一首诗寄与劳乃宣。

两人意气相投,为此劳乃宣还诗题梁节庵韵:

忠诚耿耿九重知,翰墨寥寥进世思。
展卷已成殊代宝,挥毫想见中兴时。
空留和相传衣笔,忍诵樊侯补衮诗。
剩水残山图画里,虞渊捧日更谁其。

第二十七章　婉拒慰亭任参政

袁世凯与劳乃宣相识于光绪二十五年（1899）十月，当时袁世凯刚刚赴任山东巡抚，刚一上任，直隶吴桥知县劳乃宣即前来谒见，并将自己的六条意见相陈。袁世凯不仅高度赞赏且全盘接受，让当时四处碰壁的劳乃宣看到一丝希望。为此，事后在吴桥遭到义和团围攻时，当时天津路阻，需用枪支，劳乃宣只能南下山东向袁世凯求救。此时的袁世凯慷慨地赠予其洋枪三十支，弹药一千发，同时发还前期所借二百两银圆，使得劳乃宣铭感无涯。

对于袁世凯来说，"二次革命"的失败是一个好消息，他借着军事打击国民党的机会，将南方各省纳入了北京政府的统治范围。同时，他调整中央政权，将因"宋案"而声名狼藉的赵秉钧一脚踢开，把共和党、统一党、民主党三党纠集成一个进步党，任命该党的熊希龄为总理，组织了一个包括梁启超、张謇等"名流"在内的"第一流人才内阁"。

这个由一群书生和一群袁氏嫡系军阀政客混合而成的内阁很快被袁世凯控制。1913年9月，袁世凯又策动十四省的都督要求选举总统，由国民党和进步党组成的国会手无寸铁，被迫同意。10月6日，袁世凯借口保护国会，把大批的军警派到了

国会大门外,将其团团围住,并纠集一帮便衣民警、地痞流氓在外充当所谓"公民团"。这场儿戏般的选举过后,袁世凯爬上了大总统的宝座,立刻翻脸不认人,首先把国民党打成乱党,强迫解散,国民党议员一律被扫地出门。占国会约半数席位的国民党被轰下台以后,国会就达不到法定人数,袁世凯立刻于1914年1月宣布取消国会。既然国会已经不存在,原本的内阁也就没有了利用价值,袁世凯又在1914年2月把熊希龄内阁逼下台。《临时约法》所规定的内阁制至此土崩瓦解。

袁世凯的下一步就是废弃掉那部如紧箍咒一般的《临时约法》。5月1日,在袁世凯授意下修订成的《中华民国约法》正式炮制出台,把内阁制改成总统制,立法权由参政院代行,而参政一律由总统任命,总统可以不经过立法机构参政院宣战、媾和缔约、制定官制、任免国务官员和驻外使节,也有自由行使褫夺恢复人民公权的权力。袁世凯独揽了国家宣战、讲和及订立条约之全部外交大权。在总统府中设立以国务卿为首的政事堂作为办事机构,国务卿则由袁世凯的北洋系亲信徐世昌担任。参政院立刻出台了一部《总统选举法》,规定大总统任期十年,可以无限制连选连任。大总统任期届满如认为"政治上有必要"可以不经选举直接连任,大总统的继任人选也由现任的大总统直接推荐。

1915年8月,担任北京政府宪法顾问的美国人古诺德发表了一篇《共和与君主论》,声称中国"大多数人民智识不甚高尚",所以"中国如用君主制,较共和制为宜"。袁世凯一伙人就抓住这个机会大做文章,宣扬复辟帝制。在袁世凯的指使下,由杨度、严复、刘师培、孙毓筠、李燮和、胡瑛等六人组织了一个"筹安会",打着"学理讨论"的牌子鼓吹帝制,组织各省代表入京讨论"国体问题",声称各省一律"主张君主立宪",为袁世凯称帝创造舆论环境。同时,袁世凯的亲信还纠集一群流氓地痞,组织了一批五花八门的请愿团,到参政院递请愿书。声势已经造足,接下来的戏码就显得更为胡闹。袁世凯指使梁士诒、杨度等亲信将这些七拼八凑的请愿团纠集起来组成"全国请愿联合会",要求召开国民会议讨论"国体问题"。10月,参政院在请愿联合会的鼓噪下,决定召开一次"国民代表大会"来决定国体。12月,用"银弹"收买或者"子弹"威胁选举出的一批"国民代表"新鲜出炉。袁世凯也顾不得"吃相难看",立刻把这些"国民代表"纠集到北京举行国体总投票,所有1993名"国民代表"全部投票拥护复辟君主制,并一致通过"恭戴今大总统袁世凯为中华帝国皇帝",参政院当天就上书"劝进"。

戏演到这里,袁世凯终于感觉有点"过火"了,他假惺惺地退回劝进书。参政院以"一百二十万分"的"诚意"和前所未有的"效率"在当天又拟了一份两千多字的劝进书。次日,袁世凯终于宣布接受帝制。12月31日,袁世凯宣布改下一年为"中华帝国洪宪元年",并准备在元旦登基称帝。

1914年5月初,袁世凯一纸任命文书,任命王巩道、杨守敬、劳乃宣、柯劭忞、王树枏、严复、马良、马其昶为参政院参政。

5月16日,身在曲阜的劳乃宣收到来自袁世凯自北京专差速送的电报一份,电文是致赵尔巽、吕海寰、劳乃宣的,称:国本飘摇,虽大局粗定,道德沦丧,秩序荡然,洪水猛兽,国之存亡,匹夫有责，请速来北京议事。而劳乃宣作为许身清廷的老臣，收到电报后，深感袁世凯并不能成事，虽然当时经济相当拮据，几无来源，但他毅然决然地予以回绝。

过了几天，不死心的袁世凯又派使者登门赴曲阜劳宅，惹得劳乃宣很不开心。

　　门外无端立使车，言甘币重意如何？
　　自惭未学龚生夭，却聘徒传一纸书。

他当即予以口头回绝。

不过几日，劳乃宣收到了国务卿徐世昌的来信，信中写道：

　　奉书以中央参政之任，不欲贵临高则高矣，而于斯世之所以仰待于先生者，未尽愜也，世局扰攘至此，败坏至此，有心人言之每多深痛，今欲力图挽救，以冀渐消疢棘，非广萃贤俊竭精淬虑群策进行，不能稍有起色，而所以整饬纲纪，收拾人心，宏纲巨目尤赖老成精其斟画揆之。仁人利物之素志自亦不应恝然，况项城从者旧谊甚厚，固宜醼蔑，执手而上，谍作巢父，掉头不顾哉，敢布一言，敬希速驾政院，事早繁要，而筹议从容，朝晏休养之候，尽尔宽闲，瀛眷在青，亦可随时往来无虞，瞻顾千祈，惠诺启行有期，并望先示，以慰悬悬之端，复只承道履诸维心鉴。

第二天，一封来自北京的信也到了劳乃宣的手里，他拆开信，

第二十七章 婉拒慰亭任参政

方知是袁世凯的亲笔信,信中写道:

玉初先生执事,久疏尺牍,延企为劳。民国初建,险象环生,世凯以衰朽之躯排百难而不辞者,诚虑璀璨神州载胥及螳螂黄雀环伺者多,不得以赤手空拳支拄艰困,盖三载以来,无日不在卧薪尝胆中也,近虽现状渐有转机,隐患正难指数,所冀海内英哲同以国家为前提,筹蓄艾之方定,徙薪之计,时不可失,悔尚可追,须组织参政院,已告成立,夙审执事卓诚宏谟,万流镜仰,奉约入都参议政务,昔庚子之变,执事不惮苦心标正,论以拯危亡,今人心风俗之坏,甚于昔时,务望移旧学典型,奠新邦基础,幡然就道,勿阕玉音指耆宿以为依归,使国民有所矜式同胞幸福,讵有涯涘,兹遣员敬迓,蒲轮经领,海天莫名瞻企,手达顺颂时绥。

劳乃宣当即回函:

前奉钧电,以参政召,当以衰朽无能,函恳徐菊人(徐世昌)代辞。兹蒙遣员赍到手示,仰荷温谕,敦促并赍以川资,惠以食物,情文稠叠,无任悚惶,乃宣迂旧腐儒,本无知识,宣统三年,即以年力就衰,乞赐骸骨。老迈情形,早在我公洞鉴。数年以来,忧伤憔悴,衰病日增,今已七旬有余,聋聩颓唐,废然无用,何能有补时事于万一。尚乞俯念下情,许辞重任,俾得栖迟海角,以尽余年,感篆之深,实无既极。承赐川资六百元,对使奉璧。食物四色拜登敬谢。

拗不过韧劲十足的劳乃宣，1914年6月22日，袁世凯发布策令，称参政院参政劳乃宣因病呈请辞职，准予其辞职此令。

1916年6月6日，在全国一片反对声中，只做了八十三天皇帝的袁世凯因膀胱结石加重而去世。劳乃宣得到此讯后即作诗一首以讽洪宪皇帝：

婚礼文明簇簇新，一妻一妾效齐人。
忽忽八十三天梦，洪宪既然有后尘。

第二十八章 翻译《易经》播文化

1913年,秋叶飘零时节,在青岛做寓公的周馥向德国人卫礼贤推荐了好友劳乃宣——一个真正的中国学者,由他来引导卫礼贤探讨中国文化和中国精神的深刻之处。在其所著《中国心灵》第十一章《青岛的故人们》中,卫礼贤详细地解释了周馥向他荐师的原因——周馥说:

> 你们欧洲人只了解中国文化的浅层和表面,没有一个人明白它的真正含义和真实深刻之处。原因在于你们从未接触过真正的中国学者。你曾拜作老师的乡村教师,他们也只了解些表面东西。因此毫不奇怪,欧洲人有关中国的知识只是一大堆垃圾,我给你引见一位老师,他的思想真正根植于中国精神之中。你觉得怎么样?你就能翻译各种各样的东西,自己也写一写,中国也就不会总在世界面前蒙羞了。

周馥向卫礼贤推荐了劳乃宣。

卫礼贤(1873—1930),原名理查德·威廉(Richard Wilhelm),出生于德国弗莱堡。光绪二十三年(1897),卫礼贤漂洋过海来到青岛传教。来到中国后,这位年轻的传教士为博大精深的中国文化所折服，便取名卫礼贤。二十七年（1901），卫礼贤接手另一位德国传教士花之安在青岛创建的礼贤书院。辛亥革命后，卫礼贤与康有为共同创建尊孔文社，旨在研究中国文化和向西方译介中国的经典。

事情竟是如此的诡异。劳乃宣来到青岛之前，卫礼贤做了一个梦：

> 我曾经做过一个梦，一位慈眉善目、胡须花白的老人来拜访我，他自称"崂山"，提议向我传授古老山岳的奥秘。我向他鞠躬致谢，然后他就消失了，我也醒了。

而劳乃宣之所以来到青岛，原因是多方面的。一是此地风光极好，山川清淑，又不在孔道，却有津沪之稳固，而无津沪之喧嚣。二是卫礼贤帮助他解除了经济上的后顾之忧，帮他代租十间房屋，月租价六十元，不用自出，而每月赠予束脩五十元。虽然食用较乡居为贵，每月需八九十元，缺少的三四十元，以桐乡里中的房产、土地所出为接济，所以自给没有问题。三是此地能接受政治庇护，并随时易于逃往海外。四是人际关系的吸引力。除了恭亲王溥伟外，一批大学士、军机大臣、尚书、侍郎、总督、巡抚的昔日重要遗臣在此，不仅遍及各官职，且相互熟悉。而劳乃宣在青岛的新居，也有一个曲尺形的小室，他的小儿子健章将此命名为"小矩斋"。这不禁引发他对六十年前泰州舅舅家中矩斋的想念：

第二十八章 翻译《易经》播文化

> 当年式矩署斋颜,六十年来未逾闲。
> 愿尔相承还谨小,须知一篑可成山。

六十年后,劳乃宣依然对矩斋充满怀念之情,希望自己的子孙辈能勤奋学习。

见到劳乃宣,卫礼贤吃惊地发现:"他和梦中探访我的老者像极了。"这真正是"心有灵犀一点通"。

劳乃宣一到青岛,周馥、于式枚、刘幼云、陈诒重等老友在车站相接。劳乃宣很是感动,作有一诗:

> 雷声乍歇驻行辀,鹤发伊谁候道用。
> 把臂更逢二三子,相思应共慰三秋。

卫礼贤热情接待了劳乃宣一家,并为劳乃宣准备好了合适的住处,同时聘请劳乃宣担任礼贤书院的监督。劳乃宣对他在青岛的生活十分满意,他在给罗振玉的信中说:"青岛山川清淑,不当孔道,有津沪之稳固,而无津沪之喧嚣,尤胜于彼。""弟于10月23日到青岛","岛地山川清旷,所居之屋,室中可以看山,廊下可以望海,甚是适怀"。

劳乃宣的愉悦心情,还来自其他三个方面:一是"此来为归故乡矣"——斯地为劳山(今为崂山)之麓。"劳山者,寒家最古之祖居也。"二是卫礼贤的谦虚与彬彬有礼。"尉君以弟子自居,其人恂恂有儒者气象,殊难得也。"三是一家人衣食无忧,一改乡居涞水的窘境。

同时，劳乃宣向罗振玉介绍了卫礼贤及其办学状况："尉君"乃牧师出身，而不问传教之事，专办学堂。现办礼贤书院，出自教会之款，而"尉君"经营十余年，日见扩充。今设尊孔文社，则由旅岛诸寓公捐助发起，集款无多，一时尚不能大办，先从编译入手。又拟一藏书楼，日来正在经营。尊孔文社是一个文人雅集的自由学术团体，主要由两部分人组成：寓居青岛的逊清遗老、在德华大学任教的德国学者。他们在一起展开东西方文化对话，故而又称"中西文社"。

有了劳乃宣这位良师，卫礼贤萌发了翻译《易经》的想法。卫礼贤知道，这是一个异乎寻常的挑战。"天书"般的《易经》，在中国都没有多少人能真正懂得其中的内涵，更遑论一个外国人，何况要翻译成另外一种语言。最初接触《易经》的六十四卦，这长长短短的棍状物让卫礼贤感觉似曾相识。他蓦然想到，古代欧洲就有草棍占卜的习俗，他真切感受到，人类文化的渊源如此相近。而《易经》的全部精髓就在于它所主张的那种有机变化，为此他干脆把"易经"二字翻译成"关于变化的书"，如果不用这种最通俗的表述，卫礼贤甚至不知道怎么样来介绍这部经典著作。从本质意义上理解和认识《易经》，对于卫礼贤来说，并不十分困难。字字对应、一字一句地准确翻译《易经》是卫礼贤从未遇到的严峻考验。

在劳乃宣的指导之下，卫礼贤开始《易经》德译本的翻译工作，他将劳乃宣的作用发挥到了极致。

劳乃宣记录了与卫礼贤一起翻译的细节："尉君自以《孟子》翻译德文，每日来弟寓，由弟讲授一小时，归而笔译。又以德国哲学家康德所著之书译中文,由尉君与周玉翁之孙叔弢(原名周暹,字叔弢)同译,而弟为之修饬而润色之。"

卫礼贤首先请劳乃宣用中文一字一句地讲解《易经》,卫礼贤用中文认真、详尽地记录劳乃宣的讲解。事后,卫礼贤将自己的中文记录翻译成德文,润色修订后,再将德文译回中文。这个过程中,卫礼贤绝不参考劳乃宣的讲解,也不参照中文《易经》原著,独自完成全部翻译,最终交给劳乃宣修订。卫礼贤使用这种"回译"的翻译方式,一方面反映了德国人务实谨慎的作风,另一方面也代表着他对于《易经》文本原义的严格要求与深刻的理解。在这期间,卫礼贤除了翻译《易经》之外,还将《孟子》译为德文,并与其他成员合译康德的文章。这一段经历可以从劳乃宣写给罗振玉的书札中得到清楚的揭示。其曰:

> 尉礼贤君乃牧师出身,而不问传教之事,专办学堂。现办礼贤书院,出自教会之款,而尉君经营十余年,日见扩充。今设尊孔文社,则由旅岛诸寓公捐助发起。集款无多,一时尚不能大办,先从编译入手。尉君自以《孟子》翻德文,每日来弟寓,由弟讲授一小时,归而笔译。又以德国哲学家康德所著之书译中文,由尉君与周玉翁之孙周叔弢同译,而弟为之修饬而润色之。又拟起一藏书楼,日来正在经营。尉君以弟子自居,执礼甚恭,其人恂恂有儒者气象,殊难得也。弟所居屋宇为尉君代租,有屋十间,月租价洋六十元,毋庸自出。又月赠束脩五十元。此间食用较居乡为昂,每月约需八九十元,不敷者三四十元,以里中庄产所出接济,足以自给。岛地山

川清旷，所居之屋，室中可以看山，廊下可以望海，甚足适怀。斯地为劳山之麓。《通志·氏族略》云：劳氏其先居东海劳山，因氏焉。是劳山者，寒家最古之祖居也，此来为归故乡矣。

当然，卫礼贤也在私下里将自己的译文与《易经》原著悄悄比较，寻找差异，仔细修正。卫礼贤在自己的日记中记录了这个艰难的过程：

于是我们开始攻克这本书。我们工作得非常认真。他用中文翻译内容，我作下笔记，然后我把它们翻译成德文。因此，我没有借助中文原文就译出了德语文本。他则进行对比，检查我的翻译是否在所有细节上都准确无误。而后，再审查德语文本，对文字进行修改和完善，同时作详细的讨论。我再写出三到四份译本，并补充上最重要的注释。

可以想象，这是一个很艰难的双重翻译过程。首先，由劳乃宣将晦涩深奥的古汉语《易经》译成通俗易懂的现代汉语白话文。除了劳乃宣这位饱学之士，没有多少人能将《易经》理解深透，译得流畅。数千年来，《易经》的别解、别裁，甚至是针锋相对的歧义比比皆是。劳乃宣用他深厚的国学功底，为卫礼贤译出一个大体正确的白话本。之后，便由卫礼贤将劳乃宣的白话本《易经》翻译成德语。为给劳乃宣审阅，卫礼贤再将德文译回中文。

卫礼贤说道：

第二十八章 翻译《易经》播文化

我们工作的时候一丝不苟。他用汉语给我解释经文,我在旁边作笔记,然后我把经文翻译成德文,我不看经文,把德文译文再翻中文。他拿两者进行比较,看我对所有要点是否理解正确,然后我们确定德文修辞,对细节进行讨论。此后,我还多次修改德文,并加上最需要的注释——译文就是这样产生的。

这个过程几近烦琐、重复,但最大限度地保证了《易经》翻译的准确和精到,当然也无可避免地拉长了《易经》的翻译过程。因此,正如卫礼贤所说,有的时候,他要写出三至四份译本,并补充上最重要的注释。在劳乃宣的指点下,青灯孤影,卫礼贤"理解确切而透彻"地翻译起《易经》。

然而,1914年8月初,骤然而起的日德青岛之战的枪炮声打碎了卫礼贤和寓居青岛的耆老硕儒们的美好愿望,"所有花季一样的生活结束了",人们开始了仓皇逃难的日子。劳乃宣也退避曲阜,《易经》的翻译戛然而止。

1915年10月,七十三岁的劳乃宣最后一次带家人返回家乡桐乡,在学稼堂住了半个多月。离别之际,他百感交集。他叮嘱儿子绲章,自壬寅年(1902)定居桐乡,建造劳氏家祠,便将先代神主影像奉祀至今,如今风雨飘摇之际,务请组织民团,保卫乡里;自己已到衰暮之年,只能回望故乡,忧心如捣。离开桐乡,劳乃宣最后看了一眼自己辛苦打造的学稼堂,不禁老泪纵横。

就在卫礼贤担心翻译《易经》"恐怕永远也不会完工"时,

出乎意料地收到了劳乃宣的来信,"说他想返回青岛,完成《易经》的翻译,问是否能够提供膳宿。当他真的到来时,可以想象我心中的高兴"。劳乃宣之所以重返青岛,缘于 1917 年 5 月张勋复辟时获任法部尚书一职。当时他在曲阜,从邸报中看到自己的任命,同时任命张勋、王士珍、陈宝琛、梁敦彦、刘廷琛、袁大化、张镇芳为议政大臣,万绳栻、胡嗣瑗为内阁阁丞,梁敦彦为外务部尚书,王士珍为参谋部尚书,张镇芳为度支部尚书,雷震春为陆军部尚书,萨镇冰为海军部尚书,朱家宝为民政部尚书,詹天佑为邮传部尚书,沈曾植为学部尚书,李盛铎为农商总长,桑诺尔布为理藩部尚书。劳乃宣立即向宣统帝发去电报,称:

> 臣以菲材历叨珠眷,宣统三年十二月于大学堂总监督兼署学部副大臣,任内以衰老乞骸,旋遭世变,伏处林泉,瞻恋阙廷,忧伤憔悴,兹者幸值复临大位,日月重光,薄海同欢,私衷弥庆,复蒙不次之恩,畀以秋官要秩,亟应勉竭驽力图报称惟,是行年七十有五,暮齿颓唐,筋力虽尚可,强支精神,已不足充用,耳既重听,心复健忘。司法重地,为天下民生所托命,责厚事繁,自揣实难胜任,合无仰恳恩施俯唯开去法部尚书员缺,俾以闲散随朝勉备咨询,以备万一。出自高厚,鸿慈不胜悚切待命之至,臣本应即日趋承丹陛,瞻仰天颜,而衰躯多病,盛暑难以就道,请俟天气稍凉,即当黾勉来都,泥首宫门,恭聆圣训,以稍抒犬马恋主之忱所有,微臣感激下情并恳开缺缘由缮折具陈。

第二十八章 翻译《易经》播文化

从上述奏折可以发现,劳乃宣当时并未在京师,而确在曲阜。

当时的复辟理由,诚如沈曾植所言有四大道理:其一,政局动荡,先是二次革命,然后洪宪帝制和反袁起义,再则府院之争,六年凡三次震荡;其二,国会胡闹,缺乏民意,开会则肆意妄为;其三,军阀割据,如东汉末年,互相吞并,如有外人乘之,则不独有五代石敬瑭割据幽蓟十六州之事;其四,生灵涂炭,水深火热,横征暴敛,以致百姓丧失乐生之心。在他们看来,袁世凯称帝失败,不是因为恢复旧制不对,而是因为不够旧,若要帝制,非全盘复旧不可。而当时张勋复辟,京城百姓听说皇帝又坐龙庭,几乎一片欢腾,家家户户都挂起了龙旗。复辟的主谋主要是刘廷琛、胡嗣瑗、陈曾寿、沈曾植、王士珍等这些遗老。而到6月30日,张勋领着一群遗老和王士珍、江朝宗等拥进皇宫,恳请宣统复辟的时候,劳乃宣并未在场。可事后,京师总检察厅以复辟嫌疑罪名在全国通缉张勋、康有为、万绳栻、梁鼎芬、张镇芳、雷震春、刘廷琛、劳乃宣、夏同龢、陈曾寿、王士珍、陈毅、章授、胡嗣瑗等十四人。劳乃宣赫然在列,山东检察厅命曲阜令"得见逮之"。曲阜县令遂将此电文对劳乃宣"秘以相示,劝之出走"。通缉令也到了其故乡桐乡,桐乡县知事余大钧奉令后,派人分往查探,得知劳乃宣一向住在直隶十余年,久不返里,且在桐邑并无置有产业及开设店铺,便将调查情形呈报省军民两署查核。在此情形下,劳乃宣不得不写信给卫礼贤,询问可否提供膳宿回青岛,继续完成《易经》的翻译。恰恰此时,卫礼贤正在为《易经》"恐怕永远也不会完工"而苦恼,收到劳乃宣的来信,他大喜过望,立即复信,邀请其来青岛。

这次，劳乃宣从曲阜乘火车经长辛店转道天津赴青岛，途经长辛店火车站时，受到机务处处长、桐乡炉头人沈承俊的热情款待。沈承俊早年毕业于上海广方言馆，后随孙宝琦出国，历任驻法国、德国参赞，擢道员加布政使衔，回国后简授奉天东边道，后来因不善逢迎触犯上司，被罢官职，改为从事京汉铁路工作。他在北京时曾与劳乃宣有过一面之交，得知劳乃宣过境，便邀请了执教于北京大学的刘富槐一起陪同。席间乡音入耳，勾起劳乃宣的思乡之情。

故人中道只鸡招，话到家山梦共遥。
入耳乡音口乡味，恍摇双桨过双桥。
——双桥吾乡孔道也

而当天，陈宝琛、徐坊自京城来，宝颐（沈庵）和日本的一宫房次郎自青岛来，大家相会于长辛店。

到了青岛，劳乃宣拒绝了卫礼贤给予的脩脯（酬金）。对此，劳氏在自订年谱中记载："五月，奉复制之，上日（初一）简授法部尚书，具疏以衰老请开缺，俾以闲散备咨议，未达而变。曲阜令蓝君告以得见逮之，牍劝出走，又移居青岛，居礼贤书院，复与尉君理讲经旧……"同样的内容，在致罗振玉的信函中也有所反映："将居曲眷口接来入居校舍，日与山光海色之间，与尉君商量旧学。播越之余，得此殊为望外！"可以看出来，劳乃宣的心情和工作是愉快的。

晚年的劳乃宣明白，将《易经》推向世界，介绍给海外读者,是对《易经》、对中国经典文化最好的保护和发扬。在卫礼贤和劳乃宣的共同努力下,被卫礼贤视为"恐怕永远也不会完工"的《易经》翻译,终于完成了!这本历时十多年完成的《易经》被公认为翻译得最好的一个版本。

1924年,卫礼贤耗费十多年心血、多达566页的德文译注《易经》由德国奥伊根·迪德里希斯出版社出版。1951年,以卫礼贤德译《易经》为蓝本的英译本在英国和美国出版,之后又被译成了荷兰文、意大利文、法文、西班牙文、葡萄牙文等。

《易经》翻译一波三折,在卫礼贤1920年回德国之前,《易经》的译注工作终于完成了。时年七十八岁的劳乃宣可能预感到时日不多,在卫礼贤即将动身的时候,劳乃宣把遗嘱放到他手中。卫礼贤后来的朋友、瑞士著名心理学家荣格,对卫礼贤与劳乃宣合作中的友谊写过这样的话:"当翻译完最后一页,出版者的初样出来后,这位年迈的劳乃宣大师却去世了,仿佛他的著作业已完成,他已把古老的、行将灭亡的中国的最后一个音讯传到欧洲,而威廉确乎是一个完美无缺的弟子,他将老哲人的心愿实现了。"

《易经》德文版出版时,著名心理学家荣格作序并推荐,他在序中说:"我不是汉学家,但因为个人曾接触过《易经》这本伟大非凡的典籍,深切体会到他翻译的《易经》在西方是无可比拟的,在文化上也有相当重大的意义。"

而对于卫礼贤,劳乃宣有知遇之恩。1915年的正月,劳乃宣暂居曲阜时,得知邓璞君所撰的《访贤录》在遍征各地友人,要求大家将所知贤士告诉他。劳乃宣看了此书稿后,认为自己

认识的人基本已经纳入其中，只是提出再增加二人，一位是章梫，另一位便是卫礼贤。他写道："尉礼贤，字希圣，德国人，同善会教士，大学博士。设学校于青岛曰'礼贤书院'。德人初占地时，高密人聚众抗争，德人怒植炮将轰击县城，尉出劝阻，谓聚抗自有人，与城民无涉。德将不听，尉立炮口曰：如发炮，请先击我，乃止。会省城遣官镇抚而罢，邑人至今感之。尉以西国教士而多读中国书，笃信中国孔孟之学，将以孔孟之学传布于西方，以德文译四子书，《老子》《庄子》已成，《论语》初印二千部已销尽，将重印。译《周易》尚未毕。又以德国哲学家康德氏之学极近孔子，翻其书为中文，以饷中国。与岛中诸寓公共立尊孔文社，以保存发挥孔子之道。平日持论谓耶稣之道与孔子之道相表里，今所传耶教之书语多未粹，则传述者失其意也。余语之曰：昔路德谓罗马教失耶稣之意而改新教，今子将为第二路德乎！则笑曰：路德之教仅传西国，所谓一国之善士也，吾今方希为天下之善士焉。其志大如此，青岛战事起，主持红十字会以救伤病，重围之中，与友人高孟贤讲《孔子家语》不辍。青岛攻下后德人极受虐待，而经营校事社辛苦艰难，坚持不懈，其毅力不中及也！"

第二十九章　尊孔文社藏书楼

卫礼贤在青岛创办礼贤书院，办学目的是为青岛所有的"蒙养学堂"培养教师。卫礼贤自任礼贤书院监督和德文教师，聘请了贡生傅兰升教中文，蓬莱文会馆的朱宝琛教数学，还聘请了一批社会名流和海外留学人员，如刘恩九、张华九、臧毓臣、邢克时等担任教习，任命周书训为总教习。1906年，卫礼贤因教学有功，被清廷授予四品顶戴花翎。

关于尊孔文社，可以由劳乃宣《论为学标准》演说词一文，揭橥其成立的宗旨，即当以孔子之道及其学问作为该社成员与世人共同学习的对象。其曰：

> 谨就鄙见所及，就正于诸君。窃维本会自尊孔文社发起，自当尊孔子之道。欲尊孔子之道，当学孔子之学，且导世人以共学孔子之学。

劳乃宣表明了此一文社既以"尊孔"二字为标榜，其内涵又以孔子之道为实践的依归，即取法孔子"吾道一以贯之"的精神，重视儒家道德的修养。换言之，此一推尊之举绝非空言，而是落实在将孔子之学作为实践的对象，即取法孔门四科之学，分别从德行、文学、言语、政事以施行于世。因此，正值清末民初局势未定之际，尊孔文社在意见领袖劳乃宣登高一呼之下，表明以孔子之道为尊，以孔子之学为效。是以"尊孔"内涵的推行范围，小至劝勉该社成员，大至引导世人以孔子之学为共同的学习目标。劳乃宣的劝勉之语正好与创办人卫礼贤的理念相契合。加上辛亥革命之后，这群远避青岛的逊清遗老与劳、卫二人有志一同，大家共同聚首于尊孔文社，而地点就设置在礼贤书院内。卫礼贤说：

> 有这些聚会做基础，我们毫不费力地成立了儒教协会。成员除了我之外，还包括许多住在青岛的中国官员。钱筹措到了，图书室建立起来了，里面汇集了不少珍贵的中国书籍。图书室旁边还设立了研究室和休息室。我们的想法是为了将来，挽救已处于极度危险境地的中国文化财富。我们希望通过翻译、讲座和出版的方式，在东西方文化之间架起一座桥梁。康德的著作被翻译成了中文，中国的经典也被翻译成了德语。我们希望在远离中国革命风暴、位于山海之间、风景如画、寂静的青岛做一些建设性的工作。

在卫礼贤的号召之下，寓居青岛的清廷遗老和皇族贵人，如恭亲王溥伟，军机大臣徐世昌、那桐、陆润庠，总督赵尔巽、周馥、升允，大臣盛宣怀、王垿、于式枚、吕海寰等成立了儒教协会，即尊孔文社。由于文社成员的捐资相助而兴建起一座图书室，在这里面不仅保存有许多珍贵的中国书籍，而且在它旁边另设有研究室，足以为成员提供进行东西方文化交流的一个重要的实践场所。同时，为了挽救那些濒于摧毁的典籍，尊孔文社成员希望通过翻译、讲座和出版的方式，对双方的文化资产予以妥善的保存和传播，例如将德国哲学家康德的著作译成中文，并且将一些著名的中国经典译为德语。尊孔文社是一个文人雅集的松散组织，成员多为清朝遗老，也有少数在青岛德华大学任教的德国教授、学者。这些人在一起交流东西方文化，因而它也被称为"中西文社"。尊孔文社礼堂中悬挂孔子画像，可以容纳200多人聚会。这里的"每周一讲"，中国人、德国人轮番上阵，古今中外，涉猎颇多。由于文社设在礼贤书院内，书院高年级学生也可参加。因此，文社成员即使面临中国革命的动荡不安，在大家的齐心努力之下，也做出了一些建设性的成果。

从劳乃宣为纪念尊孔文社兴建藏书楼而撰写的题记里，更能够看出卫礼贤成立此一文社的用心之处。其曰：

> 德国尉君礼贤以西人而读吾圣人之书，明吾圣人之道者也。时居青岛，闻而忧之，与中国寓岛诸同人，结尊孔文社，以讲求圣人之道。议建藏书楼，以藏经籍。同人乐赞其成，相与捐资，克期兴作，行见不日成之。圣经贤传之精，子史百家之富，萃集于斯，圣人之道将不外求而得焉。青岛为德国租界，内地官吏势力所不及，虽欲摧残之而不能。他日内地读书者日少，老者既代谢，后生不获窥圣人之典籍，寰宇之中，晦盲否塞。芸芸群生，必且如秦代黔首之见愚，莫克知人道

之所在。有欲考寻圣人之书，以为人道之指导者，将不可得。而是楼也，岿然独存，且卷帙富有，足资探讨，与古昔之抱残守缺者，尤不同。人道之晦而复明，绝而复续，不于是乎在而安在，其功不胜于山岩屋壁之藏万万哉！楼基建作之始，尉君属为文记之，缄诸铁函，埋之基下，以为千百世后，久远之征。爰述其建设颠末，与所以守先待后之意，以俟来者。

卫礼贤对尊孔文社曾谈道："在青岛，聚居着大臣、总督、巡抚等各种职务的高官、学者，有教养的中国人在这海滨之地会合。由于这些人的到来便有了各种文化的和科学的报告会。除了长期居住的那些人之外，还有些重要的客人或长或短地在这里逗留一段时间。结果那时的青岛便提供了一个了解古老文化的特征和典型的机会，像这样的机会在中国任何地方都是不能找到的。在这些日子里，来自各地的学者们与政客们会聚一堂，追溯往事，很多内容堪称是高水平的中国历史。我与各种不同思想倾向的人物们组成的团体里定期聚会。"

1914年，忧患于清王朝的颠覆，害怕中华典籍再覆秦焚书之辙，劳乃宣与卫礼贤商议在尊孔文社内建起一座二层建筑、顶部覆盖红瓦的藏书楼。藏书楼以藏书而得名，以最早来青岛并死于此地的同善会传教士花之安所遗藏书为基础，加上卫礼贤新购买和尊孔文社成员馈赠的图书，总计超过1.2万册。其中，中文书籍6000余册，收经、史、子、集、诸子之书，另有德文书籍3000余册，英、法文书籍3000余册。"藏书楼"匾额为当时在青岛当寓公的恭亲王溥伟所题。1914年5月11日，劳乃宣命笔作《青岛尊孔文社藏书楼记》一文，记述建藏书楼"颠末"，由卫礼贤装进一个铁匣子埋藏于地基中。这个藏书楼既为尊孔文社服务，也为礼贤书院服务，实即校图书馆，读者多为尊孔文社的社友和礼贤书院师生。劳乃宣在《青岛尊孔文社藏书楼记》中写道："德国尉君礼贤以西人而读圣人之书，明吾圣人之道也。时居青岛，与中国寓岛诸同人结尊孔文社以讲求圣人之道，议建藏书楼以藏经籍，同人乐赞其成。"

可见，劳乃宣指出了卫礼贤成立尊孔文社及他建议兴建藏书楼的具体缘由，可以从五个层面进行说明：一是卫礼贤自西方入东土，接触到中国儒家思想，读览圣人之书，而阐明圣人之道，俨然以儒者自居；二是卫礼贤居于德国"租借地"青岛，正值逊清遗民避祸而识为同好，他忧心于儒书、圣道唯恐覆亡，遂发起成立尊孔文社，成员之间通过讲学以兴明圣人之道；三是卫礼贤为力求中国典籍得以完善保存，免于时局动荡而遭致毁损，乃欲兴建藏书楼，以典藏经籍为要务；四是卫礼贤上述作为深得逊清遗民的认同，大家捐资相助以期早日兴建完成；五是劳乃宣受卫礼贤嘱咐而撰写此一题记，即勾勒了此一文社兴儒志业的蓝图，旨在"窥圣人之典籍""知人道之所在"，最终之目的为"人道之晦而复明，绝而复续"，立意甚明。是以卫礼贤的动机适时地体现了中西儒士"此心同，此理同"的感通一致。

据卫礼贤夫人卫美懿回忆，尊孔文社初拟"中西文社"，是辜鸿铭提醒卫礼贤"应当挽救已处于极度危险境地的中国文化财富"而定名。除了卫礼贤，尊孔文社的中方人员有周馥、周学熙、周叔弢、徐世昌、徐世光、张人骏、赵尔巽、吕海寰、吴郁生、于式枚、李经迈、刘廷琛、王垿、李家驹、萧应椿、张志清、李寿仁、劳乃宣、张士珩和商衍瀛。

应当说，青岛的尊孔文社是民初中国众多尊孔团体中的一个，与北京的孔社、上海的希社等文人复古社团有许多相似之处。清廷翰林院检讨章梫就是应劳乃宣之邀，从希社来青岛受聘于尊孔文社，上海同人缪荃孙、喻长林、潘飞声、唐晏等纷纷题诗赠别，章梫写了回赠诗《予将移居青岛留别淞社诸同志兼谢赠行之作》。

这期间，在周馥的主持下，劳乃宣与周馥、陆润庠、吕海寰、刘廷祺、王季寅、赵尔巽、童祥熊、李思敬、张人骏等十个耄耋之人组成"十老会"，饮酒品茶、论经吟咏、怡情逸性，共同营造遗民的归属感。

原规定"十老会"是要由七十岁以上的遗老组成，因缺一人，便将时年六十九岁的张人骏拉入，充数补足。

劳乃宣《十老图跋》云："癸丑民国二年之冬，避地青岛，吕镜宇尚书，周玉山、赵尔巽、张安圃三制军，刘云樵、李惺园两封翁，童次山观察，皆在焉。甲寅之春，陆凤石相国自部门来，王石坞观察自福山来，与余十人皆老寿：周七十八，陆七十四，吕、刘皆七十三，王及余皆七十二，赵、童、李皆七十一，张六十九。因相约为十老之会。二月乙巳，饮于周宅，并摄影，各赋一诗。"从劳乃宣《韧叟自订年谱》和《十老图跋》等著述中就可了解青岛"十老会"的一些情况。

周馥（1837—1921），时年七十八岁，安徽建德（今安徽省池州市东至县）人。幼名玉成，又名宗培，改名复，字玉山，号兰溪。后因李鸿章保荐军功误写为馥,遂以馥为名。由诸生起家,官至两广总督,谥号悫慎。周馥居青岛期间,曾推荐劳乃宣主持卫礼贤创立的礼贤书院,并与在青岛的寓公们办尊孔文社,建藏书楼。经常一起论经吟咏,自称"十老会"。1917年张勋复辟时,任命周馥为协办大学士。

陆润庠(1841—1915),时年七十四岁,字凤石,号云洒,又号固叟,江苏元和(今江苏省苏州市)人。父懋修(字九芝),以医自给。少时极寒苦,以书院膏火为挹注资,每应课,惨淡经营,必居前列,幼通韵语。1874年中状元,授修撰。历任湖南、陕西乡试同考官,会试主考官,日讲起居注,翰林院集讲,咸安宫总裁,山东学政,国子监祭酒。1896年任江西乡试正考官,内阁学士,兼礼部侍郎,经筵讲官,都察院左都御史。1904年任会试副总裁、工部尚书。1907年任吏部尚书兼进讲大臣。1909年任实录馆正总裁,实录馆稿本总裁,体仁阁大学士,禁烟事务大臣,东阁大学士。1911年任弼德院正院长、毓庆宫溥仪师傅,授以太保。辛亥革命后,避居青岛。

吕海寰(1842—1927),时年七十三岁,字镜宇。德国侵占青岛时,吕海寰任清朝使德国大臣。《胶澳志·侨寓》有载:"吕海寰,山东掖县(今山东省莱州市)人。以举人官兵部兼总理衙门章京,外简常镇道,署苏松太道,有政声,继出使德国,辛丑后归国,与盛宣怀同主办修订商约,先后六七载始竣事。继任津浦铁路会办税务处督办。他倡导创办中国红十字会,并被举为中国红十字会会长,尽力于慈善事业至老不衰。初寓青岛,继迁居天津焉。"

刘峣祺（1842—1920），时年七十三岁，字云樵，以字行，号髯樵，江西德化人。丁卯举人，1879年任嘉兴知县，1881年兼秀水知县，后任两浙盐运使。辛亥革命后，刘峣祺曾感叹说"数千年纲常之大变"。

王季寅（1843—1925），时年七十二岁，字石坞，原名伯鸾，山东福山人。诸生。深受左宗棠赏识，由甘肃隆德知县迁四川建昌道，后官至浙江督粮道。清帝退位后，从浙江迁居青岛。

赵尔巽（1844—1927），时年七十一岁，字公镶，号次珊，汉军籍，山东掖县人。官至东三省总督。辛亥革命后，任奉天都督，旋即辞职。1912年11月，流亡青岛寓居，主编《清史稿》。

童祥熊（1844—？），时年七十一岁，字次山，浙江鄞县人。1883年中进士，癸未翰林，后任安徽候补道台，官至山东劝业道道台。辛亥革命后，隐居不仕，时居青岛。后殁于沪上。

李思敬（1844—？），时年七十一岁，字惺园，奉天铁岭人，寄籍广东番禺。1875年举人。清覃恩，晋授一品封典。

张人骏（1846—1927），时年六十九岁，号安圃，直隶丰润县人，以翰林外任知府，历官至河南、山东巡抚，两江总督；诸子亦多显宦。然清廉自持，家无余财，与袁世凯为儿女姻亲。辛亥革命后，袁世凯屡征之不应，因移居青岛以避之。

十老首次集会于周馥家中，并拍了照片以示留念。劳乃宣兴致很高，赋诗一首以纪念：

绿野东山望并清，披裘我愧洒同倾。
睢阳只自传图画，司马何劳识姓名。

惟剩海滨栖大老，那寻洛社咏耆英。

田横岛畔寒风劲，好与苍松共证盟。

正是在尊孔文社，在礼贤书院，面对近代中国前所未有的激变，劳乃宣不甘心做一切向后看、祖宗之法全不可变的腐儒，他要转变，尽管这种转变对他来说极其艰难。

1914年日本占领青岛后，劳乃宣作为知名学者，受到日本当局的重视。多年后，劳乃宣与在青岛的日本汉学家、《大青岛报》主编鬼头玉汝等八人结为文友，称"文中八仙"，对帮助礼贤书院度过困难时期起到了一定作用。

由于尊孔文社所具有的泛精英文化组织的特点，一些来到青岛的日本和欧洲学者频频光顾。1917年10月，以清史研究知名的日本帝国大学东洋史学家内藤湖南由罗振玉介绍来青岛会晤劳乃宣等人，不巧劳乃宣因去曲阜而不遇。1918年5月，日本著名汉学家林泰辅持罗振玉名刺来访，面赠劳乃宣自己所著之书《龟甲兽骨文字》。对内藤湖南和林泰辅来青，劳乃宣有诗云："东瀛有客抱琼琚，枉趾还携一纸书。更喜三山贤博士，惠贻新著富经畲。"

德国学者凯瑟琳伯爵是身临尊孔文社其境的人，他在所著的《一个哲学家的旅行日记》中用近万言来记述自己的感受，称尊孔文社传达的是"活的孔学"，"在人间最困难的情况下，他们仍然在与他们有关的混乱中保持着精神上的自由"，"这些绅士们，具有非常高尚的人格，他们的卓越表现使我们极为感动"。

除了主持尊孔文社外，劳乃宣还协助卫礼贤管理礼贤书院。

1919年，周馥之子、实业家周学熙捐助常年教育经费，学校因此更名为"礼贤甲种商业学校"，劳乃宣出任学校监督。由于劳乃宣与卫礼贤的私谊，1919年11月，劳乃宣次子劳健章"就礼贤书院教员"。

对于1917年1月溥仪寿辰之际，劳乃宣去京，与卫礼贤合谋，欲让溥仪娶德国皇室公主为后，以换取德国对复辟派的支持这件事，其依据只有溥仪《我的前半生》中的记载："劳乃宣悄悄地从青岛带来一封信。发信人的名字已记不得，只知道是一个德国人，代表德国皇室表示愿意支持清室复辟。劳乃宣认为，这是极好的机缘，如果再加上德清两皇室结亲，就更有把握。"其实此事并无其他证据佐证。相反，劳乃宣因此作过一诗以反击。全诗及序如下：

　　甲寅岁，因余《共和正解》之作，报章绘有"劳而无功"之画，余曾作一律。今报章又称余入都叩贺万寿，奏请与德国联姻，以图复辟，复画一人伏案而睡，梦西国帝者，抱冲人而坐。已补服立于旁，案有一纸书"复辟"二字，题曰"徒劳梦想"，而徒字双钩。前岁之事诚属有因，今则纯出虚构。余固伏处阙里，未出一步也，而见谤，适以见重则如一辙，再赋一律以志之：

　　入林猿鹤久沈冥，闾阖高寒梦莫经。
　　岂意孤踪远魏阙，翻从画本见秦庭。
　　衋言构出空中想，幻影摹来物外形。
　　屡累讥弹严斧钺，我终华衮谢丹青。

另外，在劳乃宣的《劳山后草》中也有一诗，称：今年元旦及万寿节至，皇室行礼之人甚多，报章登载列有余名，余固未往，而心滋愧矣……说明他当时并未赴京。

张勋复辟事件，让劳乃宣作为清遗民的名声成为"逆流"。原本所谓"遗老"，往往被视为眷怀故国故君、深具节操的广受尊崇的人物；但如今斗转星移，历经政治和文化重大变迁，忠于一家一姓的价值备受冲击，饱受社会贬斥。正如钱玄同所说：今之所谓"遗老"，不问其曾"少仕伪朝"与否，一律都是"亡国贱俘，至微至陋"的东西。……至于说他们之中，有人在学问上是有成绩的，这是事实，当然不能抹杀……不独林纾有介绍外国文学之功，罗振玉与王国维之整理甲骨古字，康有为之辨伪疑古，劳乃宣之提倡拼音新字，在学术界都有相当的贡献。

第三十章　孤怀留待后人评

1919年，劳乃宣已经七十七岁，但身体却较以往更健，睡觉、吃饭也比以前更好，走路不用拐杖，看书不用眼镜，只是耳朵有点背。他自己都觉得诧异，为此写下："絮被年多眠更稳，菜羹调薄味弥长。高冈勉可登千尺，细字犹能作数行。"而儿孙满堂更让这位耄耋老人倍感幸福。那年四月，孙子元裳生曾孙志畴，看到第四代，着实让老人开心异常。他认为劳家先代虽多有长寿者，但能见到曾孙一辈的人还不多，离他最近的已是康熙年间的七世祖振寰公，距今也有二百余年。对这位曾孙他是抱有期待的："惟有家传书五车，不可不随乃翁读。"八月，二曾孙志昌出生。

这年九月，劳乃宣收到乌镇首富、寓居上海的徐棠的一封来信，信中说：吾乡青镇东栅化坛桥堍向有贵祖茔劳家坟，以外即梅水滩，人皆知为公地，故数百年来并无建筑。光绪中叶，有贵族劳姓俗呼七盲子者，拟在此滩建屋，经里中人士禀报县署，当时知县束允泰亲履勘明，认定为公滩，勒令停止建筑，永为禁例。故有数百年公安。今不料近日忽有本镇商会协理周俊夫，想在此开设米行，勾结纵容十多岁的劳瑞槐之子，欲在祖茔前靠滩之坟余地出租，与周姓建屋，而周姓设计后再假助资学校为名,即在地外侵占公滩,复在滩外私填河道。里人因为诱租劳氏茔地再欲侵占滩河,近邻群起而阻止,或云有方向不通者。周姓非但不服,反而仗势凌人,竟将近处小户送警察署中关押,以致激起公愤。公禀至县,并函旅沪同乡会。徐棠因此了解大概,感觉此事与光绪年间事同出一辙,徐棠本人也多次劝解无效,一面去函县署,一面去函劳乃宣。徐棠在信末称:吾乡风尚只有租地造屋,未闻有拆屋还地之期限,深恐贵族中或因贪得余地租价,岂非酝酿事端外,再将贵祖茔不留余耶。请求劳乃宣致函县长以阻贵族,勿使假借劳氏茔地出租为名,免得侵占牵连,徒扰纷争。劳乃宣接到此信,当即去函桐乡县县长,为此梅水滩的公地得以保留。

1920年,陪伴了劳乃宣二十六年的四女儿劳絑(字善文)经劳乃宣的长婿陶葆廉介绍,嫁与沈曾植的公子沈颎。就筹备婚礼事宜,两人多次以信函方式沟通,最后商定以旧式婚礼举行。当时劳乃宣在青岛,儿孙满堂,家人齐聚,不亦乐乎!他写道:

> 孔雀屏开蜗角庐,向平愿了老怀舒。
> 疏裳布被无余物,适称归装挽鹿车。
> 雁奠堂阶礼意隆,元纁弁冕主宾同。
> 此中不改秦衣服,守得先民旧日风。
> ——婚礼皆用旧冠服

1920年3月,在卫礼贤介绍下,前来中国游览写生的奥地利画师郎亚文,作了劳乃宣的画像后携之离开青岛。劳乃宣特赋诗记之:"欧宾画手笔如仙,写得衰容海外传。自笑放翁团扇影,化身今竟到西天。"由于巴黎和会不顾中国政府的强烈反对,强行通过"和平协议",将青岛一切权利交由日本,卫礼贤对此感到十分沮丧和失望,在一个萧瑟的秋日里,带着满腹愁绪的卫礼贤决计离开青岛。卫礼贤来与劳乃宣告别,称欧洲战事已经结束,得回国一趟,期待明年再回青岛。他还把礼贤书院今后的事务全部交与劳乃宣。面对卫礼贤这位"患难相依、极为相得"的朋友,劳乃宣则把自己的遗嘱交给卫礼贤。在卫礼贤离开青岛后,劳乃宣仍担任礼贤书院监督,继续主持尊孔文社等事务。

此时的劳乃宣对政治已越来越不感兴趣,已安于青岛"十老会"写诗弄文的寓居生活,但对于清廷的复辟,劳乃宣还是难以释怀。除了与卫礼贤等"西洋"文人交往甚密外,他与"东洋"名士也有交集。日本自明治维新后,其政治、经济、思想、文化已日趋"西化",许多中国人都是通过到日本留学间接接受西方教育的,大量的西方著作也是通过日文转译的。1917—1918年,罗振玉分别介绍日本帝国大学历史学家内藤湖南、汉学家林泰辅来青岛拜访劳乃宣。前者因地址交代不清,相见失之交臂,后者则面赠劳乃宣其著《龟甲兽骨文字》。1920年中秋节,日本《青岛新报》社长鬼头玉汝请劳乃宣等中日友人饮酒赏月,结为"八仙会",吟诗作对。劳乃宣即席赋诗:"人生惬怀耳,奚必求神仙。今夕超然游,适以完吾天。"在"八仙"活动中,劳乃宣还作诗一首:

重楼新百尺,朗月射华筵。

嘉宾忘近远，群仰主人贤。
酒罢登高台，皓魄当空圆。
胜境数八区，一览万象全。
海色如镜平，灏气涵大千。

1921年元旦，溥仪赐写"丹心黄发"匾额赏劳乃宣。

因有微疾，六月十七日（7月21日），一代饱学之士劳乃宣在青岛病逝，终年七十九岁。临终之际，他口中念念有词：

故园松菊未全荒，况复泷阡桧柏苍。
暂假他乡当吾土，渊明终不忘柴桑。

同时，劳乃宣告诉自己的子女，以前朝一品官服服殓，以表明自己忠清勿忘故君之志。

此刻，他的思绪已然回到了家乡，回到了学稼堂。

他最终没能看到中国的出路在何方。当年8月，十名年轻的共产党人从上海法租界望志路转移至嘉兴南湖的一艘小小的红船上，继续召开中国共产党第一次全国代表大会。从此，中国人民谋求民族独立、人民解放和国家富强有了主心骨，从根本上改变了近代中国内忧外患、任人宰割的悲惨境地。这是劳乃宣所未能预见的。

得知劳乃宣病故的消息，溥仪特赐其"循吏通儒"匾额并赏银治丧。上海的沈曾植、邹嘉来、章一山、陶葆廉、刘承幹得知劳乃宣病故，便上报本堂组织公祭。王国维则送来挽联："五岳岱宗高，尚有劳山峙东海；九重归赗厚，不须皋羽恸西台。"

次年秋天，劳乃宣的灵柩自青岛由儿孙护送归葬苏州木渎祖茔。

回望劳乃宣的人生历程，其自作诗有云：

> 毕生心迹泯将迎，历遍崎岖视若平。
> 自问非夷亦非惠，孤怀留待后人评。

身处内忧外患、积贫积弱的清末，劳乃宣有着极强的自强救国之心，一生为官、治学、育人成绩斐然。他为官一方，保境安民，清正廉洁，政声显著；精于学术，作为一位才学绝佳的学问大家，协助卫礼贤翻译《易经》《论语》等中国经典，促进了中国文化的国际化；首倡合声简字，成为中国拼音活动史上正确解决方言与共同语关系问题的第一人；历任南洋公学总理、浙江大学堂总理、京师大学堂总监督，教书育人，诲人不倦，躬耕五十年，利在千秋。政治上的守旧也罢，教育上的革新也罢，家国情怀始终在他身上延续着。历史地看，他义无反顾地留恋一个必将崩溃的朝代，这颗璀璨的星星毕竟多多少少蒙上了尘埃。

第三十一章　开启民智重教育

劳乃宣的内心有一个很强烈的信念——开启民智以救国家。他把开启民智、普及教育和救国强国三者有机融合在一起。

这种主张源于他担任吴桥知县时。兼署教谕、训导期间，他曾劝设里塾，教育人民利用冬闲学习礼法知识，提高识字率；根据历史上的塾、庠、序等经验，结合现实，借鉴他人的做法。

> 无锡余氏《得一录》中，有简编义塾于嚅中。使里民子弟每岁入塾两月，授以小学浅近之书，为之讲贯，令其通晓；教之习礼，俾行于家务，使村童牧竖，莫不略识伦理，粗知礼法，而不责以文学。其法简，其道宏，其效远，与古先圣王教民之遗法有隐相合者。

在劝设里塾的过程中，劳乃宣深刻认识到中国民众读书识字者太少，文盲太多。因此，他认识到"凡民"之教重于"秀民"之教，这为他提出"普及教育"的主张奠定了基础。而普及教育的主张，是和政治服务相联系的。如光绪三十四年（1908），他在上奏的《进呈〈简字谱录〉折》中指出：

以言乎弱则宜尚武事,然无兵学无以练兵也;以言乎贫则宜讲实业,然无农工商学则无以兴利也;以言乎人心伦薄则重道德,然无义理之学则无以兴民行也。是则兴学尚矣!

兴学才是挽救国家"危急存亡"的关键措施。通过与欧美、日本的识字教育对比,劳乃宣提出普及教育及推广简字"拼音字"的主张。

是故今日欲救中国。非教育普及不可;欲教育普及,非有易识之字不可;欲为易识之字,非用拼音之法不可。

劳乃宣虽然只是在谈提高人们的识字水平,但从另一角度而言,这也是普及教育最起码的要求,有利于教育普及的实施。因此,傅任敢先生称他为"提倡简字以谋普及教育的劳乃宣先生",这也是他作为教育家的主要业绩之一。

同时,劳乃宣又特别关注蒙学(幼儿教育)和私家教育(民办教育)。

1908年12月,载沣之子溥仪继承皇位,次年改年号为"宣统"。一个三岁幼童,成了垂死挣扎的大清王朝的末代皇帝。而溥仪的教育问题马上成为清廷十分重视的事情。劳乃宣上奏《请造就保姆辅养圣德折》,就溥仪的启蒙教育提出建议。虽然他是为溥仪所拟,但是其中了包含了其提倡蒙学教育及开展幼稚园教育的主张。

劳乃宣从古代中国素来重视幼儿启蒙教育入手,探索如何开展蒙学。

> 窃考《易》曰蒙以养正圣功也。《礼》曰国君生子,卜士之妻、大夫之妾,使食子异为孺子室。于宫中择于诸母与可者,必求其宽裕、慈惠、温良、恭敬、慎而寡言者,使为子师。其次为慈母,其次为保母,皆居子室。他人无事不往。郑氏注云:子师教示以善道者,慈母知其嗜欲者,保母安其居处者,下文能食能言,皆有教,又教之数与方名,教之让,教之数,日凡出就外传以前,皆三母之责也。盖以作圣之基,资于蒙养,保姆之教,尤在师传之先。古昔盛时,贤君辈出。未始非保姆得人之力也。三代以下,此义失传,人君生长深宫,所与处者乳媪宦侍,皆无教不学、识见卑陋之人,非独无裨主德,且多痼弊聪明,治之所以不古若也。

劳乃宣认为,保姆陪伴幼童成长,熟悉幼童的脾气秉性,因材施教,循循善诱,幼童的启蒙教育由保姆来进行是最合适的;幼童教育的成败,关系到其德行和一生的成就,因而保姆之教就显得越发重要了。

劳乃宣阐述了西方蒙学教育的方法。19世纪中期,德国教育家胙力创立了幼稚园教育。其后,西方各国纷纷仿效,普遍开设幼稚园,教育四至五岁的儿童。教师以女子为之,名为保姆,保姆必须接受相应的师范教育。幼稚园教育以游戏为主要形式,把德育与智育的内容包含在游戏之中,以歌曲陶冶情操,以手工开发智力,以德育故事涵养品德。潜移默化中,儿童受到良好的教育。同时，劳乃宣介绍了"京师第一蒙养院"的办学情况。这所蒙养院创办于1903年，类似于西方的幼稚园：聘请中外女教师，参照西方的儿童教育办法，教授五至八岁的儿童；教育以启发知识、陶冶性情、锻炼身体为宗旨，院内附设保姆讲习科，为蒙养院培养师资。"创办两年以来，院中儿童皆有薰德善良之风，成绩甚著，是保姆之教之有益于幼学确有明证也。"

皇帝继承大统，养正之功至关重要。为此，劳乃宣建议由学部在京城的书香门第中选择德行纯良、通晓文艺、年龄稍长的妇女学习保姆之学；由学部确定谈话、唱歌等科目；教材则以张居正《帝鉴图说》和钦定《承华事略补图》为基本内容，加入本朝列祖列宗故事，将农耕劳作的艰辛、黎民百姓的疾苦、亲贤臣远小人的道理，一一编入教材。为培育、抚育皇上，劳乃宣不可谓不用心思，表达了一位臣子为造就一代圣君的良苦用心。

1906年1月，监察御史赵炳麟向朝廷先后上《请定教育宗旨疏》《请立国学专门疏》，建议在每省设国学专门学堂一所，大省以二百人为额，中省一百五十人，小省一百人，以中学为体，西学为辅，培养通才，保存国粹，以坚国民爱国之心。1910年，赵炳麟再次向朝廷建议，请示责令学部编订高等小学和初等小学的教科书，并颁行天下，使得穷乡僻壤的学子，即使是在自己家中教授的学童，只要参加官府定期考核，成绩合格者即可准予升学。随后，清廷政务处会议议定，并参考赵炳麟的意见，编订高等小学和初等小学的教材，学生完成初等小学的各科学习内容后，可以考入高等小学学习，其核心是普及教育。

第三十一章 开启民智重教育

1911年7月,获任江宁提学使的劳乃宣,经宪政编查馆奏请缓留,直至次年年初才到任。他一上任,就开始了解赵炳麟奏请方案的落实情况,结果让他大吃一惊。地方官吏对这个方案茫然不知,连监督学务的议绅、视学也全然不知,下属各州县的官吏竟然声称没有看到过学部的下文。劳乃宣找出《改良私塾章程》的原文,展示给大家看,这些人才恍然大悟。原来这个方案已经在江宁地区通行,但是由于对其内容的理解存在偏差,才导致令人诧异的局面。劳乃宣在充分分析章程的基础上,从解读公家教育和私家教育的关系入手,来匡正江宁学务相关人士对于《改良私塾章程》的误解。

劳乃宣认为,中国自古以来的教育都是在公家教育和私家教育相互作用下不断发展前行的。

> 教育之道,有公家教育、私家教育之不同,而其为教则一也。三代以上,有庠序学校之制,逢乡党以至国都,皆主于官,公家教育也。春秋以降,圣哲之徒,不在君师之位,自以所学授之于人,而私家教育以起。孔孟之师表万世,继往开来,皆私家教育也。秦世焚坑,以吏为师,则禁绝私家教育,而专用公家教育。汉代经师,本皆私家教育,而立之学官,则因而用之以为公家教育。隋唐以来,一变而为科举,则又国家悬的以招,而听天下以私家教育赴之。虽公家仍有学校之设,而非所专重,则私家教育之风盛,而公家教育之力微矣。行之既久,积弊日深,竟尚空文,用非所学,科举遂为世所诟病。朝廷乃毅然废科举,兴学校,以复三代之旧。而教育之责,

遂复集重于公家。

劳乃宣从历史的角度回顾中国历史上公家教育与私家教育的递嬗。万世师表的孔孟授徒传道，其教育行为都属于私家教育的范畴。直至秦朝焚书坑儒，教育主办权由官府控制。隋唐实行开科取士，放开对私家教育的控制，并开始盛行于世。随着时间推移，以科举考试为主要目的的教育，弊端逐渐显露，朝廷毅然决定废除科举，兴办学校，开始加强对公家教育的管理。但高等教育要探索精深的学理，遍览浩博的典籍，知识繁杂深奥，教育仪器耗费巨大，不能不依靠国家的力量。初等教育则在于使学生明白做人的道理，学习生存常识，掌握常用文字，办学难度较低，可以广泛利用社会资源小学，来弥补官方力量不及之处。所以劳乃宣认为，中学及以上的教育都由官家举办，高等小学及以下的教育允许私人兴办。这样可以让私家教育万流辐辏，与公家教育并行不悖，相得益彰。统一使用学部课本，认真考核，则新式教育可以普及，同时也可以摒弃科举的流弊。这个方案，执简御繁，事半功倍，对于实现学校教育的普及，具有非常重要的意义。

窃以为高级教育不可不赖公家之力，下级教育不可不藉私家之助。何也？高级教育必穷精深之原理，窥浩博之典籍，科学繁赜，器用珍贵，硕学大师国中、域外皆不易求，非私家之力所能逮也。下级教育但求能明为人之常道，习民生常识、通用之文字，轻而易举，私家之所优为。

而对于女子教育,劳乃宣不仅提倡而且身体力行。他先有两个女儿,然后才有长子。而他对自己女儿的教育十分重视。次女劳纺在光绪二十七年(1901)因鼠疫在广东病逝,年近花甲的劳乃宣悲痛不已,他以端方的名义为女儿撰写了《劳织文女士诗文遗集跋》,除表达对女儿的怀念之情外,还阐述了对于女子教育的主张。他称:教育以家庭为权舆,然必妇学昌明,而后家庭有真教育,此不易之理也。他同时提出:妇有四德,其一为言。不学诗无以言。然则诗亦妇学之所应有事者。

不幸为女子身耳!若使以丈夫,必大有建树立于世,岂仅仅空垂著述以自见已哉。嗟呼!无才为德之谬说,深入人心,其足以愚京垓亿兆之妇人女子者,虽例以秦政之焚坑可也。

在这里,他抨击了传统的"女子无才便是德"的谬论,而事实上他对于女儿的教育也尽心尽力,做到"妇学昌明,家庭有真教育"。

第三十二章　等韵研究著专作

《等韵一得》是清代最晚出的等韵学著作，也是清末唯一的一本等韵学著作。劳乃宣七八岁时即对音韵产生浓厚的兴趣，"习为射字之戏，即明母韵之理，长而好之弥笃"。后来，劳乃宣对此进行了专心研究，做了大量的收集工作。《等韵一得》1883年成书时，劳乃宣已是四十一岁；至1898年正式出版时，他已是五十六岁；而1913年补编刊刻时，他已是七十一岁。可见，等韵研究是贯穿其终生的事业。

所谓等韵学，通常二名不分。它是以音节表为主要方式对汉语字音进行分析的一门学科，是汉语音韵学的一个分支。《康熙字典》所载《明显四声等韵图》说明："夫等韵者、梵语悉昙。"也即等韵是比照梵文的悉昙章仿造的。明末时，等韵学研究已分南北两派，北派以《中原音韵》为正宗，将三十六字母全部删去；南派则以《洪武正韵》为正宗，保存了三十六字母中的全部浊音。《等韵一得》当属南派系统。全书分内、外篇，内篇以声母、韵母、四声为三个纲，分字母谱、字母简谱、字母分配古母谱、韵摄谱、韵摄简谱、韵摄分配韵部谱、母韵合谱、四声谱、四声分配韵部谱、四声清浊举隅谱等十谱；外篇包括字母、韵摄、四声、双声叠韵、反切、射字、读法、杂论等八项内容。

此书版本为光绪戊戌（1898）吴桥官廨刻本。

之所以撰写本书，诚如劳乃宣所谓："古今之韵，得反切而后易明；反切之理，得等韵而后易解。则等韵又古韵、今韵之阶梯矣。声音之道，随世而变，是故自宋以来，迄于近代，言等韵之书，日新月异。然自司马温公、邵康节、刘鉴诸家而外，类多师心自用，囿于一隅。江慎修《四声切韵表》、戴东原《声类表》博矣，而所明者古韵；钦定《音韵阐微》《同文韵统》精矣，而一以明今韵，一以明梵音，皆非专言等韵之书，故等韵迄无善本。"劳乃宣认为，等韵是连接古韵与今韵的阶梯，只有掌握等韵，才能上探古韵，下求今音。

此书的择音标准为："专重人声而不尚考订，所以别乎古韵今韵也。"因此，劳乃宣关注的是时音。而时音与古音并不相悖，他向上推知古音，向下与今音相通，正如谓："等韵之学，以审音为主，不尚考据，专重人声，苟谐和诸人声，不必求合于古也。欲考古音，自有顾氏以下诸书在，当于此分别观之。"其取音原则是："往来四方，凡遇方音殊别者，无不访问印证，以究其异同。虽国书、梵经、俗曲、稗官之言，穷乡僻壤、殊方异域之语，苟有涉于音韵者，皆所不遗。"故取音十分广泛。据台湾师范大学国文研究所朴允河所撰《劳乃宣〈等韵一得〉研究》论文，他认为劳乃宣以苏州音系为主干，并参考嘉兴、绍兴等南部吴方言，以及北方官话、闽南方言、陕西方言等，创造出一套包含有音有字与有音无字，呈现国人所能发出的所有音节之音韵系统。

此书在声类方面，在三十六字母的基础上分出五十八字母。

先按发音部位将声母分为八类：喉音（即影喻）、鼻音（牙音）、重舌音（舌头音）、轻舌音（舌上音）、重齿音（正齿音）、轻齿音（齿头音）、重唇音（双唇音）、轻唇音（唇齿音）。然后又按发音方法将它们各分为清浊两类，共计十六类，其中十四类再分为戛音、透音、轹音、捺音。所谓戛、透、轹、捺是从发音方法确定，戛与透是不送气和送气的区别，轹为摩擦音，捺为鼻音。共得五十六字母，再加喉音二字母，即五十八字母。这五十八字母是按语音规律可能出现的情况而定的，实际上清声、浊声各有十一个声母为虚设，有音无字，除去这二十二个字母，依旧是三十六字母。

书中另有"字母简谱"，把声类概括为重音和轻音两类，发音部位依旧分为喉、鼻、舌、齿、唇五音，戛、透、轹、捺仍保留在内，所列声类如下：

喉音：阿；鼻音：嘎、喀、哈、噶；舌音：答、塔、拉、纳（以上为重音），咃、佗、矞（以上为轻音）；齿音：查、叉、沙、髯（以上为重音），帀、攃、萨（以上为轻音）；唇音：巴、葩、嘛（以上为重音），矞、奇、奇（以上为轻音）。

此外，书中有"字母分配古母谱"，把其所列五十八字母跟三十六字母相对照，注明其属于三十六字母中的哪一母。书中列有韵摄谱、韵摄简谱、韵摄分配韵部谱等几种图谱。按照收音的异同，分为六个韵部：一、喉音一部（即直喉）；二、喉音二部（即展辅）；三、喉音三部（即敛唇）；四、鼻音部（即穿鼻）；五、舌齿音部（即抵腭）；六、唇音部（即闭口韵）。六部之中，再分阴阳两类，喉音一部还有"下声"，共得十三摄，每摄内再分开、齐、合、摄四呼，共计五十二韵类。用汉字来表示，其中用一个汉字表示的是实际语音中存在的韵母，如"阿""埃""敖""昂"等字；用两个汉字表示的，是按音理可以有而实际语音中不存在的韵母，如"乌敖""乌谙""俞阿""俞埃"等。

此书一经发行，即引发语言学者的关注。《续修四库全书提要·第三册》评价：统观全书，似多创或，明乎引，不特知等韵，且中推知今韵，不独知今韵，并可助考古音者审音之法，自来论等韵之书，此为最善才矣。李新魁在《谈几种兼表南北方音的等韵图》中认为，此书所表现出来的语音系统是一个"语言骨架"，里面包括"有音有字"的音类，也包括"有音无字"的音类。从中可以看出当时的共同口语的语音面貌。耿振生所著有关此书的论文，刊发于《中国古代语言学家评传》，对其评价极高，内容与《明清等韵学通论》一致。曾运乾在《音韵学讲义》中则认为，戛、透、轹、捺的分别，虽在戴震《声类表》中有所体现，但劳乃宣则是明确提出这一概念的人。时人评《等韵一得》：

等韵学著劳乃宣，析音精细结构严。
内篇举例声韵谱，字母韵摄在外篇。
声类五十八声母，戛透轹捺音理诠。
音系杂采南北方，母韵合谱目了然。

现行的普通话有二十一个声母、三十九个韵母。通过简单对比，可以发现劳乃宣的声母系统、韵母系统与当下的普通话系统十分接近。此外，其四合切法已经将汉语字音精细地划分为最小单位"音素"，对字音的分析确实已经超越前人，距离现代音韵学只有一步之遥。

第三十三章　精研筹算传九章

由于受到外祖父的影响，劳乃宣除了对音韵有独到的研究外，对古筹算术也情有独钟，也取得了不凡的成就，其数学研究主要集中在筹算领域。早在1876年，劳乃宣还在莲花池畔书局时，就写了《笔筹算略》六卷；任直隶、清苑知县时，先后撰写了《古筹算考释》六卷（1883年、1886年刊行）、《汇算浅释》二卷（1897年）、《筹算分法浅释》一卷（1898年）、《筹算蒙课》一卷（1898年）、《垛积筹法》二卷（1894年）、《古筹算考释续编》八卷（1899年），1900年并为六种，吴桥官廨刊本，与曲阜孔庆霁、孔庆霭兄弟所著之《衍元小草》二卷（1898年）全刻为《矩斋算学》等筹算著作问世。

筹算是指通过约定的排列方法，将算筹摆成数字，再进行数学计算的方法。筹算的工具称为算筹，简称"算""筹""策"，大约在西周时期已经开始使用，最晚至西汉时已经普遍使用。

劳乃宣与筹算结缘颇为偶然。1881年春，受时任保定知府、同年进士谭子韩邀请，劳乃宣参加童试阅卷。在阅卷过程中，他偶然得知古代筹算方法，仿佛在沙子里发现黄金一样。他马上制作算筹，推演计算，发现简便易行，遂大力推广。而在家中，他首先对自己的子女授教。

没有合适的教材，劳乃宣就自己编写。在考察了儿童数学教育的情况后，他发现，西方的儿童教育依据各个学科的特点，分年级、分科目编定难易适中的教材，学校则按照国家颁定的教材组织教学活动，学生照此进行学习，方法简便、易于执行、效果良好。1898年11月，他完成编写儿童教学的筹算教科书——《筹算蒙课》，刻印若干供各里塾教学使用。

　　《筹算蒙课》分为两部分，第一部分包括算式、列位、加减乘除法等共六章；第二部分说明了教师讲解算式、列位、加减乘除的具体方法和注意事项。内容举例介绍如下。

　　第一部分第三章分两节阐述了加法的筹算。这一章把加法的运筹方法用图示呈现出来，在图示旁的显要位置注明了加法的运筹口诀。第一节以图示说明了以零为起始的加法：逐次加一，得数一百为止；逐次加二，得数一百为止；逐次加三，得数九十为止；逐次加四，得数八十为止；逐次加五，得数五十为止；逐次加六，得数六十为止；逐次加七，得数七十为止；逐次加八，得数八十为止；逐次加九，得数九十为止；分别逐次加十一至二十间的自然数，得数到加数的整十倍为止；分别逐次加二十至一百间的整十数字，得数到加数的整十倍为止。

　　第一部分第四章分两节阐述了减法的筹算。这一章同样采用图示法，把减法的运筹方法用图示呈现出来，同样在图示旁的显要位置注明了减法的运筹口诀。第一节以一为减数，以十到一间的自然数为被减数，依次做减法；之后以二为减数，以二十为被减数起始，再用前一次计算的结果为被减数，依次做减法，得数零为止；随后分别以三至十九间的自然数为减数，以减数的十倍为最大被减数，采用与以二为减数一样的方法取被减数，依次做减法，得数零为止；以二十至一百间的整十数字为减数的减法与上述方法一致，就不再赘述。

第二节图解了以一至一百间的自然数为减数依次做减法的筹算图示。首先从以五十五为被减数的减法开始介绍：以一为减数，得数五十四；再以五十四为被减数，以二为减数，得数五十二；之后依次类推，即以前一次计算的结果为被减数，依次以三至十间的自然数为减数，做减法，得数零为止。随后用相同的方法做减法，被减数依次为二百一十、四百六十五、八百二十、一千二百七十五，减数都从一开始，最大分别为二十、三十、四十、五十，得数零为止。最后以五千零五十为最大被减数，以一至一百间的自然数为减数，按照前述方法做减法，得数零为止。

第一部分第五章以图示说明了乘法的筹算，并在每个图示旁配以相应的九九乘法口诀。这一章首先把九九乘法表中的乘法计算逐一用筹算演算过程进行图解。第二节以图示说明了以十为乘数，以一至十间的自然数为被乘数，依次相乘；以十一为乘数，以一至十一间的自然数为被乘数，依次相乘；以十二为乘数，以一至十二间的自然数为被乘数，依次相乘。

第一部分第六章以图示说明了除法的筹算。以二为除数，以二和二的整倍数为被除数，最大被除数为二的十二倍，依次做除法。之后依次以三至十二间的自然数为除数，以除数的整倍数为被除数，最大被除数为除数的十二倍，分别做除法。

第二部分说明了授课的进度、教学方式、教学要点等，着重强调了如何用算筹摆放纵式和横式，要说明每个式子所表示的数字，摆放一枚铜钱，向学童说明一个圆圈为空位，表示数字为零。在算式练习熟练后，再教授列位方法，从个位数直至十位数，逐步增加难度，最后学习一万的列位方法。为了方便学习，劳乃宣自己设计了加法运筹口诀、减法运筹口诀、九九乘法口诀和除法运筹口诀。

劳乃宣通过自己的教育，使得大女儿劳纾成为数学老师，在京师女子师范学堂任教，著有《勾股》《开方》两本数学专著，而四女儿劳䌷也著有《李氏开方说》一书。

1898年，劳乃宣返回吴桥，继续担任知县，便开展劝设里塾活动，而筹算则被列入教学内容。劳乃宣认为：

> 古算皆筹也，殊盘兴而筹之用渐废，西法盛而筹之传遂绝。嘉道以来，诸先生表章中法，不遗余力，筹为中法之本，失传已久，而无人为之疏通证明，翰阙典也。

劳乃宣还发现，乘除运算和天元、正负开方等方法用筹算比用笔算简单，"初学者顷刻可解"。因此，他便开始从事一项重要工作："乃征考诸书，加以训释，缀以图草，辑为此编，以明古筹算之法，凡术之涉乎筹者备详之，其解则略焉。专释筹义，非谈算理也。千古良法湮没数千年，一旦复明快何如乎！"

基于这种思想，劳乃宣实际上将古筹算从记数法至解多元方程和高次方程的传统数学成果，一一详加阐述。

首先是记数方法。算筹用于计算，先要表示数目，即记数。《古筹算考释》专列"筹制""算位"两节以阐述算筹记数方法。虽然在清末算筹已不复存在,但劳乃宣依据古代典籍,详细描绘了使用算筹记数的方法,引用了《礼仪·乡射礼》《说文》中的内容;对于算位中零号的使用,他则引用《孙子算经》、敦煌算书《立成算经》中的内容;对于负数的记法,他引用了《梦溪笔谈》《九章算术》《数书九章》《测圆海镜》《益古演段》《天元一释》中各位名家的做法;对于小数记法,他参考了秦九韶、刘瑾的做法,但他采用的方法是,将数的位置严格按照算位对齐表示"奇零"部分。

乘除方法则取自《孙子算经》与《夏侯阳算经》,但也加入不少注释。如除法做到单位数有余数时,并非一律用分数表示,只有继续往下做仍除不尽时,才"立命分之法"。注解中含有小数的思想。在"开方"的注释中,他更进一步指出刘徽求微数的方法就是十进分数(小数)法。

劳乃宣所处的清末时期,笔算已经通行,以筹算为主要特色的一些算法也逐渐为笔算所取代。例如天元术,他认为:

> 筹算之妙用也。元代算家,多通其法,明失其传,至国朝而复用……天元之术乃大著。然犹未知其布算之用筹也。故所校算式多不合一纵十横之例。其论乘法,先累乘而后相并,犹囿于笔算之法。
>
> 今算之家,通天元者甚多,而绝无知其为筹算。……宋元诸家书之有算式者,用筹之迹,历历可寻。以筹演之,又明白简径,易学易解,远胜于用笔。

劳乃宣反复强调筹算的作用，但遵守"存古非变古也"的原则，补出许多流传于清末的古算法筹式图，以利读者对照理解。

劳乃宣的长子劳绅章曾写有回忆自己随父亲学算术的文章。他写道：

光绪辛巳，余年十八，从父学算术于保定，时父补南皮县未赴任也。同学者为吾五、七两舅。父授以元和李氏《勾股算术细草》、南琴吴氏《天元名式释例》，谓李氏之无备，列勾股十三事，每两事求勾股弦之题，而于勾股弦三者，每题先求其一解，复以加减得之于法，未为全备，命一二三径求之术而以天元名式仍以真数名之，各绘图作解以释其解分名。曰勾股逋法，余与两舅氏分传之作未数颠而父赴任，两舅从之，业因中辍，自此有父宦辙屡处，两舅踪迹合融不一，余亦于归纷心阕职于浙。艺之功不愿及，此事遂束诸高阁。辛亥革国变，父归隐于涞水之乡，次年余自京师归家乡，居无事，谈及此，作抚阅旧稿，犹存，忽忽三十余年……

在《古筹算考释》中，共存有题目七十八道，取自二十四本古算书。其中，既有《九章算术》《孙子算经》等《算经十书》中涉及筹算的经典，也有《数书九章》《测圆海镜》《四元玉鉴》《算学启蒙》等宋元名家的代表作。作为方法的对比，书中还取了《算法统宗》《方程论》《开方说》等明清时期珠算盛行后的数学著作中的题目，可谓博采众长，为我所用。有许多题目，劳乃宣采用了与原书不同的解决方法。例如，卷一开方中对《九章算术》第十二题就采取了原书的开方法和宋代的增乘开方法两种古法分别解之。而有些则在考释后改正古法的不足。例如,卷三盈不足中摘录了《九章算术》中的解法:"置所出率,盈、不足各居其下,令维乘所出率,并以为实。并盈,不足为法。实如法而一。"书中称之为古法。接着指出:"今定新法曰:置所出率,盈、不足各居其下。盈者置正算,不足者置负算。求物价,则以上维乘下,左右相减,上为法,下为实,求人数,则不维乘,左右相减,上为法,下为实。"劳乃宣认为该法"与方程之理相通,与天元之理亦相通,可谓天元之先导焉"。

《古筹算考释》刊印于光绪十三年(1887)二月,劳乃宣分别寄送给刘启彤、熊芙清、袁敬孙、陈忠伟、潘筼南等五人,三月又分送给高骖麟、罗丰禄、邵作舟等。分送书友书籍,似乎是他的一项趣事,主要是想得到他们的批语并交流心得。

劳乃宣所处的清末时期,数学已发展到近代,一些古代算法已逐渐改进。特别是珠算普及后筹算失传,有些算法当时已不能理解。因此,他采用"考释"的方法恢复古法,做了大量细致的工作。特别是对于天元术这一古代中国数学的辉煌成就,他发出感慨:"天元一术,于古无闻……盖本于方程之正负,少广之借算,神明变化之,筹算之妙用也。"他考证了宋元诸家有关用筹的证据后说:"乃知天元之果为筹算无疑也。"然而"布算之法,李氏案中所言甚详,惟与用筹法尚未尽合。今悉宗其说,而入以筹法,释之于左"。他随即给出位次、加、减、乘、除带分诸法及同数相消等各种方法的筹式解说,其中仅二次多项式相乘和相除就各举四个例子,随后再配以八道不同类型的题目,力求达到恢复天元算术的目的。

19世纪末,虽然数学计算已由珠算和笔算取代了筹算,但数学家从事古算筹整理和数学研究时仍要借助筹式,而数学普及中已经没有了筹算的位置。面对"国学"失传,劳乃宣大声疾呼,大力鼓吹筹算方法,其长处不仅在于初学者启蒙,也在于某些古筹算法之应用,比如开方法等。当然,他并非提倡重新启用筹算,只是想说明我国古代数学发达的原因,正本清源。"专释筹义。非谈算理也。""其复古之功亦大矣!"

附录

劳乃宣年表

道光二十三年癸卯（1843） 一岁 劳乃宣，字季瑄，号玉初，自号矩斋，又号韧叟。世居山东，明初自乐安迁阳信。曾祖父劳树棠，嘉庆间官江苏粮道。祖父劳长龄，寓居苏州，以浙江桐乡县青镇劳氏为宋时同族，因入桐乡籍。父亲劳勋成，官直隶沧州减河主簿，丁忧开缺，是年与夫人沈蕊居岳父沈涛广平府寓所。九月二十三日（11月14日）午时生于府廨。生即出嗣于四叔父劳绩成。

道光二十四年甲辰（1844） 二岁 在广平，随外祖父生活。

道光二十五年乙巳（1845） 三岁 在广平，随外祖父生活。

道光二十六年丙午（1846） 四岁 舅父沈则可时官江苏丹徒县知县。外祖父时解官就养于此。劳乃宣母子遂挈随南行至苏州寓居。后舅父调任震泽又从往县署。震泽与吴江同城，是年始入私塾从邵叶辰先生学习。

道光二十七年丁未（1847） 五岁 在吴江，随舅父沈则可共同生活。

道光二十八年戊申（1848）　六岁　舅父沈则可调金匮知县，跟从去金匮。金匮与无锡同城。

道光二十九年己酉（1849）　七岁　在无锡。师从沈开之先生，与外祖父等游惠山。

道光三十年庚戌（1850）　八岁　在无锡。师从李兰申、宗少云两先生。七八岁时经常参加射字游戏，遂对音韵之学产生浓厚兴趣。

咸丰元年辛亥（1851）　九岁　父亲劳勋成任江宁布政司仓大使。母子前往团聚，随父游镇江金山寺。从师高翼哉先生。是年发生金田起义，太平天国运动兴起。

咸丰二年壬子（1852）　十岁　在江宁，从师赵斗南先生。

咸丰三年癸丑（1853）　十一岁　正月，避居金坛。二月，太平军攻入南京，逃至吴江。冬，迁至苏州新桥巷。

咸丰四年甲寅（1854）　十二岁　在苏州，移居侍其巷，从程亦秋先生读书。

咸丰五年乙卯（1855）　十三岁　在苏州。跟随母亲至嘉兴省视外祖父。兄劳乃宽入县庠求学。

咸丰六年丙辰（1856）　十四岁　父亲从军镇江，在刘存厚营中，隶属江苏巡抚吉尔杭阿麾下，被围于高资镇烟墩山。投水后被人救起，即归苏州，移居常熟时已经病重，十月卒于常熟。清廷追赠其州判衔、奉政大夫。依清代荫监制度，因其系军中积劳病故，按议恤荫一子入监读书，因兄长劳乃宽已入学，所以劳乃宣承荫监生，取得直接参加乡试资格。是年，送其父灵柩厝于苏州祖坟。随母亲返苏州，居驸马府堂。

咸丰七年丁巳（1857）　十五岁　在苏州。移居小仓口，从余晓云先生读书，开始学写八股文，为参加科举考试做准备。

咸丰八年戊午（1858）　十六岁　在苏州。从施云门先生课文。与后来的内弟孔庆霄相识。移居江苏巡抚行辕东。

咸丰九年己未（1859）　十七岁　在苏州。从李启先生读书。外祖母殁于如皋。随母亲由江阴渡江至如皋，又跟随外祖父返苏州。时外祖父居于陆园，和母亲随其共同生活。

咸丰十年庚申（1860）　十八岁　二月，杭州失陷，苏州告警。三月，跟随外祖父由福山口渡海至通州。时二舅父鉴亭公在泰州任职税官，冬，随外祖父赶赴泰州。

咸丰十一年辛酉（1861）　十九岁　在泰州。外祖父沈涛去世。与曲阜孔氏缔结婚约。家中藏有十三经，但卷目次序混乱。从友人彭銮堂处借得《十三经策案》，参考核对，进行整理。《十三经策案》指出，《小学》和《近思录》两部著作是学习经学的阶梯，因无力购买，用家藏书籍从书店中换回。日夜诵读，茅塞顿开，从中领悟到学习经学的方法及其对于教育的借鉴价值。从此，有志于义理之学。

同治元年壬戌（1862）　二十岁　在泰州，和二舅父鉴亭公共同生活，以客座西厢房为书室，第一次拥有自己的书房。因屋子呈曲尺形，故自号矩斋，之后著作均标有"矩斋所学"字样。兄劳乃宽举顺天乡试。

同治二年癸亥（1863）　二十一岁　随母亲乘"南浔"轮船至天津，从陆路至保定。时兄劳乃宽岳父范梁官保定知府，故在保定租屋居住。后赴曲阜与孔氏完婚。从袁石斋先生习制举文。

同治三年甲子（1864）　二十二岁　在曲阜。长女劳缃出生。至保定看望母亲。是年，赴北京参加顺天乡试，因首场漏补诗草被贴，被取消考试资格。由通州、保定返曲阜。

同治四年乙丑（1865）　二十三岁　是年，浙江补行咸丰辛酉科并同治壬戌恩科乡试，故赴浙江省城杭州应试。首次回家乡桐乡。榜发，中式第六十三名举人。事后在乌镇游玩，后由苏州经常熟至泰州，在二舅父鉴亭公处度岁。

同治五年丙寅（1866）　二十四岁　正月，由泰州至淮安王氏姊家。八月，偕孔夫人及女劳缃赴保定，时母亲居保定陈家胡同，兄劳乃宽从范梁在大名道任所。

同治六年丁卯（1867）　二十五岁　在保定。于保定知府恭甄甫家做家庭教师，教授恭钧的三个儿子，从此开始教育生涯。次女劳纺生。

同治七年戊辰（1868）　二十六岁　三月，进京参加会试，不第。返保定，至其兄的岳父大名道范梁署中做家庭教师，学生四人：范梁的儿子范崇威，范梁的外孙章承缵、章承绩、章承保。

同治八年己巳（1869）　二十七岁　赴大名馆所。范梁升任山东盐运使，故同赴济南。冬，赴淮安，于保定度岁。第三女劳缜出生。

同治九年庚午（1870）　二十八岁　赴济南馆所。范梁升任山西按察使，又调直隶按察使，同至保定，馆于臬署。

同治十年辛未（1871）　二十九岁　在保定。入都会试，中式第五十七名，殿试时因误书越幅，仅列三甲第一百九十一名，朝考二等第十四名，引见，归班铨选。仍返保定臬署馆次。

同治十一年壬申（1872） 三十岁 在保定。二月，应肃宁知县陈子钦之邀阅童子卷。是年作《震悔斋日记》。

同治十二年癸酉（1873） 三十一岁 在保定。时李鸿章为直隶总督，奏修《畿辅通志》，聘贵筑黄彭年为总纂，开局于保定古莲花池，网罗才俊，一时文士辐辏。冬，被李鸿章延聘为襄纂。究心于义理之学多年，但见举世胥尚通脱，以道学为诟病，感觉古道不能行于当世，颇感自馁。但及见《畿辅通志》总纂黄彭年，只觉其言行一出于正，毅然无所挠，为人正直，不随流俗，知识渊博，多有受益，气也为之壮，益用自厉。之后工作生活教育中，深受黄的影响。

同治十三年甲戌（1874） 三十二岁 在保定志局。长子绚章（字阁文）出生。

光绪元年乙亥（1875） 三十三岁 在保定志局。迁为分纂。春，受易州（今河北省保定市易县）太守李文杏之邀，参加童试阅卷。秋，进京，以候补官员身份向吏部进呈简历，同时送范梁家中所教的四名学生参加乡试。是年前后，撰写《谈瀛漫录》，提出加强海防及求变的主张。

光绪二年丙子（1876） 三十四岁 在保定志局。因前番殿试书写错误，朝廷恩准再赴京城补试。四月，进京向礼部具奏而未得允许，返保定。冬，吏部直取进士人员，分发至直隶，故再次入都。十二月，到直隶布政司官署中，但仍在志局工作。清苑县知县邹岱东（振岳）禀请委任县署帮审。与美国人贝以撒书信往来。与桐乡族兄欣蓬数度信函联系。是年作《劳斋日记》。

光绪三年丁丑（1877） 三十五岁 在保定志局。十月奉直隶布政司委派，查办涞水县车厂村礼王府圈地案。案情查清，但欲力争彻究，上官未尽用其言，委大员从事调停，村民租额减轻，得释重累。是年，兄劳乃宽葬父劳勋成之柩于苏州荣家山新茔。

光绪四年戊寅（1878）　三十六岁　在保定志局。适逢大旱之年，灾民集聚保定，与同乡朱采、吴建勋创设平粥会，贱价卖粥给贫民。清廷也在城内设立多处粥厂赈灾。受李鸿章委派，与董汝缄共同负责监督官民赈灾事宜。蒇事，全活甚众。

光绪五年己卯（1879）　三十七岁　委署临榆县知县。四月，奉母挈眷属赴任。该县隶属永平府，即以山海关城为县城。同城有山海关副都统，驻防旗营山海关通判。效法永平府知府游智开，每日升堂，开门办公，随时接待百姓上访，各项政务透明。劝农课士教养，兼施听讼极明，民无冤抑。惩治静修庵不法庵尼，将此处改为义塾，免费教养学童。此后二十年知县生涯，均是如此。是年，堂兄劳承庆举顺天乡试。

光绪六年庚辰（1880）　三十八岁　兄劳乃宽以同知分发北河到省。六月交卸，以母有小恙，赁邑孙氏屋暂居，畅游山水。九月，奉母挈眷返省城，行至中途，得檄曾忠襄公（曾国荃）督师驻防山海关，调司文案到省，卜居杨淑胡同，仍返关城。十月，入曾国荃幕府中，驻防山海关。

光绪七年辛巳（1881）　三十九岁　四月，受署保定知府谭子韩同年相邀，参加童子试阅卷，期间得知古代筹算方法，并进行推演计算，认识到其数学价值，从此开始研究推广筹算。春，被委任南皮县知县，十二月到任。

光绪八年壬午（1882） 四十岁 南皮南境与宁津交界，宁津素有贼党，纠合多人，土人称为"黑团"，声势甚炽，其首陈二居于宁津之李庄。正月，亲率兵役，夜至李庄掩捕，获其党数人而归。二月，母殁于保定。闻讣丁忧去任，奔丧返省城抵寓，始知沈氏嫂亦殁。与先兄共居丧，丧礼悉遵《会典》《通礼》，冠经衰裳，考古制为之。秋，受天津海关道周馥之邀，入其幕中，担任洋务文案，客天津关道署中。

光绪九年癸未（1883） 四十一岁 在天津。二月，返保定，行小祥祭礼，降服，服阕起复到省，移本房眷口于天津。全眷仍在省，以随办洋务，保加同知衔。是年著《古算筹考释》《等韵一得》，两部著作分别是其推广数学教育和简字教育的重要教材。

光绪十年甲申（1884） 四十二岁 二月，在天津。五月，返保定，被委任完县知县，仍在天津海关道担任洋务文案。九月，到完县任。在任期间，廉明公正，宽以待民，严以驭下，破除境内欺压百姓的多年积弊。刻印《古算筹考释》，并捐赠图书数千卷，供学子阅读。聘请学者主持燕平书院。完县境风文风大振。长女劳缃嫁曲阜孔繁淦。

光绪十一年乙酉（1885） 四十三岁 在完县任。

光绪十二年丙戌（1886） 四十四岁 在完县任。恭办东陵蓟州属桃花寺道差，事毕，游盘山。是年，历经十余年、由徐宗亮等编纂的《通商约章类纂》刊印，其中劳乃宣赞襄其事，始有专编。

光绪十三年丁亥（1887） 四十五岁 在完县任。十二月，调署蠡县，交卸后在县署度岁。是年作《矩斋日记》。

光绪十四年戊子（1888） 四十六岁 正月，到蠡县就任。四月，夫人孔氏病故。是年，兄劳乃宽署大名同知，年终交卸。

光绪十五年己丑（1889） 四十七岁 在蠡县任。在完县任上时，曾为顺、直两地的荒地及旗产地亩问题向直隶总督提出查办荒地章程八条，此时省城专设清赋局处理此事，简易便民，各地民众呈报踊跃。升科地亩陡增三千余顷，可惜后被人指责，次年即撤局，未竟全功。

光绪十六年庚寅（1890） 四十八岁 在蠡县任。处理道差之役，为百姓省钱千余缗。而历籍上控大差肥己之徒，仍控诸府司，府司知其不实，驳之，乃控诸都察院。奉文提郡审讯。劳痛陈其弊，请予严惩。卒坐诬科以徒罪。蠡邑好讼之风为之一戢。六月，大雨连数昼夜，导致署内正屋东房倒塌，两个女儿均被压，幸未伤及身体。同时引发县境内潴龙河决口，请教兄劳乃宽，最终于秋后堵筑合龙。补行光绪十五年（1889）大计，被保荐"卓异"，调补吴桥县知县。

光绪十七年辛卯（1891） 四十九岁 正月，卸蠡县任。二月，莅吴桥任，兼署教谕、训导。次女劳纺嫁秀水陶模（时任新疆巡抚）之子陶葆廉。长子绚章娶济宁王叔廉女。是年编成《各国约章纂要》。其他编者有曲阜孔庆霁、余杭章承保、祁门洪寿彭、清苑吴汝舟、秀水陶葆廉、钱塘鲍得名、黟县胡彭寿。

光绪十八年壬辰（1892） 五十岁 在吴桥任。筹资购置图书一万余卷，供民众借阅。主持县学，刻印曾国藩《劝学篇·示直隶士子》，依黄彭年主持莲池书院做法，要求生员做读书笔记，进行评比，对优秀者予以奖励。东南乡螟蝥萌生，偕同城教佐亲往督民捕治，兼出资收买，旬余尽绝，得不成灾。冬，纳妾潘氏，乐陵人。

光绪十九年癸巳（1893） 五十一岁 在吴桥任。劝设里塾，城内各个街区、乡间每个村庄，设置一所或多所里塾，每年秋收后十月初开学，年末放假，主要教授《六谕》《圣谕广训》《弟子规》《小学》。教材由官府免费发放。不定期进行检查。重修县城。孙女劳萃生。三女劳缜嫁宝应刘启彬。是年著成《筹算浅释》，出资刊刻《阳信县劳氏族谱》并作序。

光绪二十年甲午（1894） 五十二岁 在吴桥任。是年，甲午战争爆发。吴桥地处天津与山东交通要冲，大量军队过境，后勤保障任务繁重。冬，在一次军务活动中为烟气所熏，导致晕厥，虽经抢救复苏，但心气不宁，日益憔悴。次子健章生。是年著成《垛积筹法》。是年作《归舟预咏》，倦翼思还，欲归桐乡。

光绪二十一年乙未（1895） 五十三岁 在吴桥任。购置书籍二百余种，置于文庙尊经阁，供士子借阅。心悸失眠，病重不能理事。延两医于署中，日事药饵。请委员帮审，道委祁门洪述轩君（寿彭）来。未几，以事去。又委熊文淦来。自春至冬不愈，乃请给假，省司即委熊君代理，仍令在署养病。交卸后，乃渐向愈。是年，第四女劳缘生。大计，再次被保荐"卓异"。

光绪二十二年丙申（1896） 五十四岁 四月，病体痊愈。因两次大计均被保荐"卓异"，故入都，直至六月才得以引见皇帝。每次"卓异"加一级，注册后等候升职。但只是调署清苑知县，八月到任。冬，兼理保定府同知。是年，光禄寺卿袁昶保举包括劳乃宣在内九人。

光绪二十三年丁酉（1897） 五十五岁 在清苑任。严禁当地每遇降水稀少年份民众抬神像至官府逼赏钱的陋习。六月，有两三千民众聚集官府，击毁几案，劳与之相持很久，民众方才离去。秋，兼护保定府同知。兄劳乃宽以山东河工奏调开缺，卸任赴山东。

光绪二十四年戊戌（1898） 五十六岁 闰三月，卸去清苑知县一职。在清苑期间，购置大量官方刻印书籍，当地学子受惠良多。创办讲习所，倡导新学，注重儿童教育。是年，受直隶总督王文韶指派，创办畿辅大学堂。五月，回任吴桥知县。是年著成《衍元小草》《筹算分法浅释》《筹算蒙课》，并将《筹算蒙课》分发吴桥各里塾学习。

光绪二十五年己亥（1899） 五十七岁 在吴桥任。义和团兴起，刊《义和拳教门源流考》分发城乡士兵民，禁民众参与。运河决口，城垣浸坏，请于上官开减成捐局，月余集万金，城工遂竣。是年补行上年大计，复保荐"卓异"。是年著成《古筹算考释续编》。

光绪二十六年庚子（1900） 五十八岁 正月，处理义和团烧毁教堂和教民家屋案。刻印《奉禁义和拳汇录》。五月，义和团入京师，上下皆纵容，知其主张不合于上。六月，请修墓假，开缺。至曲阜。当月，选授吏部稽勋司主事一职，又请于主事任内给假。闰八月，由济宁乘舟循运河至苏州。冬，至嘉兴、桐乡、杭州一行，与方家澍、高凤岐、林纾游南湖。浙江巡抚恽祖翼欲请其入幕，而湖广总督张之洞也通过女婿陶葆廉约其入幕，因先答应浙江巡抚而辞。十二月，葬孔夫人于苏州荣家山新茔，并自营生圹。是年，长子绚章续娶邵氏（邵作舟之女邵振华），就姻于绩溪，携归苏州。兄劳乃宽改官江苏，亦至苏州。是年作《归舟试咏》《归舟初咏》《归舟续咏》。

光绪二十七年辛丑（1901）　五十九岁　因恽祖翼奉讳去任，此时张之洞再次相邀，遂答应前往。二月，移家嘉兴，居徐家埭。原定三月赴湖北，但山西巡抚奉旨来电，敦促劳赴山西就职，因答应张之洞在前，为此两难，心病复发，遂两边均辞。返至上海居两月。六月，应盛宣怀之邀，担任南洋公学总理。九月，心病复发，遂回嘉兴，又请石门县令林孝恂医治，服药见效。至杭州，僦居西湖僧院养病月余而渐瘳。时浙江设大学堂，以原求是书院改建。巡抚任道镕聘其任浙江求是大学堂总理。携家眷至杭。是年，桐乡桐溪书院以策论课士，知县方家澍聘其主课，寄卷评阅，自是为始，历任因之，至丙午（1906）科举停乃罢。子绚章入县庠。次女劳纺殁于广东。张之洞奏举劳乃宣、梁鼎芬、徐世昌等人。是年作《拳案杂存》《归舟三咏》。

光绪二十八年壬寅（1902）　六十岁　上年奉上谕，各省所有书院于省城均改设大学堂。以植基立本之道，以德育为要，亲自编选《御纂性理精义》中学类、治道类两部分内容，铅印作为德育教材。求是书院屋宇本僧寺所改，请当道将佛像移去，奉先师孔子，配以浙江全省从祀朝诸贤像。暑假回桐乡，在县城南门内宏远桥购置房屋，在石门湾购置田产四十亩。八月，命子绚章先携家眷移归桐乡。九月，赴杭州过六十岁生日。十二月，兄劳乃宽在苏州逝世。在桐乡度岁。是年作《归舟后咏》。

光绪二十九年癸卯（1903） 六十一岁 正月，赴苏州，将兄长劳乃宽棺柩葬于荣家山新茔，挈其眷属返桐乡。开学时返杭州。三月，发生学潮，因此开除六名学生，岂料风波愈烈，导致八十余人退学，后招录新生以补足。夏，心疾复发。秋，以女婿陶葆廉兼代浙江求是大学堂总理，乞假归桐乡养病。是年，浙江求是大学堂改名为浙江大学堂。

光绪三十年甲辰（1904） 六十二岁 在桐乡家中摄养，经数月调养，身体日趋康复。经营新居，莳花竹于庭，艺菜于圃，课子侄辈读书于其中。将大厅名"学稼堂"。八月，应两江总督李兴锐之邀赴任幕僚。九月，李兴锐病故，由端方继任，仍然相留。再由周馥继任总督之位，再相留。十一月，回桐乡，至杭州一行，复归度岁。酌分田产与子侄辈，使之各爨。

光绪三十一年乙巳（1905） 六十三岁 秋，在周馥的支持下，在南京创办简字学堂，聘请程一夔总理学堂。所谓简字，即拼音字。宁河王照造官话字母，行于北方，为普及教育之利器。但此谱不适用于南方，为此，增其母韵、声号，编订《增订合声简字谱》和《重订合声简字谱》，在南京、苏州等地推广。

光绪三十二年丙午（1906） 六十四岁 在南京。周馥调任两广总督，端方继任总督，仍留幕府。是年著《致〈中外日报〉馆书》，阐明推广简字教育的意义和阶段性任务。孙女劳茹生。是年辑《简字丛录》。

光绪三十三年丁未（1907） 六十五岁 在南京。十一月，奉光绪帝旨，预备进京。以年老体衰、天气寒冷为由乞假数月，待春暖时再行赴都。是年作《简字全谱》，并刊《京音简字述略》。

光绪三十四年戊申（1908） 六十六岁 春，返桐乡，并至杭州一行，四月到京。五月，蒙光绪帝和慈禧太后召见于颐和园，奉旨以四品京堂候补，在宪政编查馆行走。以所撰简字诸书进呈皇帝及太后，求学部在全国推广，得到肯定。向学部进呈《简字谱录》并附送《等韵一得》，但未能得到重视。秋，接家眷入都，居衍圣公府。

宣统元年己酉（1909） 六十七岁 在北京。正月，至保定、天津一行。二月，奉旨进呈经史国朝掌故、各国历史讲义，与荣庆、张英麟、刘廷琛、吴士鉴、周自齐等轮班撰拟，劳任宪法一门，有时宣召面讲。上奏《请造就保姆辅养圣德折》，向清廷谏言推行蒙学教育及设立幼稚园。又进呈《奏请于简易识字学塾内附设简字一科并变通地方自治选民资格折》，奉旨由学部处理奏折中相关事宜。是年为推行简字作《上学部书》，撰写《经进宪法讲义》，凡6.7万字。

宣统二年庚戌（1910） 六十八岁 在北京。一月，再次上书学部，强调推行简字对于教育普及、开启民智的重要意义，并恳请由学部议定在全国推广简字的措施，仍未得重视。与赵炳麟、汪荣宝共同创建简字研究会。是年，被钦定为资政院硕学通儒议员，理藩部奏派咨议官。六月，简授江宁提学使。宪政编查馆奏请缓赴新任。九月，资政院开会，为"礼法之争"组成"劳党"。是年作《致唐尚书函》，辑《新刑律修正案汇录》。是年自号韧叟。

宣统三年辛亥（1911） 六十九岁 正月，叩辞宣统。二月，出都至金陵接印任事。赴苏州胥口木渎扫墓。七月，至江北视学。

八月，以资政院召集将届期，又奉督院以参与外省官制，委赴法制院以备咨询。卸任北上，由汉口赴都，到都闻武昌革命之变。九月，资政院开会。十月，简授京师大学堂总监督。十一月，兼署学部副大臣。刚到任，即闻有宣统帝逊位之说，遂辞去职务。时浙江也宣布独立，故不能归里，乃携全家居于涞水之北郭下村。十二月，闻逊位之变。是年作《劫余草》《私家教育释疑》《共和正解》。

民国元年壬子（1912） 七十岁 在涞水。以"柔坚书屋主人"自署，典田以习耕稼。村人子弟多有来请教，故设"括囊私塾"授之。次子健章娶黄彭年孙女，孙女劳萃嫁孔氏外孙祥勉。日本大阪朝日新闻社一宫房次郎来访。偕张曾敫、宝熙、徐坊诸人同赴易州西陵拜景庙暂安殿，并谒泰陵。九月，徐坊约游韩家岭山庄，适值七十岁生日，回忆六十岁杭州西湖畔理安寺生日之游，不胜感喟。陈宝琛、宝熙相请去毓庆宫侍读，以年老体衰辞之。

民国二年癸丑（1913） 七十一岁 春，孝定景皇后梓宫奉移西陵，往叩拜。吴稚晖筹备读音统一会，赴涞水拜会劳，邀其参加，劳婉拒。致函吴稚晖，并寄送《简字谱录》《等韵一得》《简字从录续编》等书。十月，经周馥介绍，受在青岛的德国人卫礼贤相邀，主持礼贤书院和尊孔文社，遂移家至青岛。每日与卫礼贤讲论经义，寓居青岛的清廷遗老的子弟也多有前来请教。十一月，德宗景皇帝、孝定景皇后山陵永远奉安，又赴西陵随班行礼。是年著成《等韵一得补编》，将1911年至1913年的诗结集为《釜麓草》。

民国三年甲寅（1914）　七十二岁　与周馥等组成"十老会"。婉拒袁世凯聘为参政一职并退还六百元川资费用。协助卫礼贤将《孟子》译成德文。为卫礼贤和周叔弢合译的德国哲学家康德的著作中文译本润色，并为《人心能力论》作跋。建议卫礼贤翻译《易经》。在尊孔文社设藏书楼。一战爆发，日军进攻青岛。十一月，迁居曲阜。复作《续共和正解》并《君主民主平议》，主张复辟，至信徐世昌，使转达袁世凯。将1913年冬至1914年秋的诗结集为《劳山草》。

民国四年乙卯（1915）　七十三岁　在曲阜。五月，孙元期生。十月，挈潘妾及子健章等一行还桐乡省视。始作《韧叟自订年谱》。曾赴上海居章一山家旬余，晤旧交多人，又到桐乡家居旬余，至苏州扫墓，后返曲阜。与卫礼贤合作翻译之德文《孟子》问世。作《日归暂咏》，列《东归诸咏》之次。

民国五年丙辰（1916）　七十四岁　在曲阜。子绚章自桐乡来省视。是年，袁世凯称帝未成。旋死。作《书陈东塾先生说长白山篇后》，以破除时人种族之论。集《近圣草》诗集，共128首。与罗振玉书信往还。作《古诗为张氏二烈女作》。

民国六年丁巳（1917）　七十五岁　孙元裳娶妇曹氏（桐乡濮院人）。二月，孙元榦生。五日，奉张勋复辟之旨，简授法部尚书，以衰老请开缺。因复辟嫌疑而遭通缉，曲阜县令劝其避走。故又移家青岛，居礼贤书院，重新与卫礼贤君操起讲经旧业。将诗文结集为《东归复咏》。子绚章在桐乡家中，屡遭新党恫吓之函，携家迁居曲阜。是年作《读音简字通谱》。

民国七年戊午（1918）　七十六岁　在青岛。自壬寅（1902

定居于桐乡，先代神主影像奉安家祠，外出即不奉以行。上年，绅章亦出走，家中无人，乃奉至曲阜。二月，又从曲阜奉于青岛以祀。四月，日本文学博士林泰辅持罗振玉名刺来见，并赠书。

民国八年己未（1919）　七十七岁　在青岛。四月，孙元裳生子，名志畴。十一月，孙元果生。子健章在礼贤书院任职。湖州刘澂如（刘锦藻）学士辑有《皇朝续文献通考》，至光绪三十年（1904）止，曾经进呈，嗣又续至宣统三年（1911）止。嘱为之全部订正，于八月开始修订。是年纂修《阳信县志》。

民国九年庚申（1920）　七十八岁　在青岛。奥地利画家郎亚文来华，经卫礼贤介绍，为劳画像，并将画像带至欧洲。卫礼贤因欧战结束，返回德国，相约一年后相会。《大学》译成德文。中秋与日本人鬼头玉汝、鹤渊仙助、浅井新太郎、鬼芦田四等八人相饮，号称"八仙会"。女劳㛃嫁嘉兴沈曾植儿子沈颎（字慈护），八月来岛借屋迎娶，偕归上海。是年修订《皇朝续文献通考》过半，未竟。

民国十年辛酉（1921）　七十九岁　在青岛。元旦获溥仪所赐"丹心黄发"匾额。《易经》德文版翻译完成。将1917年夏至1921年春的诗文结集为《劳山后草》，计诗114首。因微疾于六月十七日（7月21日）卒于青岛。溥仪得知后赐银两治丧，并书"循吏通儒"匾额。次年秋葬于苏州祖茔。

《清史稿·劳乃宣传》

劳乃宣,字玉初,浙江桐乡人。同治十年进士,以知县分直隶。查涞水礼王府圈地,力请减租苏民困。光绪五年,初任临榆,日晨起坐堂皇治官书,启重门,民有呼吁者,立亲讯之,使阍者不能隔吏役,吏役不能隔人民。其后居官二十余年皆如之。曾国荃督师山海关,檄司文案。历南皮等县,畿辅州县遇道差,咸科于民有定额,而官取其赢。乃宣任蠡县,值谒陵事竣,赢支应钱千余缗,储库备公用。任完县,购书万余卷庋尊经阁。任吴桥,创里塾,农事毕,令民入塾,授以《弟子规》《小学·内篇》《圣谕广训》诸书,岁尽始罢。先是宁津奸民陈二纠党为州郡害,土人称曰"黑团",势甚炽。尝至南皮劫杀,乃宣会防营掩捕,擒陈二及其党数人磔于市,黑团遂绝。

二十五年,义和拳起山东,蔓延于直、东各境,乃宣为《义和拳教门源流考》,张示晓谕,且申请奏颁禁止,不能行。景州有节小廷者,匪首也,号能降神。乃宣饬役捕治,纵士民环观,既受笞,号呼不能作神状,枭示之,匪乃不敢入境。明年,拳党入京,乃宣知大乱将作,适调吏部稽勋司主事,遂请急南归,浙抚任道镕延主浙江大学堂。寻入江督李兴锐幕,端方、周馥继任,咸礼重之。周馥从乃宣议,设简字学堂于金陵。初,宁河王照造官话字母,乃宣增其母韵声号为《合声简字谱》,俾江、浙语音相近处皆可通。三十四年,召入都,以四品京堂候补,充宪政编查馆参议、政务处提调。

宣统元年,诏撰经史讲义,轮日进呈,疏请造就保姆,辅

养圣德。二年，钦选资政院硕学通儒议员。法律馆奏进新刑律，乃宣摘其妨于父子之伦、长幼之序、男女之别者数条，提议修正之。授江宁提学使。三年，召为京师大学堂总监督，兼学部副大臣。逊位议定，乞休去，隐居涞水。时士大夫多流寓青岛，德人尉礼贤立尊孔文社，延乃宣主社事，著《共和正解》。丁巳复辟，授法部尚书，乃宣时居曲阜，以衰老辞。卒，年七十有九。

乃宣诵服儒先，践履不苟，而于古今政治，四裔情势，靡弗洞达，世目为通儒。著有《遗安录》《古筹算考释》《约章纂要》《诗文稿》。

《浙江通志·劳乃宣传》

劳乃宣（1843—1921），字季瑄，号玉初，别署矩斋，晚号韧叟，桐乡人，出生于广平府。先世本山东崂山人，祖父寓居苏州时入籍浙江桐乡。清同治十年（1871）进士。

李鸿章主纂《畿辅通志》，乃宣入志局襄助多年。光绪五年（1879）后，历任直隶临榆、完县、南皮、蠡县、吴桥、清苑知县。二十二年（1896），兼理保定府同知，此间曾写《变法论》《谈瀛漫录》等文章，抵制改良主义思潮。任吴桥知县时，义和团运动兴起，直隶、山东各地民众群起响应，乃宣捕杀拳民，屡次疏请惩禁。二十六年（1900）五月，义和团入京，乃宣卸任告假南归。八国联军入侵，主张"剿拳和洋"。次年，在上海主持南洋公学3月；年底至杭州。时求是书院改为求是大学堂，出任监督3年。施教除四书五经纲常大义外，增加历代史鉴、中外政治学等课程。三十年（1904），应两江总督李兴锐之聘去金陵，入其幕府。

三十四年（1908）四月，应诏入京，于颐和园进见慈禧太后，晋升为四品京堂，任宪政编查馆参议，兼内阁政务处提调事。宣统二年（1910），选任资政院硕学通儒议员，理藩部咨议官。时法律馆奏进新刑律，乃宣以其条文"有妨于父子之伦、长幼之序、男女之别者"，与法律馆诸臣相驳难，力主修正，并改号韧叟，以示其固执封建礼教之心。

次年二月，出任江宁提学使；八月，入京赴资政院会议；十月，任京师大学堂总监督；十一月，兼署学部副大臣。时辛亥革命已爆发，刚抵任，即闻清帝有逊位之说，即辞任，携家眷隐居直隶

涞水县。作《共和正解》《君主民主平议》等，反对革命，倡言复辟。

1913年冬，移家青岛，以清遗老自命，主持尊孔文社。1914年，袁世凯任大总统，设参政院，聘为参政，固辞不受。1917年，张勋拥溥仪复辟，授法部尚书，乃宣时居曲阜，以衰老辞，但愿以闲散备咨询。函未达而事败，复避居青岛。1921年6月17日卒于青岛，葬于苏州。

劳乃宣从政20余年，所至重农兴学，开发民智。在吴桥任上，购书万卷，供邑人阅览，又广设里塾，召民于农闲入学；居涞水时，创私塾，教村民子弟；回桐乡，亦曾主讲桐溪书院。乃宣主张文字改革，重视简字书籍，创办简字学堂于金陵，又设简字研究会，办简易识字学塾、简字讲习所等。其简字法，多为1913年读音统一会制订注音字母时所采用。乃宣崇信程朱理学，笃学博览，兼习近代科学、中外时事，著书数十万言，被目为通儒。

著有《古筹算考释》《筹算浅释》《垛积筹法》等数学书7种，《合声简字谱》《简字丛录》《简字全谱》等简字书籍5种；另有《等韵一得》《遗安录》等。其著述后人辑为《桐乡劳先生遗稿》，《韧叟自订年谱》列于卷首。

《乌青镇志·刘富槐等原呈》
民国十六年，邑人公呈附礼杨园祠堂

呈为故绅笃信正学，体用兼赅，环请准予附祀先儒张杨园祠堂，以崇儒术而式乡间占事。窃查已故绅士劳乃宣，于清同治间由进士截取知县，分发直隶，为李文忠、曾忠襄所器重，历任临榆、南皮、完县、蠡县、吴桥、清苑等县，抑豪强，除积弊，兴教育，厚民生，作令二十余年，善政不可殚述。己亥庚子间，义和拳倡乱，朝野多目为义民，故绅时令吴桥，考其源流出白莲教，嘉庆间惩禁有案，因撰《义和拳教门源流考》，劝民勿信。邻邑德州拳党勾结县民，焚教堂，戕平民。故绅会营击散之，并以所刊《源流考》暨防范惩禁之策呈直隶长官，请奏准施行，而长官置不省。惟东抚袁采用其议，是以山东乱萌方张而遏。寻擢吏部稽勋司主事，乞假南归，先后充南洋公学、浙江大学堂总理，佐两江总督李周端语辞公幕。戊申入都，以四品京堂候补充宪政编查馆参议、内阁会议政务处帮提调。宣统元年，奉旨轮班，撰进讲义，充资政院硕学通儒议员。时法律馆奏呈新刑律交院议，中有溃决男女之防者，故绅独侃侃以争，识者谓有裨风教不浅。三年，任江宁提学使，寻授京师大学堂总监督，署学部副大臣。迨清室有逊位之议，乞罢出都，隐居涞水县北乡，课耕授徒。德人尉礼贤，笃志孔孟之道，就青岛设尊孔文社，礼聘故绅主持，遂移家青岛。甲寅，袁前总统聘为参政，却之。于时，有《正续共和正解》及《君主民主平议》之作。辛酉六月，正当重赴鹿鸣，以疾卒于青岛，年七十有九。

所著有《诗文集》及《算学》《等韵》《简字》等十余种,《进呈讲义》四卷,《拳案三种》《公牍存》二卷,此故绅涉世之大概也。其行诣之藉藉人口者,则于上下迷信义和拳之日,力斥为"邪教";于名流倾倒新刑律之时,力卫旧道德;于竞称共和幸福之初,极言其酿兵争。胆识刚立,不稍假借以阿时,尚非学有本原,安得此严气正性乎?迹其甫成童时,得《小学》《近思录》,日夕玩诵,即究心理学。生平服膺杨园,为学始不欺,修己以及人之训,由杨园以上溯程朱,作《日省谱》及《知耻》《求慊》二箴言,规行矩动合准绳,丧服祭仪,悉遵古礼。仕不废学,老而益劭。德业之修,虽未敢自比杨园,而通经致用,一出一处,道本同揆。至其笃厚天亲,乐育后进,粹然蔼然,又本所学而随处流露。综其本末,实属笃信正学,体用兼赅之纯儒。富槐等或枌榆同社,或桃李及门,缅维往哲之风徽,足使顽懦之起立。窃查本邑炉头镇,旧有先儒杨园先生祠宇,故绅既趋步于生前,宜羹墙之并见。为此呈乞县条,准将故绅劳乃宣神主附祀杨园祠,庶几励合邑之士林,隆人师于杯朽。伏祈核准施行,实为公便。谨呈。

《劳氏遗经堂支谱》（简版）

此谱由劳乃宣修于丙辰年（1916）九月，时在曲阜。丙寅年（1926），劳乃宣次子劳健章刊行，故人物以当年八月以前生卒为断。

一世
    为能 原籍山东青州府乐安县。明初迁居济南府阳信县城东范家村，今名劳家店。

二世
    冉

三世
    守高
    守享
    守谭 子二。
          按：阳信族谱由此分长二三支。

四世
    尊
    便 子六：朝纲、朝先、朝用、朝相、朝恩、朝斌。

五世
    朝纲
    朝先 子二：宗勋、宗政。
    朝用
    朝相

朝恩

朝斌

六世

宗勋　始自邑东迁居城北五里堡，今劳家庄前，为邑居劳姓始祖。

子一：应节。

宗政

七世

应节　字巽台。嘉靖四十四年八月二十二日生，顺治二年十二月初八日卒，年八十一。

配王氏。子一：士奇。

八世

士奇　字振寰，万历二十一年正月二十八日生，康熙十四年五月十七日卒，年八十三。诰赠奉直大夫、户部湖广司员外郎。

配李氏，继配周氏。子四：可嘉、可训、可任、可式。

九世

可嘉

可训

可任

可式　字敬仪，号讱庵，康熙己酉科举人。广东香山县知县，户部广西司主事，湖广司员外郎，刑部郎中，浙江绍兴府知府。顺治四年正月初一日生，康熙五十五年三月十三日卒，年七十。

配韩氏，继配李氏。子二：天锡、天宠。

按：阳信族谱由此分邑居，分孟仲叔季四派。

十世

于宣

天锡
字赍九，号省斋，例贡生，候选训导。

配田氏。子二：凤翥、凤翔。

天宠

十一世

凤翥

凤翔
字虞廷，监生。诰封奉直大夫，兵部车驾司主事，江南河库道。

配高氏、王氏。子三：玑文、奎文、树棠。

十二世

树棠
别为支谱，榜名瑾，字宝琳，号镜浦，行三，乾隆丁酉科副贡，癸卯科举人，甲辰科进士。兵部车驾司主事，职方司员外郎，武选司郎中，江南道监察御史，江南河库道，直隶通永河道，江苏督粮巡道。卒年七十八。

配李氏。子一：长龄，庶出。

十三世

长龄
字松岩，号小山，行一，监生。候选郎中，诰授奉政大夫，晋授中议大夫。卒年五十七。晋赠通奉大夫，生母孙氏，卒年六十三。葬江苏苏州府吴县六都九图首字圩胥口下场。

配韦氏，安徽芜湖人，乾隆癸未科进士、翰林院编修、贵州巡抚谦恒孙女，乾隆甲午科举人、直隶张家湾通判协梦女；继配陈氏，湖南祁阳人，协办大学士、两广总督谥文肃大受曾孙女，浙江巡抚辉祖孙子，刑部河南省司主事山琨女。子七：观成；德成，年十四殇；勋成、绩成并韦出；匡成，年二十卒；邦彦、邦俊并庶出。女五。

公始于嘉庆二十五年迁浙江嘉兴府桐乡县，籍隶二十五都南六图青镇东栅。

十四世

观成 字汝明，号盥甫，行一，监生，直隶候补府经历，署大名府开州州判。卒年六十二。

配王氏，名端平，字正卿，山西文水人，嘉庆戊辰科进士、翰林院庶吉士、甘肃甘凉兵备道锡蒲女。子一：承庆。女六：菊如、霭云、芝仙、继良、泰来、得禄。

勋成 字汝懋，号介夫，又号桐叔，行三，监生。直隶滦州榛子镇巡检，天津府青沧减河李村巡检，江宁布政司仓大使。卒年四十四。以从征镇江积劳病故，追赠州判衔，荫一子监生，诰赠奉政大夫，晋赠通奉大夫。

配沈氏，名蕊，字芷苕，嘉兴人，嘉庆庚午科举人、福建泉永道涛女，卒年六十七。子二：乃宽、乃宣出嗣。女三：若华；若玉；若珠，年十一殇。

绩成　字汝熙，号功甫，卒年二十六。诰赠奉政大夫，晋赠通奉大夫。

聘李氏，山东济宁人，道光癸未科进士、四川郫县知县琪女，未婚卒，诰赠宜人，晋赠夫人。以兄勋成次子乃宣为嗣。

邦彦　字申辅，行七，六品衔，江苏候补从九品署苏州府吴江县同里司巡检，卒年六十二，葬济宁州二十里铺。生母宋氏。

聘万氏，江西南昌人。

邦俊　字逸甫，行八，五品衔，候选从九品，卒年三十五。生母崔氏。

配周氏，湖北江夏人。女一：蓉官。

十五世

承庆　字梦熊，号云溪，行一。光绪己卯科举人，同知衔，候选知县。卒年五十六。

配黄氏，名凤音，字雪香，江西宜黄人。子三：大章、夔章、洪章。女一：毂。

乃宽　字偶庵。行一，又行二，附贡生。同治壬戌恩科举人，考取国子监学正、学录。直隶大名府同知，赏戴花翎二品衔道员用，江苏候补知府，诰授奉政大夫，晋授通奉大夫。卒年六十七。

配范氏，钱塘人，道光庚子科进士、广西布政使梁女。继配沈氏，归安人，山东东平州沈同尊驭女。子五：缦章、纶章、绽章、纬章、缙章。女四：纫，适山阴任兰昇；纤，适贵筑黄彭年孙树成，直隶易州、直隶州知州国瑄子，监生，河南候补知县；绮，壬午生，庶出，适钱塘奉天候补道金永子，分省直隶州州判良骥；缊，丙申生，庶出，适同邑岁贡生、候选训导沈伯荣子，江苏高等学堂毕业、举人、内阁中书昀。

乃宣 字季瑄，号玉初，别号矩斋，又号韧叟，行二，又行四。荫监生，补行咸丰辛酉科并同治壬戌恩科举人，辛未科进士，归班铨选，直隶南皮、完县、吴桥知县，吏部稽勋司主事，江宁提学使，京师大学堂总监督，简授法部尚书，历署临榆、蠡县、清苑等县知县，吴桥县教谕、训导，保定府同知，学部副大臣。特赏候补四品京堂，特派进呈讲义，历充宪政编查馆参议，考核专科总办，内阁会议政务处帮提调，理藩部咨议官，资政院硕学通儒议员，诰授奉政大夫，晋授通奉大夫。辛酉乡举重逢，颁赏御笔"丹心黄发"匾额。道光二十三年癸卯九月二十三日午时生，辛酉年六月十七日卒，年七十九。御笔特赐"循吏通儒"匾额。

配孔氏，名蕴徽，字静涵，山东曲阜人，孔子七十三代孙女，钦赐主簿昭煃孙女，同知衔、江苏候补知县宪怡女。诰封宜人，道光十九年己亥四月二十二日辰时生，光绪十四年戊子四月初六日卒，年五十。晋赠夫人。合葬吴县荣家山。子二：

绚章，孔出；健章，庶出。女四：缃，甲子生，孔出，适山东曲阜孔子七十四代孙，知州衔、直隶长芦运库大使庆霄子，光绪丁酉科拔贡、三品衔、京师高等审判厅推事繁淦；纺，丁卯生，孔出，适秀水同治戊辰科进士、翰林院庶吉士、两广总督、太子少保、谥勤肃陶模子，弼德院参议葆廉；缜，己巳生，孔出，适江苏宝应廪贡生、候选训导刘藻子，山东候补知县启彬；䌷，乙未生，庶出，适嘉兴嘉庆壬戌科进士、翰林院编修、工部左侍郎、入祀乡贤祠、国史立传沈维鐈曾孙，工部候补员外郎宗涵孙，光绪庚辰科进士、安徽提学使兼署布政使护理安徽巡抚、简授学部尚书曾植子，三品荫生、中书科中书。

十六世

大章 字庚唐，号伯陶，行一，附贡生，江南试用典史。配嘉善人蔡氏。子二：元琅、元璞。女三：瑷，适会稽附贡生鲍德功；珺，适山阴何嘉鄂；璇，适桐乡张焕伦。

夔章 字飏廷，号仲和，行二，附贡生。配江苏溧阳狄氏。子一：元瓚，早殇。以兄大章次子元璞为嗣。

洪章 字侣星，号叔溥，行三，附贡生。配江苏吴江程氏。子四：元瑞、元珪、元琳、元珩。女一：元珠。

缦章　号卿文，行一，又行二，生母张氏，山西长子人。
配山东济宁人王氏。子一：元玖。女一：元琚。

纶章　号赤文，行二，又行三，监生。
配会稽人吴采（字祜之）；继配嘉兴陆寿镜（字耀生）。子三：元琥、元瑀、元璩。女二：元珑，适安徽定远方培崧；元珈，年十四殇。

绽章　号邃文，行三，又行四，监生。
配仁和人吴金缄(字仲和)。子四:元珂、元璈、元玑、元珣。女二：元瑛、元琇。

纬章　号叶文，行四，又行五，杭州中学堂毕业，奖给岁贡生。
配会稽李懿智（字镜蓉）。子二：元琮、元珊。女一：元瑜。

缙章　号绛文，行五，又行六，监生，卒年二十三，葬桐乡城北陈埭，以兄绽章次子元璈为嗣。

绚章　字阁文，行一，附贡生，省咨议局议员。
聘孔氏，系孔子七十四代孙女，未婚卒。配王训懿（字孟柔），山东济宁人；继配邵在刚，安徽绩溪人。子一：元裳。女二：萃，适山东曲阜孔子七十五代孙祥勉；茹。

健章　字笃文，行二，又行七，配贵州贵筑人黄菱（字霁秋）。子三：元期、元榦、元果。女二：殷、丽。

十七世

元琅　字佩蘅，号卓如。

　　　　配河南祥符人赵氏。
元璞　字授衡，号石如，安徽警务学堂毕业，历任安徽蒙城、颖上等处警务长。
元瑞　字符卿，号东侯。
　　　　配安徽旌德人郑氏。子一：志昌。
元珪　号西英。
　　　　配江苏太仓人张氏。
元琳　号南田，行三。
元珩　号北平，行四。卒年二十一。
元玖　行一，宣统二年生。
元琥　号孝爵，行一。
　　　　配安徽怀宁人何氏，卒年二十九。子一：志睿。女一：晋。
元瑀　号孚胜，行二，光绪二十八年生。
元璩　行三，壬子年生。
元珂　行一，壬子年生。
元玑　行三，戊午年生。
元珣　行四，辛酉年生。
元琮　行一，丙辰年生。
元瑚　行二，癸亥年生。
元璈　行二，乙卯年生，丁巳年时殇。
元裳　字启黄，行一。
　　　　配桐乡濮院人曹英(字琇繁)。子一：志畴。女一：颐。
元鼎　行二，乙巳年生。
元期　字伯迟，行一，乙卯年生。

元幹　字仲誉,行二,丁巳年生。

元果　字叔蒙,行三,己未年生。

十八世

志昌　行一,己未年生。

志昚　行一,庚申年生。

志畴　行一,己未年生。

参考文献

1. 黄彭年：《紫泥日记》，光绪十五年（1889）。
2. 劳乃宣：《阳信劳氏族谱》，吴桥官廨刻本，光绪十九年（1893）。
3. 劳乃宣：《古筹算考释》，光绪二十三年（1897）。
4. 劳乃宣：《等韵一得》，吴桥官廨刻本，光绪二十四年（1898）。
5. 劳乃宣：《等韵一得补编》，涞水寓所刻本，民国二年（1913）。
6. 劳乃宽、劳乃宣：《归来吟》，民国五年（1916）。
7. 劳乃宣：《韧叟自订年谱》，民国十一年（1922）。
8. 朱兰、劳乃宣：《阳信县志》，民国十五年（1926）。
9. 劳乃宣：《桐乡劳先生遗稿》，桐乡卢氏校刊本，民国十六年（1927）。
10. 田中玉：《临榆县志》，民国十八年（1929）。
11. 王德乾、尹铭绩、刘树鑫：《南皮县志》，民国二十二年（1933）。
12. 金良骥、刘云亭、姚寿昌：《清苑县志》，民国二十三年（1934）。

13. 彭作桢:《完县新志》,民国二十三年(1934)。

14. 卢学溥、朱辛彝:《乌青镇志》,民国二十五年(1936)。

15. 劳乃宣:《简字谱录》,文字改革出版社,1957年。

16. 罗志渊编著:《近代中国法制演变研究》,正中书局,1976年。

17. 赵尔巽等:《清史稿》,中华书局,1977年。

18. 张国华、饶鑫贤主编《中国法律思想史纲》,甘肃人民出版社,1987年。

19. 顾廷龙主编《清代朱卷集成》,成文出版社,1992年。

20. 吴桥县地方志编纂委员会办公室编《吴桥县志》,中国社会出版社,1992年。

21. 中国国家博物馆编《郑孝胥日记》,劳祖德整理,中华书局,1993年。

22. 袁英光、刘寅生:《王国维年谱长编(1877—1927)》,天津人民出版社,1996年。

23. 罗琨、张永山:《罗振玉评传》,百花洲文艺出版社,1996年。

24. 蠡县地方志编纂委员会编《蠡县志》,中华书局,1999年。

25. 郑秦:《清代法律制度研究》,中国政法大学出版社,2000年。

26. 李贵连:《近代中国法制与法学》,北京大学出版社,2002年。

27. 马小红:《礼与法:法的历史连接》,北京大学出版社,2004年。

28. 王伯琦：《近代法律思潮与中国固有文化》，清华大学出版社，2005年。

29. 张立胜：《县令·幕僚·学者·遗老——多维视角下的劳乃宣研究》，人民出版社，2011年。

30. 桐乡市地方志办公室整理：《光绪桐乡县志》，严辰纂修，中华书局，2013年。

31. 林志宏：《民国乃敌国也：政治文化转型下的清遗民》，中华书局，2013年。

32. 中国社科院近代史所编《近代史所藏清代名人稿本抄本》第三辑《劳乃宣档》，大象出版社，2017年。

33. 蔡晓滨：《卫礼贤与青岛》，青岛出版社，2018年。

34. 杨邓旗、靳明全：《近代国语教育改革的先驱劳乃宣》，山西人民出版社，2020年。

35. 〔德〕卫礼贤：《青岛的故人们》，王宇洁、罗敏、朱晋平译，鲁海注，青岛出版社，2007年。

36. 端方：《端忠敏公奏稿》，载沈云龙主编《近代中国史料丛刊》第十辑，文海出版社，1966年。

37. 《清末筹备立宪档案资料》，载沈云龙主编《近代中国史料丛刊》第八十一辑，文海出版社，1972年。

38. 劳乃宣：《各国约章纂要》，载沈云龙主编《近代中国史料丛刊续编》第十九辑，文海出版社，1975年。

39. 劳乃宣：《劳乃宣公牍手稿》，载《北京大学图书馆馆藏稿本丛书》，天津古籍出版社，1987年。

40. 劳若华：《绿萼仙居吟稿》，载胡晓明、彭国忠主编《江南女性别集初编》,黄山书社,2008年。

41. 李贵连:《晚清立法中的外国人》,《中外法学》1994年第4期。

42. 韩行方、房学惠:《劳乃宣致罗振玉书札十六通》,《文献》1999年第4期。

43. 周旋:《清末礼法之争中的劳乃宣》,《华东政法大学学报》2009年第4期。

44. 于建胜:《一个知县眼中的义和团——以劳乃宣〈义和拳教门源流考〉为中心的探析》,《山东师范大学学报(人文社会科学版)》2010年第1期。

45. 张立胜:《劳乃宣的家世与受教考》,《嘉兴学院学报》2011年第4期。

46. 张立胜:《"辛亥"至"五四"前后文化遗民的去向及活动述论》,《德州学院学报》2019年第5期。

47. 郭婧滢:《劳乃宣法律思想研究》,硕士学位论文,山东大学法学史专业,2013年。